Horst W. Hillengaß

Ressource Mitarbeiter: Potentiale mobilisieren – Unternehmenserfolg sichern

Ernst Klett Verlag für Wissen und Bildung
Stuttgart • Dresden

Reihe Management Praxis

KLETT WBS - Bibliothek

Gedruckt auf chlorfrei hergestelltem Papier, säurefrei und ohne optische Aufheller

Die Deutsche Bibliothek – CIP-Einheitsaufnahme

Hillengass, Horst W.:
Ressource Mitarbeiter : Potentiale mobilisieren –
Unternehmenserfolg sichern / Horst W. Hillengass. – 1. Aufl. –
Stuttgart ; Dresden : Klett-Verl. für Wissen und Bildung, 1994
(Reihe Management-Praxis) (Klett WBS-Bibliothek)
ISBN 3-12-888804-3

Redaktion: Ursula Ferschel
Layout und Umschlaggestaltung: Bettina Herrmann

1. Auflage 1994 | 5 4 3 2 1 | 1998 97 96 95 94

Die letzte Zahl bezeichnet das Jahr dieses Druckes.

Druck: Druckerei zu Altenburg
ISBN: 3-12-888804-3

Vorwort

Wir sind mitten in wirtschaftlich turbulenten Zeiten. Das Ergebnis des Existenzkampfes vieler Unternehmen ist noch nicht abzusehen. Die Veröffentlichung soll den Unternehmensleitungen, den Führungskräften sowie dem heute noch in der Ausbildung befindlichen Nachwuchs Orientierung und Hilfestellung bieten.

Aus langjähriger Erfahrung in der Praxis, aus intensiver Beratung und Gesprächen mit Unternehmensleitungen, aus Seminaren und Workshops mit Teilnehmern vieler Branchen, Ebenen und unterschiedlicher Thematik entstand dieses Buch, das einen Beitrag zur Erfolgs- und Zukunftssicherung der Unternehmen und damit auch der Beschäftigten bieten soll. Tips, Ratschläge und erlebte Beispiele werden dem Leser reichhaltige Anregungen geben.

Die These ist, daß beachtliche qualitative Ressourcen bei den Mitarbeitern vorhanden sind, die heute noch nicht annähernd genutzt werden. Für die Betrachtung und Darstellung der Probleme wird ein ganzheitlicher Ansatz gewählt. So soll das gesamte Spektrum von der Führung über die Organisation bis hin zum Personalwesen behandelt werden; denn richtige Maßnahmen auf einem Gebiet werden in ihrer Wirkung neutralisiert, sofern die anderen Gebiete nicht beachtet werden. Die Aktivierung der Belegschaft wird durch ein Bündel in gleicher Richtung wirkender Maßnahmen erreicht. Den „Königsweg“ gibt es leider nicht.

Pforzheim, im Juli 1994

Horst W. Hillengaß

Inhalt

A. Ausgangs-situation

Gewaltige Probleme lösen

Statt eines mehr oder weniger geruhsamen Hinübergleitens ins nächste Jahrtausend sind wir alle gefordert, gewaltige Probleme zu lösen:

- Weltweite Umschichtungsprozesse im politischen Bereich, die zur Auflösung alter Machtstrukturen führten. Eine stabile und berechenbare Neuordnung ist noch längst nicht abzusehen.
- Umweltprobleme, die nach nationalen und vor allem internationalen Vereinbarungen drängen; eine Symbiose von Ökonomie und Ökologie ist nicht annähernd gefunden.
- Wirtschaftliche Machtkämpfe zwischen Nationen, Wirtschaftsblöcken und Kontinenten um die begrenzten Märkte.
- Internationalisierung der Märkte, die zu verstärktem Wettbewerb mit teils ruinösem Charakter führt.
- Konzentrationstendenzen, um den Anschluß an die technische Entwicklung zu behalten und sich bessere Marktpositionen zu sichern.
- Hohe Arbeitslosigkeit, die, da die Gründe im strukturellen Bereich liegen, uns noch lange Zeit Probleme bereiten wird.
- Ständige Zunahme der Bürokratie, die uns in allen Lebensbereichen begegnet, so daß immer mehr verwaltet statt gestaltet wird und dies zu mittlerweile untragbaren Kosten.

Die Vielfalt und die Schwere der Probleme verunsichern die Menschen. Sie stellen sich die Frage, was sie als einzelne ändern können. Die Gefahr besteht, daß sich aus dem Gefühl der Hilflosigkeit heraus Resignation und Lethargie breitmachen. Da an der Spitze der Unternehmen ebenfalls Menschen stehen, die dort die Geschicke bestimmen, sind Befürchtungen über ähnliche Reaktionen sicherlich nicht ganz abwegig. *Resignation befürchtet*

Das Aufbrechen der alten Verkrustungen in unserem Jahrzehnt und die vielen Probleme bieten allerdings auch enorme Chancen für das einzelne Unternehmen und die dort tätigen Mitarbeiter. Für beide gilt: Annehmen der Herausforderung, kämpfen statt zu resignieren, nach vorn blicken statt sich der guten alten Zeiten zu erinnern.

I. Problemdruck und Lösungsansatz

1. Unternehmerische Grundsatzentscheidung aufgrund des Kostendrucks: Vom quantitativen zum qualitativen Denken

Absehbare Entwicklung

Vielen Unternehmen stellt sich nicht mehr die Frage nach einer guten Zukunft, sondern nach dem nackten Überleben. Ein tiefgreifender konjunktureller Abschwung bringt die Unternehmen an den Rand des Ruins. Man stellt sich immer wieder die Frage: Wurde für die Zukunft nicht vorgesorgt? Hat man im Wissen, daß auf eine Hochkonjunktur zwangsläufig die Rezession folgt, nicht in den „fetten" für die „mageren" Jahre vorgesorgt? Auch die vielfach vorhandenen strukturellen Probleme entstanden nicht über Nacht. Die Entwicklung war schon lange abzusehen.

Fehler in der Vergangenheit

Die Bundesrepublik nimmt in bezug auf die Höhe der Lohnkosten weltweit die Spitzenstellung ein. Die Frage nach den Schuldigen erübrigt sich; alle lieferten ihren Beitrag: der Gesetzgeber mit vielen neuen Gesetzen im Arbeits- und Sozialrecht, die Rechtsprechung, die konsequent in der wohl zeitgemäßen Richtung urteilte, die Tarifpartner, die zu sehr die harte Auseinandersetzung scheuten und den bequemeren Weg kurzfristiger Erfolge zu Lasten der Zukunft einschlugen, wir alle mit unserem Anspruchsdenken. Die Aufzählung könnte beliebig fortgesetzt werden.

Keine Verteilungsspielräume

Die Erkenntnis, daß es so nicht weitergehen kann, macht sich langsam breit. Nur, wer steckt zurück? Wer verzichtet schon? Jeder fordert dies – vom anderen. Was kann das einzelne Unternehmen ändern? Es hat die Möglichkeit, seinen bescheidenen Einfluß auf Politik und Verbände geltend zu machen. Realistisch gesehen kann man nur hoffen, daß die Entwicklung gestoppt wird und sich die Verantwortlichen daran erinnern, daß – ohne die Zukunft zu strapazieren – nur das ausgegeben werden kann, was zuvor erwirtschaftet wurde.

Sanierung unter Zeitdruck

Was tut nun ein Unternehmen in einer bedrohlichen Situation? Oft wird die Spitze ausgetauscht, der Sanierer tritt auf. Er nimmt die aus seiner Sicht notwendigen Schnitte vor. Häufig ist es eine schnelle Totaloperation, da dem Unternehmen eines fehlt, was man bisher nicht allzu sehr zu schätzen wußte: die Zeit. Ein behutsames Vorgehen, um das Unternehmen bei guter Gesundheit zu halten und bei ersten Anzeichen von Anfälligkeit prophylaktisch gegenzusteuern, ist nicht mehr möglich. Die Einschnitte sind hart. Menschen verlieren ihre Arbeitsplätze. Bei Entlassungsaktionen ist aufgrund des Zeitdrucks und der Fülle von Problemen an individuelle Lösungen nicht zu denken. Die Aktionen lösen Angst aus. Angst verunsichert und lähmt die Kräfte. Kurzfristige Leistungssteigerungen, oftmals auch nur Aktivismus, widerlegen nicht die Kernaussage.

Steigerung der Produktivität

Um dem Konkurrenzdruck zu begegnen, werden die einzelnen Kostenblöcke durchleuchtet. Eine wesentliche Rolle spielen dabei die Personalkosten mit ihrer Dynamik. Sie können durch Abbau von Personal und Überstunden beeinflußt werden. Das heißt: gleiche oder höhere Leistung mit weniger Personal bzw. in kürzerer Zeit. Diese Leistungsverdichtung, vor allem wenn sie unter Zeitdruck durchgeführt wird, bringt zwar eine quantitative Leistungssteigerung, die jedoch oft zu Lasten der Qualität geht.

Teufelskreis

Von Krise zu Krise wird also das gleiche Instrumentarium eingesetzt: Ein Teufelskreis quantitativen Denkens! Nur führt dieser Weg langfristig nicht zum Ziel, da die kurzfristigen Maßnahmen – Personalabbau und Leistungsverdichtung – nicht unbegrenzt greifen. Diese Aktionen finden ihre Grenzen in der Funktionsfähigkeit des Unternehmens und in der Belastbarkeit der Menschen.

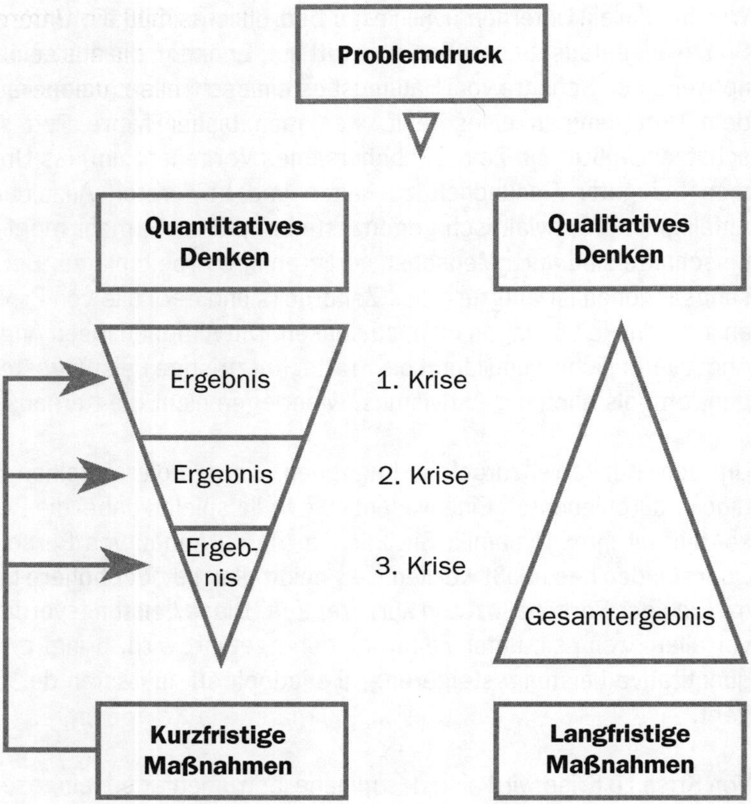

Abbildung 1: Quantitative und qualitative Problemlösung

Ultima ratio

In diesem Zusammenhang werden auch Überlegungen angestellt, Produktionen in sogenannte Billiglohnländer zu verlagern. Gerade kleineren Unternehmen fehlen dazu die Möglichkeiten, andere wollen aus vielfältigen Gründen, wie Tradition oder gesellschaftspolitischen Überlegungen, diesen Weg nicht gehen. Mancher Unternehmer denkt resignierend an Geschäftsaufgabe.

Viel zu selten wird die zentrale Frage gestellt: Was muß ein Unternehmen tun, damit es bei gegebenen Personalkosten mehr qualitative Leistung von den Mitarbeitern erhält? Denn nach unserer These, die es im Verlauf der Erörterungen zu belegen gilt, wird das qualitative Potential der Mitarbeiter heute noch viel zuwenig genutzt.

Zentrale Frage

Qualität der Leistung wird bei Produkt oder Dienstleistung gefordert. Null-Fehler-Programme werden in den Unternehmen aufgelegt. Diese Fokussierung gipfelt im Total Quality Management. Man könnte auch sagen: Alle Kräfte sind auf die Markterfordernisse auszurichten oder der Kunde ist König. Diese Maxime wird sicherlich niemand in Frage stellen. Bei der Umsetzung wird jedoch oft vergessen, daß hinter Produkt und Dienstleistung Menschen stehen, die diese Leistung erst ermöglichen.

Mensch ermöglicht Leistung

2. Absicherung unternehmerischer Risiken durch Investition in den Menschen

Was heißt es, in den Menschen zu investieren? Die Investition in den Menschen hat eine materielle und eine immaterielle Komponente.

Immaterielle Investition bedeutet, dem Mitarbeiter Beachtung zu schenken und ihn zu achten. Das gilt nicht nur für den Umgang mit den Führungskräften, sondern ebenso für den Kontakt mit dem „kleinen Mann" an der Basis. Es darf nicht bei der Anrede „liebe Mitarbeiterinnen, liebe Mitarbeiter" bei Feierlichkeiten oder Betriebsversammlungen bleiben. Achtung ist eine innere Haltung. Sie beginnt mit so trivialen Dingen wie Grüßen der Mitarbeiter oder ein offenes Ohr für ihre Sorgen und Nöte zu haben. Dazu gehört ebenso, sich mit den Stärken und Schwächen der Mitarbeiter im Rahmen der Steuerungsfunktion zu befassen und als Basis für Motivation und Weiterentwicklung die Interessen der Mitarbeiter kennenzulernen.

Immaterielle Investition

Selbst-Test:

Könnten Sie den Lebenslauf, die wichtigsten beruflichen Stationen und besondere Erfahrungen Ihrer engsten Mitarbeiter jetzt kurz skizzieren? Wenn Sie dabei Probleme haben, so sollten Sie sich einmal die Personalakten Ihrer Mitarbeiter ansehen und den Kontakt zu ihnen intensivieren.

Kosten der Fluktuation

Nun zur materiellen Investition. Die Einrichtung der Arbeitsplätze bedeutet immense Investitionen für die Unternehmen. Diese Tatsache verpflichtet, sorgfältig mit der Investition Anlage und Mensch umzugehen. Viel zuwenig Gedanken macht man sich über die Fluktuationskosten, die entstehen, wenn Mitarbeiter aufgrund von Kündigung aus dem Unternehmen ausscheiden. Es genügt nicht, lediglich die Kosten der Akquisition – Insertion, Vorstellungskosten und ähnliches – anzusetzen. Beachtliche Kosten entstehen, bis neue Mitarbeiter integriert sind und volle Leistung erbringen. Nicht zu vergessen sind die Leistungsdefizite „auslaufender" Mitarbeiter, die sich gedanklich bereits mit ihrer neuen Position befassen. Seriöse Berechnungen gehen bei Führungskräften von Fluktuationskosten in Höhe von ein bis zwei Jahresgehältern aus. Bei Angestellten kommt man – wenn sich zusätzlich der alte und der neue Mitarbeiter zeitlich überlappen – ohne weiteres auf Beträge, die in der Größenordnung eines halben Jahresgehalts liegen.

Nicht nur die Einrichtung von Arbeitsplätzen erfordert also hohe Investitionen, auch die Fluktuation von Mitarbeitern und die Neubesetzung der Positionen verursacht beachtliche Kosten.

Weitere materielle Komponenten sind laufende Zahlungen wie Lohn oder Gehalt sowie angemessene Sozialleistungen.

Bildung als Investition

Maßnahmen zur Weiterentwicklung und Förderung haben eine materielle und eine immaterielle Ausrichtung. Die Dynamik in der Entwicklung der Unternehmen erfordert ständige Anpassungsprozesse durch Weiterbildung der Mitarbeiter. Hier sind in den Unternehmen häufig Defizite festzustellen. So begegnen wir in Führungsseminaren Meistern oder Vorarbeitern, aber auch Führungskräften anderer Bereiche, die nach 10- bis 20jähriger beruflicher Tätigkeit erstmals ein Seminar besuchen.

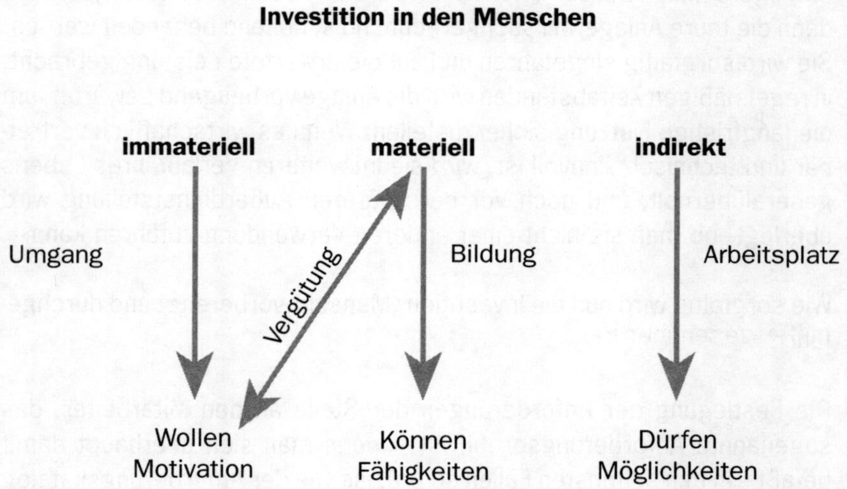

Abbildung 2: Investition in den Menschen

Vergleich von Mensch und Anlage

Interessant ist ein Vergleich zwischen Planung und Realisierung einer Investition in Anlagen und in Menschen. Der Mensch steht im Mittelpunkt des betrieblichen Geschehens. Betrachten wir ihn jedoch einmal lediglich als Produktionsfaktor und vergleichen ihn mit der Anlage oder Maschine. Wie wird er wohl abschneiden?

Sorgfältiger Umgang mit Anlagen

Es beginnt mit der Planung. Bei der Anlage wird die Frage nach der Notwendigkeit der Investition und deren Wirtschaftlichkeit gestellt. Man macht sich viele Gedanken über die Dimensionierung der Anlage, deren Leistungsvermögen, Präzision und vieles mehr. Danach werden umfangreiche Angebote eingeholt, die wertanalytisch beurteilt werden. Das räumliche Umfeld wird je nach Empfindlichkeit von Anlage oder Produkt (zum Beispiel Reinsträume, schwingungsfreie Böden) ausgewählt bzw. gestaltet. Die Personen im Umfeld der Anlage – Bedienungs- und Wartungspersonal – werden intensiv vorbereitet, beim Hersteller geschult, denn die teure Anlage will sachgerecht und schonend behandelt werden. Sie wird sorgfältig eingefahren und auf die erwartete Leistung gebracht. In regelmäßigen Zeitabständen wird die Anlage vorbeugend gewartet, um die langfristige Nutzung sicherzustellen. Wenn es wirtschaftlich vertretbar und technisch sinnvoll ist, wird sie im weiteren Verlauf ihres Lebens generalüberholt, und noch vor der späteren Außerdienststellung wird überlegt, ob man sie nicht einer anderen Verwendung zuführen kann.

Wie sorgfältig wird nun die Investition „Mensch" vorbereitet und durchgeführt?

Anforderungsprofil als Basis

Die Festlegung der Anforderungen der Stelle an den Mitarbeiter, das sogenannte Anforderungsprofil, ist – wenn man sich überhaupt damit befaßt – in den seltensten Fällen so präzise wie der Anforderungskatalog an die Anlage. Entsprechend wenig zielsicher erfolgt die Suche und die Auswahl des neuen Mitarbeiters. Als Folge kommen immer wieder Fälle der Über- oder Unterforderung des Neuen vor, was sich gleichermaßen negativ auf seine Motivation auswirkt.

Vorbereitung auf den neuen MItarbeiter

Nun zur Vorbereitung auf den Start des Neuen. Er kommt am ersten Arbeitstag in die Firma. Der Vorgesetzte hat den Termin vergessen. Er läßt den neuen Mitarbeiter warten, da er erst noch eine Besprechung zu Ende führen muß. Hektisch beginnt die Suche, wo man einen Schreibtisch, den man schnell aus dem Lager beschafft, hinstellen kann. Ein PC wird in den nächsten Tagen besorgt, das hat noch etwas Zeit. Immer wieder berichten Mitarbeiter solche oder ähnliche Episoden von ihrem ersten Tag und was sie dabei empfunden haben. Ein weiteres Manko ist die oftmals wenig planvolle und unsystematische Einarbeitung des Neuen. Man überläßt ihn weitgehend sich selbst, insbesondere was die Eingliederung in das Arbeitsteam anbelangt. „Freischwimmen" ist hierfür die gängige Vokabel.

Mangelnde Unterstützung und Förderung

Nach den „Geburtswehen" der Einarbeitung, die wesentlich besser und schneller hätte erfolgen können, wäre der Mitarbeiter in der Lage, seine volle Leistung zu erbringen. Es mangelt jedoch an der Zuarbeit anderer, die notwendigen Informationen lassen viel zu wünschen übrig, und die Steuerung durch den Vorgesetzten ist auch nur ansatzweise zu erkennen. Im Gegensatz zur Anlage befaßt man sich wenig mit dem neuen Mitarbeiter, seinem Zustand, seiner Leistung, leitet bei Abweichungen keine Korrekturen ein, gibt keine Hilfestellung. Die pflegliche Behandlung, die man der Anlage angedeihen läßt, vermißt er weitgehend. Man macht sich darüber hinaus kaum Gedanken um einen anderen Einsatz, um das Leistungsvermögen des Mitarbeiters bestmöglich zu nutzen und ihn zur Entfaltung kommen zu lassen. Ebenso werden Leistungsdefizite zunächst nicht bemerkt oder stillschweigend geduldet, bis dann überraschend ohne Vorwarnung Konsequenzen gezogen werden, ohne zuvor andere Einsatzmöglichkeiten ernsthaft in Erwägung gezogen zu haben.

Fazit aus dem Vergleich

Das Fazit aus diesem Vergleich: Mancher Mitarbeiter wünschte sich, so pfleglich wie eine Anlage behandelt zu werden. Die gleiche Situation haben wir oft im Privatbereich, wo sich die Ehefrau gegenüber dem Auto ihres Ehegatten vernachlässigt fühlt. In beiden Fällen ist Ver-Achtung im Spiel.

Behandlung von Anlage und Mensch		
Phase	**Anlage**	**Mensch**
Planung	Investitionsantrag Pflichtenheft legt Anforderungen genau fest	*Neue Stelle:* Genehmigungsantrag *Vorhandene Stelle:* automatische Besetzung; oft kein Anforderungsprofil
Entscheidung	Wirtschaftlichkeitsberechnung, Wertanalyse	Vielfach wenig systematisch, da Parameter nicht oder unpräzise festgelegt sind
Organisatorische Vorbereitung	Eventuell Netzplan; bauliche und technische Vorbereitung; Mitarbeitertraining	*Neue Stelle:* Arbeitsplatz einrichten *Vorhandene Stelle:* —
Installierung	In- und externe Spezialisten bis zum erfolgreichen Probelauf	Einführung, Bekanntmachen, in Einzelfällen Abteilungs-Durchlauf, in Probezeit wenig systematische Unterstützung
Wartung	Vorbeugende Instandhaltung, gegebenenfalls Generalüberholung	Ansatzweise Steuerung des Mitarbeiters, individuelle Förderungsmaßnahmen (Gehalt, Position, Bildung) unsystematisch

►

Phase	Anlage	Mensch
Außerbetrieb-nahme	Anderer Verwendungszweck bezüglich Produkt, Intensität, Nutzer Verschrottung	Bei Leistungsdefiziten oft keine Analyse der Ursache Konsequenzen: Kündigung oder Pensionierung
Grundlage	Fast 100%ige Beherrschbar-keit bei Beachtung technischer Gesetzmäßigkeiten und Einsatz ingenieurmäßigen Wissens	Fast 100%ige Beherrschbarkeit bei Beachtung menschlicher Gesetzmäßigkeiten und Einsatz von Menschenkenntnis

Abbildung 3: Behandlung von Anlage und Mensch

II. Stärken und Schwächen der Unternehmen auf den Gebieten Führung, Organisation und Personalwirtschaft

Vielfalt der Unternehmen

Es wäre ein hoffnungsloses Unterfangen, wollte man die Situation der mittelständischen Unternehmen auf ein paar Seiten einfangen und in ein einheitliches Raster zwängen. Das würde zu einem Bild führen, das in keiner Weise der Wirklichkeit entspräche. Zu stark unterscheiden sich die Unternehmen aufgrund des Betätigungsfeldes, der Größe, der Rechtsform, der Eigentumsverhältnisse. Eine große Rolle spielt außerdem, ob Eigentum und Leitung des Unternehmens in einer Hand liegen oder getrennt sind. Man kann lediglich versuchen, anhand vieler Beispiele Typisches für die Unternehmenssituation zu skizzieren. Ihre Reaktion kann dann sein: „Ja, genau das ist das Problem in unserem Unternehmen" oder: „Bei uns sieht es ganz anders aus".

Beispiel

Leitende Angestellte eines Elektrokonzerns äußerten sich kürzlich: „Ihr in den mittelständischen Unternehmen seid doch zu beneiden. Bei Euch tut sich was. Wenn wir eine Idee haben und sie unseren Vorgesetzten unterbreiten, hören wir oft nichts mehr davon, oder die Idee taucht irgendwann wieder auf. Sie ist dann meist nicht mehr zu erkennen."

Vorteile mittelständischer Unternehmen

Mittelständische Unternehmen haben einen großen Vorteil: Die Entscheidungswege sind kurz, und das Geschehen ist noch übersichtlich. Diese „natürlichen" Vorzüge der kleineren und mittleren Unternehmen gilt es zu bewahren. Das ist die Stärke der Mittelständler. Ein ideales Klima, in dem sich Ideen entwickeln und schnell umgesetzt werden könnten. Die Mitarbeiter hätten Erfolgserlebnisse, da sie ihren Beitrag am Fortschritt erleben könnten, der darüber hinaus auch noch von der Unternehmensleitung gewürdigt würde.

Aber wie sieht es in vielen Fällen in der Praxis aus? Die Mitarbeiter haben wenig oder nichts zu sagen, ihnen fehlen Entscheidungskompetenzen und die Möglichkeit, ihre Gedanken zur Problemlösung einzubringen. Erschwert wird jegliches Mitdenken, da sie informationsmäßig kurzgehalten werden.

Mitarbeitern fehlen Kompetenzen

Vor allem in der Pionierphase des Unternehmens ist das Geschehen voll auf den Unternehmensleiter, den Chef, ausgerichtet. Er steht im Mittelpunkt, gibt die Impulse, prägt die Art der Zusammenarbeit mit den Umwelten – Kunden, Lieferanten etc. – und der Belegschaft. Er trifft alle Entscheidungen; die Mitarbeiter werden zu überwiegend ausführenden Organen degradiert. In der ersten Generation des Unternehmens ist die Führung überwiegend autoritär geprägt, mit fortschreitendem Alter des Pioniers zeigt sie patriarchalische Züge.

Probleme der ersten Generation

Der Pionier erfreut sich trotz seines autoritären Führungsstils der Achtung der Mitarbeiter. Er ist fachlich ein Könner, hat das Unternehmen aufgebaut und – was ganz wichtig ist – er ist ein Chef zum Anfassen. Er ist kantig und echt, spielt also keine Rolle. Problematisch für Unternehmen und Mitarbeiter wird es bisweilen, wenn die Nachfolge des Pioniers aus der Familie rekrutiert wird. Der Junior-Chef imitiert den Senior, hat keinerlei Konzepte – speziell auf dem Führungssektor. Kontinuität ist zwar wichtig und richtig, bei Generationswechsel ist jedoch meist die Zeit reif für Neuerungen.

Es wäre sicherlich zu einfach, die Gründe für die Profillosigkeit in der Unfähigkeit des Nachwuchses zu suchen. Immer wieder ist bei der Beratung von Unternehmen von Fällen zu erfahren, bei denen sich die Problematik Alt – Jung und die ganz natürlichen Abnabelungsprozesse nicht in der Familie, sondern im Betrieb abspielen. Wir stoßen auf Junior-Chefs, die ihr Leben lang Probleme mit ihrem Selbstwertgefühl haben, da sie ihr Leitbild, den Vater, vermeintlich nicht erreichen. Von seiten der Familie begeht man mitunter den Fehler, den Nachwuchs nach der Ausbildung direkt oder bereits nach einem Volontariat in die Firma zu nehmen, statt ihn erst sein eigenes Profil entwickeln zu lassen.

Schwierigkeiten durch Generationswechsel

So bleiben sie im Betrieb stets Sohn, Tochter oder Schwiegersohn des Chefs. Solange die beiden Generationen gemeinsam im Unternehmen arbeiten, gibt es vielfach Kompetenzprobleme: Der Senior läßt den Jungen zu wenig Freiheit zur Entwicklung. Die Mitarbeiter haben Orientierungsschwierigkeiten, sie wissen nicht, an wen sie sich halten und wem sie zuarbeiten sollen.

Vergebene Chancen

Die Situation ist so verfahren, daß die gesamte Geschäftspolitik darunter leidet. Die klare Linie geht fortschreitend verloren, und auch nach dem Ausscheiden des Seniors hat die junge Generation nicht mehr den Abstand, um klar die Notwendigkeiten zu erkennen. So wird die Chance einer grundlegenden Neuorientierung auf den Gebieten Führung, Organisation und Personalwesen vergeben, und man arbeitet ganz einfach im alten Trott weiter. Die wichtigsten Positionen – insbesondere auf der zweiten Hierarchieebene – sind mit Leuten der ersten Stunde besetzt, die irgendwann an der Grenze ihrer Fähigkeiten angelangt sind und die Entwicklung des Unternehmens und ihrer Mitarbeiter hemmen.

Beispiele

Der Inhaber und Alleingeschäftsführer eines Großhandelsunternehmens mit rund 100 Beschäftigten überlegt, ob er nicht auf dem Führungssektor etwas tun sollte. Er skizziert seine Organisation. Es gibt zwei Ebenen: Geschäftsführer und Basis. Auf die Frage, was er entscheide und was seine Mitarbeiter, kommt die ehrliche Antwort, daß er im Grunde alles bestimme und auch alle Ausarbeitungen selbst mache. Er habe schon gute Mitarbeiter, aber er mache es besser und es bereite ihm auch so viel Spaß.

Der Geschäftsführer eines Dienstleistungsunternehmens mit 200 Mitarbeitern ist sehr aufgeschlossen und äußerst aktiv. Seine Organisation besteht – wie im obigen Beispiel – aus zwei Ebenen. Unterstützt wird er durch zwei ihm zuarbeitende Assistenten in Stabsfunktion.
Es handelt sich nicht, wie Sie vermuten werden, um Senior-Chefs, sondern um die zweite und junge Generation zwischen 30 und 40 Jahren. Kopflastigkeit der Entscheidungen, keine Spielräume für die Mitarbeiter – dies sind Probleme, mit denen wir uns noch ausgiebig befassen werden.

Organisationsphase

Planvolleres Arbeiten und Organisation folgen als Entwicklungsphase der durch Improvisation geprägten Gründer- und Pionierphase. Orientierungspunkt ist – historisch betrachtet – das Scientific Management F. Taylors, das zu einer hohen Produktivität führte, unter motivationalen Gesichtspunkten heute jedoch überholt ist. Viele Unternehmen haben dies noch nicht erkannt. Sie setzen weiterhin auf eine nahezu unmenschliche Form der Arbeit, die – wenn es sich rechnet – auch von Robotern verrichtet werden könnte. Die Motivation allein über das Geld, zum Beispiel den Akkordlohn, bewirken zu wollen, ist eine bedenkliche und nicht erfolgversprechende Vorgehensweise. Im Produktionsbereich wird teilweise versucht, die Arbeit attraktiver zu machen. Man spricht von Job enrichment, Job enlargement und Teamarbeit an der Basis. Im Dienstleistungsbereich besteht die Gefahr, daß – bei aller Notwendigkeit rationellerer DV-gestützter Abwicklung der Geschäftsvorfälle – die Arbeit monotoner und weniger anspruchsvoll wird.

Überorganisation

Mittelständische Unternehmen tun in der zweiten Phase des Guten zuviel. Sie engagieren hochkarätige Spezialisten aus Konzernen, die vielfach ungeprüft Systeme einführen, die zwar dem Organisationsbedarf des Großunternehmens angemessen sind, nicht aber dem des Klein- oder Mittelbetriebs. Flexibilität und Schnelligkeit dieser Unternehmen werden dadurch beeinträchtigt.

Profit Center

Durch die Profit Center-Organisation simulieren Großunternehmen mittelständische Unternehmen. Sie wollen damit deren Vorteile, nämlich Beweglichkeit und schnelle Reaktion, erreichen. Oft werden bei den mittelständischen Unternehmen Profit Center eingerichtet, die wenig sinnvoll sind: kleinste Einheiten, die weder im Markt noch in der Produktion sauber abgegrenzt werden können und innen und außen für Verwirrung sorgen.
Die fehlende oder unzureichende Leistungsabgrenzung und -messung führt letztendlich zu Fehlern bei den Managemententscheidungen. Nicht zu vergessen, daß die Unternehmen große Probleme haben, die Profit Center mit Allround-Managern zu besetzen, da die kleinen Einheiten doch wenig attraktiv in bezug auf die Bedeutung und die Dotierung sind.

Integrative Phase Die integrative Phase sieht den Mitarbeiter im Mittelpunkt des betrieblichen Geschehens. Die Organisationsphase mit der Fiktion perfekter Abläufe und perfekter Menschen wird überwunden.

Dominanz technischer Funktionen In kleineren und mittleren Industrieunternehmen dominieren (zu Recht?) die technischen Funktionen, allerdings werden dabei Funktionen wie Controlling und Personalwesen sträflich vernachlässigt. Insbesondere das Personalwesen ist vollkommen bedeutungslos. Gerade aber dem Personalwesen kommt im Rahmen der dritten Phase der Entwicklung des Unternehmens, der Integrationsphase, eine besondere Bedeutung zu.

Die Personalfunktion in Klein-/Mittelbetrieben und Großbetrieben

Merkmale	**Klein-/Mittelbetriebe**	**Großbetriebe**
	Personalwesen	
Bedeutung	maximal Abteilungsebene, i.V.	Geschäftsleitungsebene, ppa.
Funktionen	verwaltungsorientiert Schwerpunkte: Abrechnung, Soziales, Beschaffung Lohnempfänger + Tarifbereich Angestellte; Personalentwicklung ansatzweise	stark ausgeprägte Funktionsteilung; Referentenprinzip
Einfluß	meist gering, da nicht in Grundsatzentscheidungen einbezogen; oft informeller Einfluß	relativ groß; funktionsadäquat

►

Merkmale	**Klein-/Mittelbetriebe**	**Großbetriebe**
	Bedingungen für das Personalwesen	
Organisation	geringer Organisationsgrad; übersichtlich aufgrund Größe; Organigramm und Stellenbeschreibungen nicht vorhanden	höherer Organisationsgrad zur Sicherung der Funktionsfähigkeit und Transparenz
Führungssituation	breites Aufgabenspektrum; geringe Arbeitsteilung und Delegation	eingeschränkteres Aufgabenspektrum; stärkere Delegation
Entscheidungen	kurze Wege; Improvisation	langwierige Entscheidungsprozesse; Planung
Kommunikation	persönliche Ansprache; wenig systematisiert	systemgestützt; Werkszeitschrift, Rundschreiben
Betriebsklima	persönlichkeitsgeprägt	anonym; sachlich
Aufstiegsmöglichkeiten	beschränkt aufgrund Größe und flacher Hierarchie	vielfältig aufgrund der Größe
Entgelt	eher geringer; Pragmatismus	eher höher; Systeme

Abbildung 4: Personalfunktion in Klein-/Mittelbetrieben und Großbetrieben

Geringe Bedeutung des Personalwesens

Wie ist es heute noch in vielen Unternehmen um das Personalwesen bestellt? Die Personalabteilung, auch „Personalbüro" genannt, besteht aus einer Lohn- und Gehaltsbuchhaltung. Die Einstellungen der Lohnempfänger und Tarifangestellten erfolgt durch die Ressortleiter. Das Personalwesen bereitet lediglich die Anzeigen vor, nimmt die Bewerbungsunterlagen in Empfang und leitet sie weiter, führt die Korrespondenz und schreibt die standardisierten Arbeitsverträge aus. Der Personalleiter – sofern er diesen Titel trägt – ist mehr Vollzugsorgan als Gestalter. Die für eine qualifizierte Personalarbeit erforderlichen Möglichkeiten, wie wichtige Informationen und Kompetenzen, hat er nicht. So gibt es Personalplanung nur im Rahmen der jährlichen Budgetplanung. Ansonsten kennt man nur Ad-hoc-Reaktionen auf Anweisung von oben. Das Personalwesen hat keinen Einfluß auf die Organisation des Unternehmens, dies ist Sache der einzelnen Ressorts. Verhandlungen grundsätzlicher Art mit den Betriebsverfassungsorganen führt die Geschäftsleitung.

Verkümmerte Personalentwicklung

Die Steuerung der Ausbildung im kaufmännischen Bereich obliegt dem Personalwesen, während die Ausbildung in den technisch-gewerblichen Berufen im technischen Bereich angesiedelt ist. Systematische Weiterbildung ist ein Fremdwort, bestenfalls arbeitet man gelegentlich nach dem „Gießkannenprinzip". Einzelverschickung zu externen Seminaren entscheidet die Geschäftsleitung aufgrund der Vorschläge der einzelnen Ressorts, wobei die Beweggründe oft Anerkennung für eine besondere Leistung oder Bestrafung („der hat's nötig") sind. Ansätze einer Personalentwicklung sind kaum zu erkennen. Der oder die Verantwortliche befaßt sich vornehmlich mit der Verteilung von Seminarprospekten, der Anmeldung zu Seminaren, der Organisation von Firmenseminaren und der Dokumentation durchgeführter Bildungsmaßnahmen. Da Grundinformationen, Kompetenzen und ein personalwirtschaftliches Instrumentarium völlig fehlen, ist eine wirkungsvolle Personalentwicklung nicht möglich.

Bei Lohn und Gehalt – Eingruppierung und Zulagen – ist wenig Systematik zu erkennen. Historisch gewachsene Ungereimtheiten und Ungerechtigkeiten sind allenthalben feststellbar. Leistungsbeurteilung, Stellenbeschreibungen oder Funktionendiagramme gibt es nicht, oder die Systeme sind mangels Pflege „papierkorbreif".

Fehlen personalwirtschaftlicher Systeme

Selbst-Test:

Nachstehend (Abbildung 5) sehen Sie eine komprimierte Charakterisierung der einzelnen Phasen in der Entwicklung der Unternehmen. Bitte machen Sie sich Gedanken zum Bild „Ihres" Unternehmens, und versuchen Sie eine Standortbestimmung.

Entwicklungsphasen der Unternehmen

Die Pionierphase

- Am Anfang steht die unternehmerische Idee des Gründers
- Alle Beziehungen zu den Umwelten werden durch ihn geprägt
- Seine Ideen und Impulse erhält er aus der konkreten Situation
- Er ist das Zentrum allen Geschehens
- Improvisation ersetzt weitgehend Planung und Organisation
- Organisches Wachsen des Unternehmens (Wildwuchs)
- Die Mitarbeiter sind Vollzugsorgane

►

Die Organisationsphase

- Scientific Management (F. Taylor): Standardisierung, Mechanisierung, Spezialisierung
- Viele Hierarchiestufen, langer Instanzenweg
- Fiktion: Räderwerk, Knopfdruckprinzip, Perfektion
- Starres System, das sich einer dynamischen Umwelt nicht anpassen kann
- Isolierung kleinster Einheiten führt zu Motivationsdefiziten
- Teiloptimierung statt Gesamtoptimierung
- Individualität stört die fixierten Abläufe

Die Integrationsphase

- Integration des Menschen, der mitdenken will und kann
- Überwindung der Starrheit des Systems
- Orientierung auf das Gesamtziel
- Berücksichtigung der Entfaltungs- und Selbstverwirklichungsbedürfnisse der Mitarbeiter
- Teamarbeit und mitarbeiterorientierte Führung
- Organisations- und Personalentwicklung

Abbildung 5: Entwicklungsphasen der Unternehmen

Leitlinien der Führung

Bisher wurde die Situation vor allem unter dem Aspekt der einzelnen Entwicklungsphasen des Unternehmens, insbesondere der Organisation und des Personalmanagements, betrachtet. Wie sieht es mit der Mitarbeiterführung als weiterer wichtiger Größe aus? Können in den Unternehmen einheitliche Führungsprinzipien festgestellt werden? Teils wurden Führungsgrundsätze entwickelt, die wesentliche Elemente kooperativer Führung für das Unternehmen als verbindlich festlegen. Leider scheint zwischen der Theorie und der täglichen Praxis eine tiefe Kluft zu bestehen. Die Grundsätze, die eine Richtschnur für das Zusammenleben im Unternehmen sein sollen, sind oft vergessen bzw. werden nicht ernst genommen. Fachliche Qualifikation spielt gegenüber der Führung die dominierende Rolle. Versagen in führungsmäßiger Hinsicht wird selten so konsequent geahndet wie fachliche Fehlleistung.

In zahlreichen Firmenseminaren und offenen Seminaren wurden die Teilnehmer unterschiedlichster Branchen, Betriebsgrößen und Hierarchieebenen gefragt, wo sie der Schuh drückt.

Konkrete Führungsdefizite

Die Hauptkritik richtet sich gegen den direkten Vorgesetzten. Bemängelt wird der zu geringe Spielraum, da die Vorgesetzten ihre Mitarbeiter an der kurzen Leine führen. Im Interesse der Sache überschreiten die Betroffenen oft die Kompetenzen, und zwar ohne Folgen – solange alles gut geht. Viele Teilnehmer haben den Eindruck, daß sich die Vorgesetzten zu stark im taktisch-politischen Raum bewegen, ihre Karriere im Vordergrund steht und ihnen die Selbstdarstellung wichtiger ist als die Sachaufgabe. So fühlen sich die Mitarbeiter mit den Problemen allein gelassen, sie warten auf Entscheidungen ihrer Vorgesetzten, auf Unterstützung und Hilfestellung. Im Zeitalter der Kommunikation und der Informationsschwemme fehlen den Mitarbeitern aller Ebenen Informationen der Unternehmensspitze und ihrer direkten Vorgesetzten. Die richtigen Informationen, das Handwerkszeug für eine zielorientierte Wahrnehmung ihrer Aufgaben, werden vermißt. Konkret festgestellt wird, daß sich Vorgesetzte zu wenig oder überhaupt nicht mit ihren Mitarbeitern befassen. Sie reden nicht mit ihnen. So haben die Mitarbeiter keine Chance, ihre Interessen einzubringen und ihre Wünsche zu formulieren.

Negativerlebnisse im Umgang mit dem Vorgesetzten beklagen viele Seminarteilnehmer. Die oft herausgestellte vertrauensvolle Zusammenarbeit scheint in der Praxis doch mitunter stark eingeschränkt zu sein, wenn die Mitarbeiter von Adrenalinausstoß, Angstzuständen und Schweißausbrüchen sprechen, wenn sie zum Chef kommen sollen.

Führungsfreistil

Die Vielzahl der von Seminarteilnehmern dargestellten Führungsdefizite läßt die Vermutung zu, daß statt einheitlicher Prinzipien einer zeitgemäßen kooperativen Führung in der Praxis in vielen Fällen Führungsfreistil betrieben wird.

Führungskräfte drückt der Schuh

- ▶ Zu wenig Spielraum, wenig Kompetenzen
- ▶ Egoismus und Karrierestreben des Vorgesetzten
- ▶ Mangelnde Unterstützung und Hilfestellung
- ▶ Grundinformationen und gezielte Einzelinformationen fehlen
- ▶ Kommunikationsmängel des Vorgesetzten
- ▶ Vorgesetzter läßt sich nicht beraten
- ▶ Vorgesetzter kennt bzw. berücksichtigt Interessen und Wünsche der Mitarbeiter nicht
- ▶ Autoritäres Verhalten des Vorgesetzten
- ▶ Vorgesetzter denkt und handelt nicht teamorientiert

Abbildung 6: Führungskräfte drückt der Schuh

Selbst-Test:

Wie sieht es in dem Unternehmen aus, in dem Sie tätig sind? Haben Sie einheitliche gelebte Führungsprinzipien? Wie stellt sich Ihr Führungsumfeld dar? Können Sie Ihre eigene Führungssituation – wie Sie führen bzw. geführt werden – mit Hilfe der folgenden Übersichten nachvollziehen?

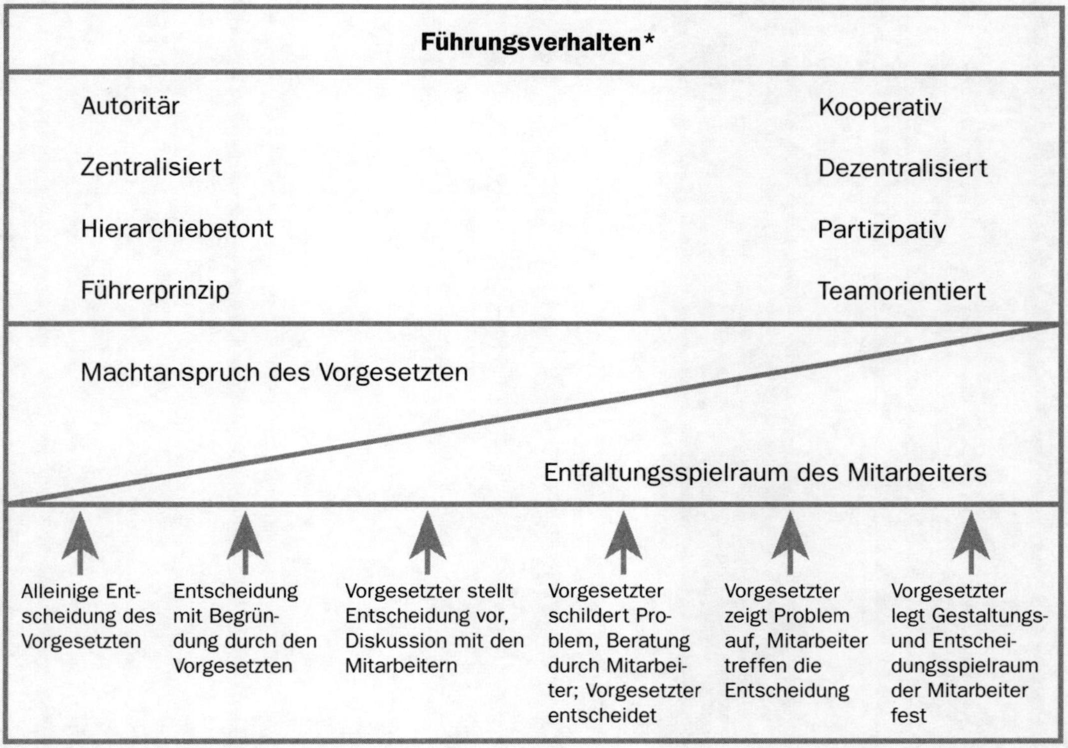

Abbildung 7: Kontinuum des Führungsverhaltens

---

* Nach: Tannenbaum/Schmidt entnommen Hentze, J. /Prose, P. „Personalführungslehre“, Verlag Paul Haupt, Bern u. Stuttgart, 1986, Seite 117

Parameter des Führungsverhaltens

In Abbildung 7 wurde die Charakterisierung des Führungsverhaltens anhand der beiden Parameter Kompetenz – Umfang der Befugnisse von Vorgesetztem und Mitarbeiter – und Partizipation – die Art der Teilhabe der Mitarbeiter an den Entscheidungsprozessen – dargestellt.

Blake und Mouton entwickelten nachstehendes Verhaltensgitter (Abbildung 8*), nach dem sich Führungskräfte bezüglich ihres Führungsverhaltens positionieren können. Die Autoren gehen davon aus, daß das Führungsverhalten durch die zwei Merkmale Aufgabenorientierung und Mitarbeiterorientierung ausreichend charakterisiert werden kann.

* Nach: Olfert, K./ Steinbuch, P. „Personalwirtschaft", F. Kiehl Verlag, Ludwigshafen, 1985, 2. Aufl., Seite 160/161

Verhaltensgitter nach Blake / Mouton
– Managerial Grid –

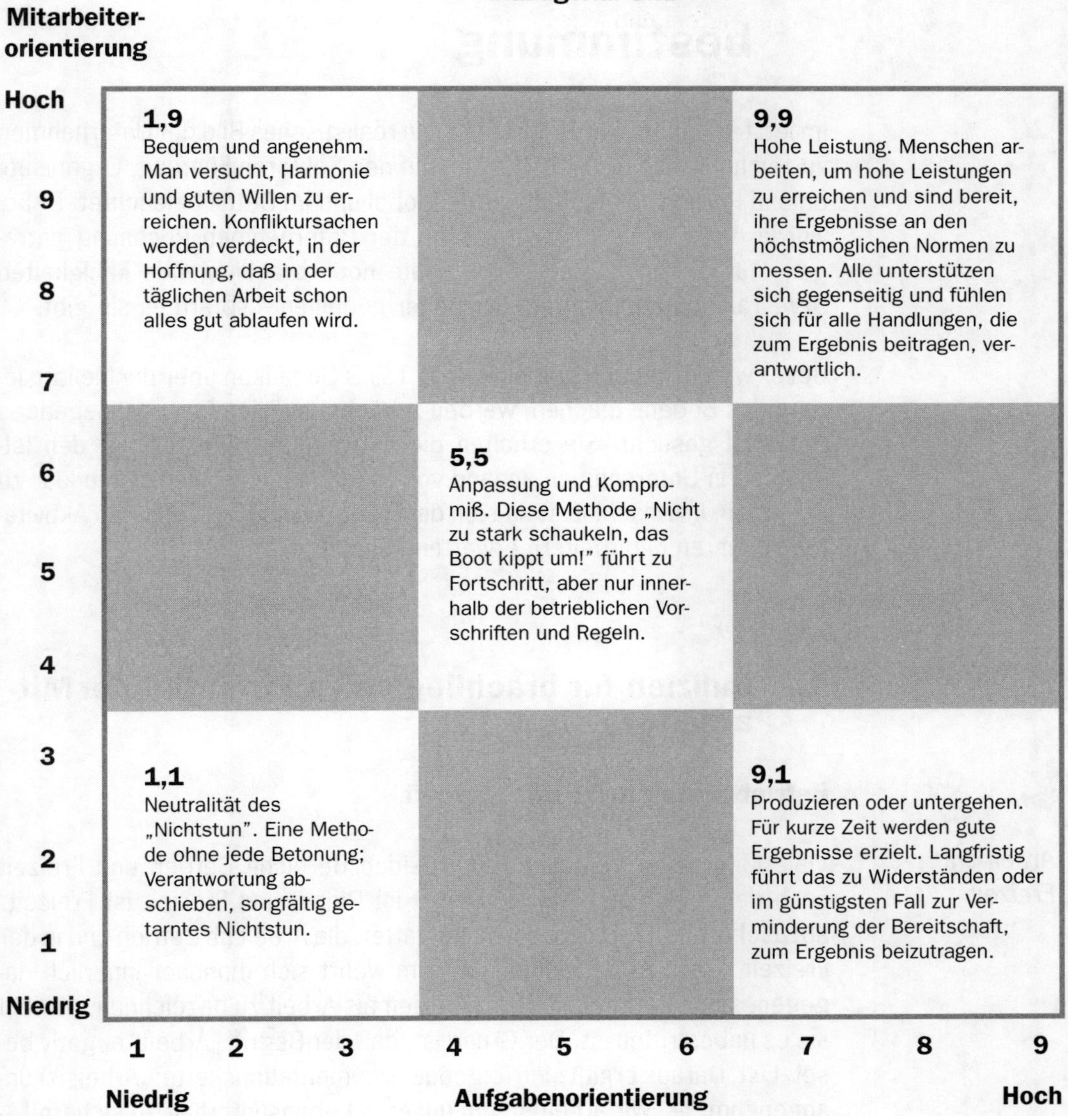

Abbildung 8: Verhaltensgitter

III. Realität und Positionsbestimmung

Im letzten Kapitel wurde versucht, ein realistisches Bild der Unternehmen zu zeichnen. Die Gesamtsituation auf den Sektoren Führung, Organisation und Personalwirtschaft wurde global und im Detail beleuchtet. Dabei wurde den Entwicklungsprozessen der Unternehmen Rechnung getragen. Auf diesem Boden sollen heute noch brachliegende Fähigkeiten bzw. Talentpotentiale der Mitarbeiter gedeihen – sofern es sie gibt.

Bevor wir uns jedoch gemeinsam in Teil B Gedanken über die Meliorisierung des Bodens machen, werden zunächst Indizien für brachliegendes Potential gesucht. Sie erhalten die notwendige Hilfestellung, den Ist-Zustand in Unternehmen anhand von Hinweisen und Checklisten klar zu erkennen. Im Anschluß stellt sich die Frage, was Vorgesetzte an Aktivitäten von ihren Mitarbeitern erwarten können.

1. Indizien für brachliegendes Potential der Mitarbeiter

Betriebsarbeit und Freizeitarbeit

Arbeit und Freizeit

Viele Mitarbeiter versuchen, die beiden Bereiche Betrieb und Freizeit nach dem bekannten Motto „Dienst ist Dienst und Freizeit ist Freizeit" abzuschotten. Trotzdem sei es gestattet, die Arbeit im Betrieb und in der Freizeit näher zu betrachten. Warum wehrt sich mancher innerlich dagegen, seine Betätigung in der Freizeit als Arbeit zu bezeichnen, obwohl sie es unbestritten ist? Der Grund ist, daß der Begriff „Arbeit" negativ besetzt ist. Daraus ergibt sich folgende Argumentationskette: „Arbeit ist unangenehm." – „Wir arbeiten, um unseren Lebensunterhalt zu sichern." – „Wir wollen nicht von Arbeit sprechen, wenn wir etwas tun, was uns Spaß macht."

Attraktive Arbeit

In seiner X/Y-Theorie bezeichnet McGregor den Ansatz als falsch, Arbeit sei etwas Widernatürliches und der Mensch scheue sich vor der Übernahme jeglicher Verantwortung. Er vertritt ganz im Gegenteil die Ansicht, der Mensch lerne unter entsprechenden positiven betrieblichen Bedingungen nicht nur, Verantwortung zu übernehmen, sondern suche Verantwortung. Wir denken jedoch in der Praxis sofort an konkrete Fälle und fragen uns, ob McGregor den Menschen nicht zu idealistisch sieht. Wir alle, wenn wir ehrlich sind, flüchten – zumindest gedanklich – vor einer Arbeit, wenn ihr eine gewisse Attraktivität fehlt oder die Bedingungen, unter denen die Arbeit verrichtet werden muß, einfach nicht stimmen. Trotzdem ist für uns Arbeit ein natürlicher Bestandteil des Lebens.

Anspruchsvolle Freizeitbetätigung

Wie sieht nun die Freizeitarbeit der Mitarbeiter aus, und was ist denn so anders als im Betrieb? Hier ist, um Mißverständnissen vorzubeugen, nicht an den Nebenjob zur Auffüllung des Haushaltsbudgets gedacht, sondern an Betätigungen in der Freizeit: das Hobby. Betrachten wir doch einmal einzelne Beispiele:

Einzelbeispiele

Ein Mitarbeiter leitet in seiner Freizeit einen Chor, ein anderer einen Sportverein, ein Dritter ist in einer Vertrauensposition als Vereinskassierer tätig. Gemeinderäte bzw. Stadträte, die teils wichtige Ausschüsse leiten oder mitbeeinflussen, sind zu finden. Auf den Sportplätzen treffen wir auf Schiedsrichter und Trainer, im Gerichtsgebäude begegnen wir unseren Mitarbeitern als ehrenamtlichen Richtern. Mancher widmet sich aktiv oder passiv den Künsten, ein anderer verausgabt sich beim Sport als „Einzelkämpfer“ oder in der Mannschaft bis zur totalen Erschöpfung. Teilweise erwirbt sich der Sammler auf seinem Spezialgebiet ein exzellentes Wissen, nimmt Neues engagiert noch in einem Alter auf, in dem er längst keinen Arbeits-Marktwert mehr hat.

Vergessene Basis im Betrieb

Fehlender Coach

Wenig beachtet – insbesondere von hohen Führungskräften – verrichten die Mitarbeiter an der Basis Arbeit, die vielfach monoton ist. Wo werden diese Mitarbeiter in Zukunft stehen? Die reinen Routinearbeiten übernimmt verstärkt die Maschine. Könnten die Mitarbeiter weiterentwickelt werden? Wenn wir diese Frage bejahen, dann gehen wir davon aus, daß sie ungenutzte Fähigkeiten haben. Oftmals wissen die Mitarbeiter nicht, was in ihnen steckt. Sie werden ja in den wenigsten Fällen von einem Vorgesetzten „gecoacht", der ihnen Chancen gibt, sie bestätigt, sie entwickelt, aufbaut und Hilfestellung leistet. Ganz im Gegenteil werden die Tätigkeiten immer noch in Teilverrichtungen zergliedert. Menge ist alles, der qualitative Ansatz fehlt völlig. Das Mengendenken gipfelt im Akkordlohn, der vielfältige Motivationsansätze ersetzen soll.

Zögerliche Ansätze

Nur zögerlich überlegt man in einigen Branchen, wie die Arbeit attraktiver gemacht werden kann. Aber auch hier bleiben die richtigen Ansätze in vielen Fällen nur Stückwerk, da man zwar arbeitsorganisatorische Verbesserungen einführt, im zwischenmenschlichen Bereich jedoch weiterhin Defizite zu verzeichnen hat.

Widerwillig zur Arbeit

Stellen wir uns einmal gedanklich an den Eingang eines Unternehmens. Morgens kommen die Arbeiter – und nicht nur diese – unlustig zur Arbeit, am Feierabend verlassen sie fröhlich das Unternehmen – sie sind wieder Mensch. Ist dies nicht eine erschreckende und auf Dauer untragbare Situation? Für weite Bereiche der Basis-Mitarbeiter gilt die Feststellung, daß sie sich privat im Freizeitbereich auf einem wesentlich höheren Niveau bewegen als bei ihrem betrieblichen Einsatz.

Innere Kündigung

Frustrierte bleiben

Fähige Mitarbeiter, die in der Arbeit selbst oder im sachlichen bzw. personellen Arbeitsumfeld keine Erfüllung finden, kündigen. Damit geht dem Unternehmen qualitatives Potential verloren. Im Extremfall ist es im Ergebnis bei dem Personenkreis nicht anders, der dem Unternehmen nicht das an quantitativer und qualitativer Leistung zur Verfügung stellt, was möglich wäre. Es ist dies der Kreis der Enttäuschten und der Frustrierten, kurzum der Mitarbeiter, die im Unternehmen nur noch „da“ sind und innerlich gekündigt haben. Man stellt sich die Frage, warum diese Mitarbeiter nicht die Konsequenzen ziehen und kündigen. Die Gründe sind vielfältig: geringer Marktwert als Spezialist oder aus Altersgründen, Scheu vor den Risiken, die mit einem Firmenwechsel verbunden sind, eingeschränkte Mobilität aufgrund persönlicher oder familiärer Gegebenheiten usw.

Schwierige Aufgabe

Objektiv gesehen sind diese Mitarbeiter fähig. Ihr Defizit liegt im Bereich des Wollens. Eine der schwierigsten Aufgaben einer Führungskraft ist es, diese Mitarbeiter wieder aufzuschließen und zu motivieren, vor allem, wenn sie zu deren aktuellem Zustand beigetragen hat. Nicht einfach ist das Erkennen des Zustands der inneren Kündigung. Denn erst aufgrund präziser Diagnose kann die Therapie erfolgen. Abbildung 9 kann hilfreich zum Erkennen der inneren Kündigung sein. Erleichtert wird das Diagnostizieren, wenn man den Mitarbeiter gut kennt und bestimmte Verhaltensänderungen feststellt.

Typische Signale für eine innere Kündigung

- Mitarbeiter ist auffallend angenehm im Umgang und zurückhaltend im Auftreten
- Mitarbeiter hat kein Interesse mehr an – auch sachlichen – Auseinandersetzungen
- Mitarbeiter wurde zum typischen Jasager, schließt sich ständig der Mehrheit an
- Mitarbeiter schöpft seine Spielräume nicht mehr aus, verwaltet seinen „Job", statt zu gestalten
- Mitarbeiter bringt keine Ideen, Vorschläge und Impulse
- Mitarbeiter wehrt sich nicht mehr bei Eingriffen anderer in seinen Bereich
- Mitarbeiter kommentiert Vorgesetztenentscheidungen nach außen – entweder zustimmend oder gar nicht
- Mitarbeiter nimmt kritiklos Eigenarten oder Einstellungen seines Chefs an
- Mitarbeiter verzeichnet starken quantitativen und qualitativen Leistungsrückgang
- Mitarbeiter fehlt häufig aufgrund von Krankheit und aus sonstigen Anlässen
- Mitarbeiter hat keine Neigung zu Mehrarbeit

Bei Vorliegen mehrerer Kriterien sollte die „Warnlampe" der Führungskraft aufleuchten.

Abbildung 9: Typische Signale für eine innere Kündigung

Keine Patentrezepte

Wichtig ist, in Gesprächen die Ursachen für die innere Kündigung zu ergründen. Diese sind oft weit in der Vergangenheit zu finden: Der Mitarbeiter wurde bei einer Beförderung zu Unrecht übergangen, ein Vorgesetzter hat ihm das „Rückgrat gebrochen", er erlitt einen Gesichtsverlust bei einer organisatorischen Veränderung, seine Ideen wurden ständig „gekillt" und Versprechungen nicht eingehalten. Patentrezepte zur Aktivierung dieser Mitarbeiter gibt es nicht. Führungskräften kann nur empfohlen werden, offene Gespräche zu führen, Wertschätzung zu vermitteln, Vertrauen zu schenken sowie fordernde und fördernde Maßnahmen einzusetzen.

Prophet im eigenen Lande

Berater und Mitarbeiter

Das bekannte Sprichwort „Der Prophet im eigenen Lande gilt nichts" kann ohne weiteres auf die Situation in den Unternehmen übertragen werden. Realistische Einschätzungen und Problemlösungen der Mitarbeiter werden ignoriert. Dafür werden externe Berater engagiert, die oft zu gleichen Erkenntnissen kommen. Sicherlich sind diese aufgrund ihrer Erfahrung, ihrer Methodik des Vorgehens, ihres Überblicks und ihrer Neutralität wertvolle Unterstützung für das Unternehmen. Es geht also nicht darum, Berater aus dem Unternehmen fernzuhalten. Der Punkt ist, daß gleiche Gedanken im einen Fall verworfen und im anderen Fall positiv aufgenommen werden. Es ist durchaus denkbar, zwischen Berater und Mitarbeiter Kooperation statt Konfrontation herzustellen. Die Kompetenz des Beraters mit der betriebsspezifischen Erfahrung des Mitarbeiters kann über die „Brücke" gleichen Denkens zusammengebracht werden.

Dialogprobleme der Vorgesetzten

Was sind die Gründe für die Nichtbeachtung der Qualifikation der Mitarbeiter? Sicherlich sind sie vielschichtig. Sie reichen von Gedankenlosigkeit und Ignoranz der Vorgesetzten bis hin zur Unkenntnis über das Wissen und Können der Mitarbeiter. Ein weiteres beliebtes Argument ist die fehlende Zeit zur Führung von Gesprächen.

So klagen Mitarbeiter darüber, daß sie ihr Wissen und ihre Erfahrung nicht zum Wohle des Unternehmens einbringen können, da die Vorgesetzten sie nicht an ihren Problemen teilhaben lassen und sie um ihren Rat fragen. Manche Entscheidung mit großer finanzieller Tragweite wird aus dem einfachen Grunde zum Flop, weil Vorgesetzte nicht fähig bzw. willens sind, mit ihren Mitarbeitern zu reden und ihre Überlegungen und Argumente anzuhören. Im übrigen zeigt die Erfahrung, daß die Mitarbeiter durchaus bereit sind, sich qualitativ und zeitlich über Gebühr zu engagieren, wenn das „Klima" stimmt und sie materielle oder immaterielle Gratifikationen erwarten können.

2. Unternehmen auf dem Prüfstand

Aufgrund der bisherigen Erkenntnisse kann davon ausgegangen werden, daß in den Unternehmen brachliegende Mitarbeiterpotentiale vorhanden sind. Betrachten wir nun einige Indikatoren, die uns Rückschlüsse auf den innovativen und kreativen Zustand der Unternehmen erlauben.

Fehlzeiten

Spiegelbild der Fehlzeiten

Fehlzeiten sind keine absolut feste Größe. Sie schwanken innerhalb des Unternehmens und sind in ihrer Höhe von Unternehmen zu Unternehmen verschieden. Fehlzeiten reflektieren die Arbeitsmarktsituation, die Art der Tätigkeit und den Grad der Arbeitsbelastung, das Arbeitsklima, die Motivation der Mitarbeiter sowie den individuellen Gesundheitszustand. Aus dem Katalog der Fehlzeiten interessieren für unsere Betrachtung insbesondere Fehlzeiten aufgrund von Krankheit sowie unentschuldigtes Fehlen. Bei Krankheiten empfiehlt sich, Langzeitfälle mit Unterstützung des Betriebsarztes in bezug auf betriebliche Ursachen (physische und psychische Überbelastung) zu untersuchen. Bei kurzzeitigem krankheitsbedingtem Ausfall ist neben der Anzahl der Krankheitstage die Häufigkeit interessant. Die nachstehenden Gesetzmäßigkeiten (Abbildung 10) bezüglich der Fehlzeiten lassen sich in der Praxis nachvollziehen.

Gesetzmäßigkeiten bei den Fehlzeiten

- Bei gutem Betriebsklima fehlen Mitarbeiter weniger
- In Rezessionszeiten sind die Fehlzeiten niedriger als in Zeiten der Hochkonjunktur
- Die Situation auf dem Arbeitsmarkt beeinflußt die Fehlzeitenquote
- In kleineren Unternehmen sind die Fehlzeiten geringer als in größeren
- Bei Unterbelastung steigt die Fehlzeitenquote
- Bei kurzfristiger Überbelastung sinken die Fehlzeiten
- Bei ständiger Überbelastung steigen die Fehlzeiten
- Angelernte Mitarbeiter fehlen häufiger als Facharbeiter
- Lohnempfänger fehlen öfter als Angestellte
- Mit steigender Hierarchiestufe nehmen die Fehlzeiten deutlich ab
- Weibliche Mitarbeiter fehlen häufiger als ihre männlichen Kollegen
- Fehlzeiten verteilen sich ungleichmäßig auf die Wochenarbeitstage (Häufung am Montag und Freitag)

Abbildung 10: Gesetzmäßigkeiten bei den Fehlzeiten

(Hinter-)Gründe betrachten

Es ist empfehlenswert, entsprechende Statistiken nicht nur zu führen, sondern sie vor allem unter dem Gesichtspunkt der Verbesserung der Situation zu sehen. Die obigen Aussagen sind mit Vorsicht zu behandeln. Erst eine Analyse der (Hinter-)Gründe gibt Ansatzpunkte für die Einleitung von Maßnahmen, die vorwiegend unter dem Aspekt der Potentialerschließung betrachtet werden sollten. Zur Orientierung bieten sich Vergleiche mit Daten der Krankenkassen, Untersuchungen auf Verbandsebene und direkter Erfahrungsaustausch mit vergleichbaren Unternehmen an.

Im folgenden Fehlzeiten-Erfassungsblatt (Abbildung 11) werden die Fehlzeiten individuell festgehalten und in der Fehlzeiten-Statistik (Abbildung 12) auf das gesamte Unternehmen bzw. größere Organisationseinheiten verdichtet. Im Hinblick auf die Aussagefähigkeit der Ergebnisse sollte keine zu starke Aufgliederung bis in kleinste Einheiten vorgenommen werden.

Fehlzeiten-Erfassungsblatt				
K = Krankheit, KU = Kur/Heilverfahren, U = Betriebs- und Wegeunfall, E = entschuldigtes Fehlen, UE = unentschuldigtes Fehlen				
Ko-Stelle	Pers.Nr.		Name	Vorname
Fehlzeiten	von	bis	Anzahl Arb.-Tage	Fehlart

Abbildung 11: Fehlzeiten-Erfassungsblatt

Fehlzeiten-Statistik														
(Fehltage in Prozent der Normalarbeitstage)														
Merkmale	**Jahr 19..**	**Monate 1**	**2**	**3**	**4**	**5**	**6**	**7**	**8**	**9**	**10**	**11**	**12**	**Durch-schnitt**
Insgesamt Angestellte Lohnempfänger														
Bereich/Werk 1 Angestellte Lohnempfänger														
Bereich/Werk 2 Angestellte Lohnempfänger														
. . .														

Abbildung 12: Fehlzeiten-Statistik

Fluktuation

Arbeitnehmerkündigung

Unter Fluktuation versteht die Praxis das Ausscheiden aus einer Organisation, also aus einem Unternehmen. Fluktuation umfaßt sowohl die von Unternehmensseite als auch die von Arbeitnehmerseite veranlaßten Austritte sowie zwangsläufige Beendigungsgründe des Arbeitsverhältnisses wie Todesfall, Erreichen der normalen Altersgrenze oder Erwerbsunfähigkeit. Im Zusammenhang mit unserer Thematik interessieren jedoch lediglich die Austrittsgründe, die dem Arbeitnehmer Anlaß zur Kündigung des Arbeitsverhältnisses geben.

Abgangsinterview

Gesicherte Aussagen über die Kündigungsgründe des Mitarbeiters erhält man im sogenannten Abgangsinterview, das durch eine neutrale Person, zum Beispiel ein Mitglied des Personalwesens, durchgeführt werden sollte. Deshalb ist zu empfehlen, das Interview möglichst nahe am Austrittstermin zu führen. Das Gespräch muß vertraulichen Charakter haben, der Mitarbeiter darf durch seine Offenheit keine Nachteile erleiden. Gelingt es der neutralen Person nicht, das Vertrauen des Ausscheidenden zu gewinnen, so wird sich der Mitarbeiter kaum öffnen.

Kulissenmotive

In der Praxis erleben wir immer wieder, daß von seiten des austretenden Mitarbeiters Kulissenmotive vorgeschoben werden. Beispielsweise sagt ein Mitarbeiter, er bekomme bei seiner neuen Firma wesentlich bessere materielle Bedingungen. Sicherlich stimmt das, denn wer wechselt die Firma bei gleichen oder geringeren Bezügen? Der eigentliche Anlaß zur Kündigung waren jedoch Reibereien mit dem Vorgesetzten. Eine Analyse der Kündigungsgründe sollte für das gesamte Unternehmen und für einzelne Organisationseinheiten vorgenommen werden. Bei Häufung gleicher oder ähnlicher Kündigungsgründe, die sachlicher oder persönlicher Art sein können, muß zügig gehandelt werden. Man sollte nicht vergessen, daß durch die Austritte gute Mitarbeiter dem Unternehmen verlorengehen. Sofern die Gründe für unternehmensseitige Versäumnisse erkannt werden und Abhilfe geschaffen wird, erhalten die verbleibenden und die neuen Mitarbeiter bessere Möglichkeiten zur Entfaltung. Bei Verwendung nachstehender Auflistung (Abbildung 13) zur Analyse sind Rückschlüsse auf die einzelnen Organisationseinheiten möglich.

Kündigungsgründe der Mitarbeiter
Die materiellen Bedingungen stimmten nicht (im internen und externen Vergleich)
Einarbeitung, Unterstützung, Hilfestellung fehlten
Entwicklungsmöglichkeiten wurden nicht aufgezeigt, keine Fördermaßnahmen ergriffen
Mitarbeiter hat sich im Team nicht wohlgefühlt
Mitarbeiter beanstandet Führungsmängel
Die Tätigkeit an sich sagte dem Mitarbeiter nicht zu
Mitarbeiter war unter-/überfordert
Kommunikation/Information war mangelhaft
Mitarbeiter fiel die Identifikation mit der Arbeit, den Produkten, der Abteilung bzw. dem Unternehmen schwer

Abbildung 13: Kündigungsgründe der Mitarbeiter

Repräsentation der Firma

Menschen prägen das Image

Es setzt sich immer mehr die Erkenntnis durch, daß das Erscheinungsbild eines Unternehmens in der Öffentlichkeit einen hohen Stellenwert hat. Viele Unternehmen versuchen, ihr Image bewußt und systematisch zu gestalten und Idealbild und Realbild kongruent zu machen. Umfangreiche und kostspielige Corporate-Identity-Projekte (CI) werden initiiert. So attraktiv Firmen-Logo, Hausfarbe und Werbelinie sein mögen, der Mensch mit seinem Verhalten prägt Erscheinungsbild und Ruf des Unternehmens. Wer dies nicht erkannt hat, wird mit seinem CI-Projekt wenig erreichen.

Gelebte Unternehmensleitlinien

In diesem Zusammenhang erarbeitete Unternehmensleitlinien, die den Umgang und die Beziehungen des Unternehmens mit seinen Umwelten beschreiben und bestimmen, sind sicherlich als Orientierung für die Mitarbeiter hilfreich. Allzuoft wird das Papier Makulatur, da die dort festgelegten Prinzipien nicht in das tägliche Handeln und Verhalten der Mitarbeiter einfließen. Die Prinzipien werden nur gelebt, wenn die Mitarbeiter motiviert sind. Sie werden sich in der Öffentlichkeit sicher nicht positiv über ihre Arbeit, ihr persönliches Umfeld – Vorgesetzte, Kollegen und Mitarbeiter – und letztlich über die Produkte und das Unternehmen selbst äußern, wenn sie grundsätzliche Probleme haben und frustriert sind.

Beispiel

Die Bedeutung der positiven Ausstrahlung durch die Mitarbeiter wird oft unterschätzt. Es ist ein Irrtum zu glauben, daß nur die Unternehmensleiter und die obersten Führungskräfte den Ruf des Unternehmens beeinflussen. Nehmen wir das Beispiel eines Bauunternehmens, das sich im Tief- und Straßenbau betätigt. Die Repräsentation beim Kunden und den Behörden übernimmt sicherlich der Bauleiter. Vor Ort ist oft der Hilfsarbeiter gegenüber Passanten und Anwohnern der Ansprechpartner. Aufgrund seines Verhaltens, wie hilfreich und entgegenkommend er ist, wird das Firmen-Image beeinflußt. Denn es wird letztlich kein positives oder negatives Werturteil über ihn, sondern mit Blick auf das Firmenschild über das Unternehmen gefällt.

Objektive Betrachtung

Um den Motivationszustand der Mitarbeiter mittels des Indikators „Repräsentation" zu erkennen, bedarf es im Normalfall keiner wissenschaftlich fundierten Meinungsumfragen. Objektive Betrachtungsweise und Sensibilität der Verantwortlichen reichen völlig aus.

Einsatzwille der Mitarbeiter

„Normales" Maß

Wir können den Begriff „Einsatzwille der Mitarbeiter" wie folgt definieren: Ein über das normale Maß hinausgehender intensiverer und/oder zeitlich längerer Einsatz. Dabei könnten wir uns natürlich trefflich darüber streiten, was „normal" ist. Ein Unternehmer wird die Meinung vertreten, daß notwendige Mehrarbeit normal ist, zumal sie mit Zuschlägen entweder bezahlt oder in Freizeit abgegolten wird. Der Mitarbeiter wird das Wort „normal" unter Umständen etwas anders interpretieren. Für ihn steht die Arbeit in Konkurrenz mit der höher bewerteten Freizeit. Wie er sich gegenüber den Forderungen nach Sonderschichten, Überstunden oder besonderem Einsatz innerhalb der Arbeitszeit verhält, ist von seiner Motivation abhängig. Sehen wir einmal von Fällen ab, in denen Mitarbeiter durch ständige Überbelastung so weit physisch strapaziert sind, daß sie der Freizeit und Erholung einen höheren Stellenwert einräumen als dem zusätzlichen Verdienst.

Verhalten bei Mehrarbeit

In jedem Unternehmen gibt es die Situation, daß Belastungsspitzen bedingt durch dringende Kundenwünsche, logistische Probleme, Ausfall von Mensch oder Maschine sowie Qualitätsprobleme auftauchen. Das Problem muß kurzfristig durch Mehrarbeit gelöst werden. Die Mitarbeiter werden angesprochen und gebeten, Überstunden zu machen. Wie ist ihre Reaktion: Stimmen sie ohne Wenn und Aber zu, wird lange diskutiert, stellen sie Bedingungen oder machen Ausflüchte (Arztbesuch, dringende Familienangelegenheit etc.)?

Identifikation der Mitarbeiter

Wie äußern sich die Mitarbeiter im Betrieb und im Privatbereich über Arbeit, Produkte und Firma?

Wie verhalten sich die Mitarbeiter bei anstehender Mehrarbeit?

- spontane Zustimmung
- „langatmige" Diskussionen
- Aushandeln von Bedingungen
- Ausflüchte

Stellen die Mitarbeiter Fragen bezüglich des Sinns von Aufgaben oder des Verwendungszwecks der Produkte und ähnliches?

Werden kleinere Probleme von den Mitarbeitern selbst gelöst oder dem Vorgesetzten vorgetragen?

Unterstützen und helfen sich die Mitarbeiter untereinander?

Inwieweit kann man sich auf die Einhaltung von Terminen bei den Mitarbeitern verlassen?

Abbildung 14: Identifikation der Mitarbeiter

Stellenwert von betrieblichen Freizeitveranstaltungen

Positive Impulse

Betriebliche Freizeitveranstaltungen sind Teil der betrieblichen Sozialpolitik. Sie umfassen Aktivitäten, die inhaltlich auf Urlaub und Erholung, Betriebssport, Allgemeinbildung, Unterhaltung und Hobbys ausgerichtet sind. Ihr Stellenwert innerhalb der betrieblichen Sozialpolitik ist eher bescheiden. So haben in den letzten Jahrzehnten viele Unternehmen Betriebsausflüge und Feiern abgeschafft, da sie sich nicht allzuviel Nutzen für das Unternehmen versprachen. Andere Unternehmen dagegen haben diese Veranstaltungen fort- oder gar wieder eingeführt, da sie positive Auswirkungen auf die Leistungsfähigkeit und -bereitschaft, die Loyalität, das Betriebsklima und das Wir-Gefühl erwarten.

Betriebsklima bestimmt Akzeptanz

Rückschlüsse auf das Betriebsklima lassen sich durchaus ziehen, vor allem wenn man die Entwicklung der Teilnehmerzahlen an den Veranstaltungen über Jahre hinweg vergleicht. Sicherlich ist zu berücksichtigen, daß die Höhe der finanziellen Zuwendung durch das Unternehmen heute eine immer geringere Rolle spielt. Die Mitarbeiter können sich den gleichen Ausflug mit ihrer Familie auch privat leisten. Andererseits könnte bei den Mitarbeitern auch der Wunsch vorhanden sein, die kommunikativen Defizite des Arbeitsalltages bei der betrieblichen Freizeitgestaltung wieder auszugleichen. Eines ist jedoch gewiß: Je schlechter das Betriebsklima im Unternehmen ist, je weniger die durch das Unternehmen gesetzten Rahmenbedingungen und das personelle Umfeld der Mitarbeiter (Vorgesetzte und Kollegen) stimmen, desto weniger werden die betrieblichen Veranstaltungen frequentiert.

Beispiel

Als ein Dienstleistungsunternehmen vor einigen Jahren einen jährlichen Betriebsausflug wieder einführte, wurde dieser von der Belegschaft recht positiv angenommen. Nachdem man die inhaltlich sehr attraktive Veranstaltung vom Arbeitstag auf einen Samstag verlegte, reduzierte sich die Teilnehmerzahl auf nahezu die Hälfte. Lediglich die Gruppe der Führungskräfte war fast vollständig vertreten, da sie bei Fernbleiben Nachteile für ihre Karriere befürchteten.

Beteiligung am Betrieblichen Verbesserungsvorschlagswesen

Vorschlag und BVW

Unter dem Betrieblichen Verbesserungsvorschlagswesen (BVW) verstehen wir eine Einrichtung zur Förderung, Begutachtung, Anerkennung und Umsetzung von Verbesserungsvorschlägen. Die Vorschläge beziehen sich inhaltlich auf die Leistungserstellung, die Leistungsverwertung und die Sicherheit im Unternehmen. Ein Verbesserungsvorschlag darf sich nicht in der Darstellung eines unbefriedigenden Zustandes erschöpfen, obwohl das Erkennen bereits ein kreativer Vorgang ist, sondern muß Wege zur Verbesserung des Zustandes aufzeigen. Erwartet wird vom Mitarbeiter sicherlich nicht die „Jahrhundertidee", aber eine Problemlösung, die zumindest für den Anwendungsbereich neu ist. Prämiiert werden nur Vorschläge, die nicht unmittelbares Ergebnis einer zugewiesenen Tätigkeit sind. Der Charakter der Sonderleistung muß gewahrt sein. Das BVW ist ein hervorragender Gradmesser für den innovativen und kreativen Zustand eines Unternehmens. Viele kleinere Unternehmen haben kein „ausgefeiltes" System des BVW, das – beginnend mit einer Betriebsvereinbarung – einen BVW-Beauftragten bestimmt, einen Prüfungsausschuß installiert und in- und externe Sachverständige beauftragt, um eine faire und leistungsgerechte Prämiierung der Vorschläge zu erreichen. In den kleineren Unternehmen wird sicherlich ein guter Vorschlag spontan honoriert oder aber als selbstverständlich für einen guten Mitarbeiter erachtet.

Unbefriedigende Ergebnisse

Ohne Ideen gibt es keinen Fortschritt. Die Unternehmen sind im ständig härter werdenden Wettbewerb immer mehr auf die Nutzung des Ideenpotentials der Mitarbeiter angewiesen. In der Praxis ist das Ergebnis des BVW eher bescheiden. Das BVW lebt in vielen Unternehmen von einigen „Goldfischen", die publizistisch groß herausgestellt werden. Dahinter klafft meist die große Lücke. Es gelingt nicht, die Masse der Mitarbeiter zu aktivieren. Die Vorschläge kommen von einem „elitären" Kreis, der regelmäßig interessante Vorschläge unterbreitet. Damit wird die Statistik natürlich ebenso verbessert wie durch die Honorierung einfachster Anregungen. Bei letzteren belohnt der für die Prämiierung zuständige Ausschuß im Grunde genommen das Bemühen und den Mut zur Einreichung eines Vorschlags.

Auf die Frage, woran es wohl liege, daß so wenig Vorschläge gemacht werden, nennen die Mitarbeiter immer wieder folgende Gründe: Unsicherheit, ob die Idee gut ist, Angst vor Blamage, Unkenntnis über die Vorgehensweise, Formulierungsprobleme, Hemmungen vor dem ersten Schritt, Befürchtungen, von der Gruppe als Ehrgeizling angesehen zu werden oder der Leistungsdruck. Kein Einzelfall ist – wie immer wieder versichert wird – , daß Vorgesetzte sich der Ideen und Vorschläge ihrer Mitarbeiter bedienen und daraus ihren persönlichen Nutzen ziehen. *Gründe*

Verheerende Folgen in bezug auf das Mitdenken der Mitarbeiter hatte die Äußerung des Geschäftsbereichsleiters eines mittelständischen Unternehmens, er fühle sich durch die Vorschläge seiner Mitarbeiter, zu denen er jeweils Stellung nehmen muß, belästigt. An diesem Beispiel sieht man, wie sich unqualifiziertes Führungsverhalten des Vorgesetzten auswirken kann. ***Beispiel***

Zur Standortbestimmung des BVW empfiehlt sich folgender Erhebungsbogen: ►

Erhebungsbogen: Betriebliches Vorschlagswesen
Wie viele Verbesserungsvorschläge erhielt das Unternehmen in den letzten fünf Jahren durchschnittlich pro Jahr?
Wie viele Vorschläge entfallen durchschnittlich auf 100 Beschäftigte?
Wieviel Prozent der Einreicher haben mehrere Vorschläge gemacht?
Wieviel Prozent der Vorschläge entfallen auf einzelne Bereiche (zum Beispiel Technik, Administration; einzelne Standorte)?
Wieviel Prozent der Einreichungen wurden prämiiert?
Wie groß ist der Nutzen für das Unternehmen? ▶ gering ▶ mittel ▶ groß
Wie ist die Struktur der Vorschläge (Gliederung nach Prämienhöhe)?

Abbildung 15: Erhebungsbogen Betriebliches Vorschlagswesen

3. Erwartbare Aktivitäten der Mitarbeiter

Wir haben festgestellt, daß erhebliche Mitarbeiterpotentiale betrieblich nicht genutzt werden. Nun stellt sich die Frage, was realistisch betrachtet zusätzlich von den Mitarbeitern erwartet werden kann, wenn entsprechende Voraussetzungen geschaffen werden.

Grenzen

Als kürzlich bei einer Veranstaltung dieses Thema angeschnitten wurde, äußerte sich ein Teilnehmer spontan: Er glaube nicht, daß die Mitarbeiter ihr Hobby dem Betrieb opfern. Das Mißverständnis war schnell ausgeräumt. Nur in den seltensten Fällen könnte man ein Hobby auf das Unternehmen übertragen. Es geht vielmehr darum, Persönlichkeitseigenschaften und Fähigkeiten, die im Freizeitbereich zur Entfaltung kommen, in der betrieblichen Arbeitswelt zu nutzen.

„Toten Punkt“ überwinden

So ist die positive Eigenschaft, hartnäckig ein Ziel anzustreben und dabei den „toten Punkt“ zu überwinden, nicht nur ein Thema bei der sportlichen Betätigung. Gerade in schwierigen Zeiten benötigt das Unternehmen Mitarbeiter, die bereit sind, all ihre Kräfte für das Unternehmen einzusetzen.

Phantasie und Ideen

Die bei künstlerischer Betätigung im Hobby gezeigte Phantasie und der Ideenreichtum würden mit Sicherheit auch in der betrieblichen Sphäre von großem Nutzen sein und dem „dahinvegetierenden“ Betrieblichen Vorschlagswesen Impulse geben.

Organisations-/ Umsetzungs-vermögen

Bei Projekten im Verein oder beim privaten Hausbau zeigen Mitarbeiter der betrieblichen Basis ihr Planungs-, Organisations- und zielorientiertes Umsetzungsvermögen. Im Betrieb wird ihnen die Arbeit bis ins Detail angewiesen. Andere Stellen befassen sich im Unternehmen mit diesen Aufgaben, denen teilweise die Praxis- oder Problemnähe fehlt.

Kostendenken

Wirtschaftliches Denken, Kostensparen, pflegliches Umgehen mit Maschinen, Handwerkszeug und Materialien sind Eigenschaften, die im Privatbereich selbstverständlich sind. Diese Einstellung kann ohne weiteres auf die Verantwortung für betriebliches Eigentum ausgedehnt werden.

Souverän im Team

Im Unternehmen werden sich in Zukunft flache Hierarchien und Teamarbeit durchsetzen. Die dabei notwendige stärkere Einbindung der Mitarbeiter der Basis setzt jedoch Eigenschaften voraus, die den Mitarbeitern bei ihrer bisherigen betrieblichen Arbeit fremd waren: sich artikulieren und formulieren können, eine Gruppe oder Besprechung leiten können. Diese Fähigkeiten sind im Freizeitbereich bei vielen Mitarbeitern vorhanden und könnten betrieblich genutzt werden.

Trainereigenschaften

Warum sollte eigentlich der im sportlichen Bereich erfolgreiche Trainer nicht im Betrieb entsprechend seinen Fähigkeiten eingesetzt werden? Er erkennt Fähigkeiten anderer und weiß sie zu fördern. Im Mannschaftssport bringt er das Team mit seinen unterschiedlichen Fähigkeiten bestmöglich zur Wirkung. In den meisten Fällen führt er nicht autoritär, sondern zeitgemäß kooperativ – was man von vielen betrieblichen Führungskräften nicht behaupten kann. Sofern diese Mitarbeiter fachlich nicht wesentlich weiterentwickelt werden können, dort also das Potential fehlt, gibt es trotzdem vielfältige Möglichkeiten, ihre Fähigkeiten zu nutzen. Beispielsweise bietet sich an, neue Mitarbeiter einzuarbeiten oder Praktikanten, Volontäre und Auszubildende in der Abteilung zu betreuen. Wer sich in der Freizeit viel mit Jugendlichen befaßt, hat vermutlich die richtige „Wellenlänge“ zur Steuerung des Nachwuchses.

Fünfzig – nein danke!

Äußerst interessant für das Unternehmen ist es, sich die Qualifikation älterer Mitarbeiter zu vergegenwärtigen. Man argumentiert hier gegen einen Trend. Unsere Volkswirtschaft kann sich erstaunlicherweise den Luxus erlauben, Topqualifikationen maximal 20 Jahre zu nutzen. Nehmen wir das Beispiel eines promovierten Chemikers, Physikers oder Metallurgen. Mit 30 - 32 Jahren kommt er in die betriebliche Praxis. Sollte er im Alter von 50 Jahren aus irgendwelchen Gründen einen neuen Arbeitgeber suchen müssen, so wird er größte Probleme haben, einen adäquaten Arbeitsplatz zu finden. Auch vor den derzeitigen strukturellen Bereinigungen in den Unternehmen galt bereits die Devise: Fünfzig – nein danke!

Vergleich Alt – Jung

Gegen die älteren Mitarbeiter wird ins Feld geführt, sie seien zu wenig flexibel, geistig festgefahren, Neuem gegenüber zu wenig aufgeschlossen, vorgestrig, zu zögernd und wenig wagemutig. Dem stehe die Dynamik der Jungen entgegen, ihr Ideenreichtum und ihre Begeisterungsfähigkeit. Die Verantwortlichen in den Unternehmen sollten sich von solchen Pauschalurteilen freimachen. Was zählt, ist die große Erfahrung und Routine älterer Mitarbeiter, die in vielen Fällen die Dynamik jüngerer Mitarbeiter aufwiegt. Es lohnt sich, einmal darüber nachzudenken, warum ein älterer Mitarbeiter unter Umständen in der Leistung nachgelassen hat und wenig interessiert ist oder gar innerlich gekündigt hat. Versetzen wir uns doch einmal in die Lage des Älteren: Die Arbeit bleibt tagaus, tagein gleich, Monotonie und Routine bestimmen die Tätigkeit, keine Höhepunkte und Herausforderungen treten auf, und ihm wird positionell, tätigkeitsbezogen oder materiell keine Perspektive aufgezeigt. Ein Firmenwechsel scheidet altersbedingt aus, berufliches Um- oder Aussteigen ist oft ein geheimer Wunsch, der in den seltensten Fällen realisierbar ist.

Spezialwissen der Mitarbeiter

Weitere Ursachen nicht genutzter Qualifikation der Mitarbeiter liegen sehr oft im Führungsverhalten. Man akzeptiert nicht, daß Mitarbeiter auf ihrem Gebiet ein Spezialwissen besitzen, das Vorgesetzte im Normalfall nicht aufweisen können.

Beispiele

Der Technische Leiter demonstriert den Mitarbeitern im Walzwerk, wie man Stapler fährt. Prompt verursacht er einen Unfall mit erheblichem Sachschaden. Seine Kompetenz leitet er aus der Tatsache ab, daß er in seiner Werkstudentenzeit vor einem Vierteljahrhundert mit einem Stapler gefahren ist.

Der Technische Geschäftsführer eines metallverarbeitenden Unternehmens verlangt von einem Mitarbeiter, daß er seine Stanze auf höhere Taktzahl bringt. Der Einwand des Mitarbeiters wird ignoriert. Ergebnis: Werkzeugbruch.

Orientierung fehlt

Eine weitere Ursache nicht genutzter Qualifikation ist mangelnde Orientierung des Mitarbeiters. Auch hierzu ein erlebtes Beispiel:

Beispiel

Aus einem kürzlichen Gespräch mit seinem Vorgesetzten weiß der Mitarbeiter, daß man sich auf Geschäftsleitungsebene mit einem bestimmten Problem befaßt. Am Wochenende hat der Mitarbeiter eine Idee, wie das Problem zu lösen wäre. Er ist so motiviert, daß er sich sofort an die Ausarbeitung macht, die er am Montag seinem Chef vortragen will. Dort hört er, daß man mittlerweile in eine ganz andere Richtung denke, das Problem somit nicht mehr existiere. Der Mitarbeiter ist frustriert. In nächster Zeit ist von ihm kein Vorschlag zu erwarten.

Leistung entsteht im Kopf

Man könnte beliebig fortfahren, hier die Auswirkungen eklatanter Verstöße im Führungsverhalten darzustellen und über organisatorische Unzulänglichkeiten zu berichten, die einer Entfaltung und Ausschöpfung der Mitarbeiterfähigkeiten entgegenstehen. Die getroffene Auswahl an Beispielen reicht sicherlich aus zu erahnen, welche Potentiale im Unternehmen noch ungenutzt sind. Lassen wir die Betrachtung mit einem bemerkenswerten Satz ausklingen, der von einem niederbayerischen Bauunternehmer stammt. Er berichtete von einem gegen starke Konkurrenz erhaltenen und somit sehr eng kalkulierten Bauvorhaben. Er habe seinen Mitarbeitern viel Spielraum gegeben und auf ihre Erfahrung gesetzt. Nur dadurch sei das Projekt erfolgreich abgeschlossen worden. Er stellte fest: „Leistung entsteht im Kopf."

4. Determinanten menschlicher Leistung: Können – Wollen – Dürfen

Systematik der Einflußfaktoren

Bevor wir uns grundsätzliche Gedanken machen, wie wir die qualitativen Fähigkeiten der Mitarbeiter besser entfalten und nutzen können, sollten wir uns vergegenwärtigen, wovon die menschliche Leistung abhängt. Sachorientierte Menschen werden das „Können" in den Vordergrund stellen, andere sind der Ansicht, daß das „Wollen" – also die Motivation – entscheidend ist. Sicherlich gibt es darüber hinaus noch weitere Einflußfaktoren, die unter dem Begriff „Dürfen" zusammengefaßt werden.

Können

Unter Können ist das in einer Ausbildung erworbene Wissen und die in der Ausübung eines Berufs bzw. einer Tätigkeit gewonnene praktische Erfahrung zu verstehen. Zum Können gehören jedoch nicht nur fachliches Wissen und Erfahrung, sondern auch persönliche Eigenschaften wie physische und psychische Belastbarkeit, Geschicklichkeit, Hartnäckigkeit, Durchsetzungsstärke und Intelligenz. Je nach Art der Tätigkeit bzw. der Hierarchiestufe sind außerdem noch spezielle Fähigkeiten erforderlich, teilweise sogar unabdingbar. So muß der Konstrukteur räumliches Vorstellungsvermögen haben, ein in der Forschung/Entwicklung tätiger Naturwissenschaftler logisches und analytisches Denkvermögen besitzen. Phantasie und Kreativität sind Eigenschaften, die einen guten Werbefachmann auszeichnen. Führungskräfte sollten ein gesundes Urteilsvermögen aufweisen sowie durchsetzungsstark, überzeugend und teamfähig sein.

Wollen und Können

Fehlen den Mitarbeitern wesentliche Voraussetzungen für die Aufgabenerfüllung, so hilft auch die beste Motivation, das Wollen, nichts. Es heißt zwar, der Wille könne Berge versetzen. Sicherlich setzt ein gesundes Selbstwertgefühl, das unter anderem durch bisherige Erfolgserlebnisse positiv beeinflußt ist, Kräfte frei. Jedoch müssen diese Kräfte – fachliche und persönliche Kompetenz – vorhanden sein. Es ist wohl deutlich geworden, daß eine bestimmte Balance von Können und Wollen für eine erfolgreiche Tätigkeit notwendig ist.

Somit macht es keinen Sinn, Mitarbeiter fachlich qualifizieren zu wollen, ohne gleichzeitig den Aspekt der Motivation zu berücksichtigen. Andererseits wird eine erfolgreiche Aufgabenerfüllung nicht durch einseitige Erhöhung der Motivation erreicht.

Dürfen

Selbst wenn die Balance von gutem Können und hoher Motivation gegeben ist, bestimmen weitere Einflußfaktoren, die wir unter dem Begriff „Dürfen" zusammengefaßt haben, über Erfolg und Mißerfolg einer Tätigkeit.

Personelle Einflußfaktoren

Sehen wir uns zunächst die personellen Einflußfaktoren an.

Vorgesetzte

Der Vorgesetzte gibt seinem Mitarbeiter nicht die richtigen Informationen, trifft nicht die notwendigen Entscheidungen und unterstützt ihn nicht. Der Mißerfolg ist vermutlich vorprogrammiert. Mit einem solchen Vorgesetzten zusammenarbeiten zu müssen, strapaziert in hohem Maße die Nerven. Selbst wenn der Mitarbeiter sich immer wieder vornimmt „jetzt erst recht", wird er es leid, dem Vorgesetzten mühsam Entscheidungen und Unterstützung abringen zu müssen.

Kollegen

Kollegen gewähren dem Mitarbeiter keine Unterstützung. Sie haben angeblich oder tatsächlich keine Zeit, dem Mitarbeiter bei seinem Projekt zuzuarbeiten. Darüber hinaus geben sie dem Mitarbeiter zu verstehen, daß sie von dem Projekt nichts halten oder nicht an einen Erfolg glauben. Von Kollegenseite kann es statt des geschilderten passiven Verhaltens sogar zu Sanktionen – bis hin zum Boykott eines Projektes – kommen, wenn der Mitarbeiter gegen Gruppennormen verstößt.

Mitarbeiter

Der Erfolg einer Führungskraft steht und fällt mit der Qualität der ihm unterstellten Mitarbeiter. Er wird an der Leistung der Organisationseinheit, der er vorsteht, gemessen. Sofern die Mitarbeiter – aus welchen Gründen auch immer – nicht „mitziehen", wird der Vorgesetzte mit großer Wahrscheinlichkeit bei seiner Aufgabe scheitern.

Sachliche Einflußfaktoren

Sachliche Einflußfaktoren setzen die Rahmenbedingungen für den Erfolg oder Mißerfolg. So hat ein Entwicklungsingenieur die fachlichen und persönlichen Voraussetzungen, er ist hochmotiviert zur Übernahme des zukunftsträchtigen Projektes. Aber: Die finanziellen Mittel zur Beschaffung einer Anlage fehlen, räumliche Probleme sind vorhanden, und unterstützende Mitarbeiter stehen nicht im notwendigen Umfang zur Verfügung.

Gesamtsituation

Auch die Gesamtsituation, in die eine bestimmte Tätigkeit eingebettet ist, bestimmt in vielen Fällen die Erfolgswahrscheinlichkeit:

► Der Personalleiter eines Unternehmens sucht nach einem gerade durchgeführten Vergleichsverfahren Schlüsselkräfte.

► Der Marketingleiter eines Rüstungsgüter produzierenden Unternehmens soll ein Konzept zur Umsatzausweitung auf diesem Gebiet erstellen, obwohl weltweit abgerüstet wird.

► Der Personalleiter eines bürokratischen, hierarchiebetonten und wenig dynamischen Unternehmens schlägt ein Konzept „Teamarbeit" vor.

Determinanten der Leistung		
Können	► Wissen	
	► Erfahrung	
	► Persönlichkeitsbedingte Fähigkeiten	
Wollen	► Motivation	
Dürfen	► Personelle Einflußfaktoren:	
		► Vorgesetzte
		► Kollegen
		► Mitarbeiter
	► Materielle Einflußfaktoren:	
		► Finanzielle Mittel
		► Personal
		► Räumlichkeiten
	► Gesamtsituation	

Abbildung 16: Determinanten der Leistung

B. Methoden zur Aktivierung der Mitarbeiter

I. Führung, Führungsverhalten, Führungsstil und Führungskonzepte

Bevor wir uns den einzelnen Bausteinen der Führung zuwenden, ist es notwendig, grundsätzliche Gedanken zum Gesamtkomplex „Führung" anzustellen. Leser, die sich an der Spitze des Unternehmens oder in leitender Position befinden, sollten sich dabei Gedanken machen, wie sie die Führungssituation im Unternehmen gestalten, damit die Mitarbeitertalente besser zur Entfaltung kommen können. Leser, die nicht die globalen Gestaltungsmöglichkeiten im Unternehmen haben, können sich anhand der Erörterungen überlegen, wie sie sich im Rahmen ihrer Möglichkeiten bessere Bedingungen zum Einbringen ihrer Talente verschaffen.

1. Notwendigkeit der Führung

Anlaß zum Nachdenken

Versuchen wir zunächst, die Frage zu beantworten, wann wir konkret über Führung nachdenken und diskutieren. Anlässe für Führungskräfte und Mitarbeiter dazu sind meist negative Erlebnisse im Führungs- und Verhaltensbereich. So stellt man selbst fest oder wird unter Umständen vom Vorgesetzten darauf hingewiesen, daß offensichtlich Führungsprobleme vorhanden sind. Warum bedarf es erst der Impulse von außen oder beachtlicher Störungen, bis Führungskräfte bereit sind, über ihre Führungssituation nachzudenken? Tatsache ist, daß fachliche Leistungen konkreter, besser meßbar und vergleichbar sind. Schwieriger ist es, Verhaltensweisen im Umgang mit anderen zu bewerten und kausale Zusammenhänge festzustellen. Hinzu kommt, daß in den meisten Fällen die Selbstkritik und die ehrliche Einstellung des Menschen zu sich selbst eingeschränkt ist.

So wird, wenn Störungen im Führungsbereich erkannt und unbestritten sind, das Verhalten der anderen analysiert und versucht, die Gründe für die Friktionen bei den anderen zu finden. Es ist hilfreich, wenn sich Führungskräfte unabhängig von Beurteilungsgesprächen mit ihren Vorgesetzten ab und zu nach selbstkritischer Beobachtung mit ihrer fachlichen, aber vor allem führungsmäßigen Situation befassen und bei erkannten Defiziten bei sich selbst mit Korrekturen beginnen.

Aufgaben und Eigenschaften einer Führungskraft

Interessant ist, was Teilnehmer von Führungsseminaren mit dem Begriff „Führen“ verbinden. Beim Brainstorming kommen spontan Stichworte wie: Information, Planung, Kontrolle, Anweisungen geben, Kritik und Anerkennung, Mitarbeiterförderung, Gespräche führen, Beurteilung, Auswahl und Einsatz von Mitarbeitern etc., die wir unter dem Begriff „Führungsaufgaben“ zusammenfassen können. Darüber hinaus werden Charaktereigenschaften, die man von einem Vorgesetzten erwartet, aufgeführt: Geradlinigkeit, Ehrlichkeit, Gerechtigkeit, Berechenbarkeit, Ausgeglichenheit, Charisma, Vertrauen schenken, Vorbild sein, an andere denken, Hilfe und Unterstützung geben. Bei der Durchsprache der einzelnen Punkte stellt sich heraus, daß die von den Teilnehmern erlebte Realität weit von dem hier skizzierten Idealbild entfernt ist.

Führungsbegriff

Was heißt „Führen“? Versuchen wir es mit einer einfachen Umschreibung: Danach bedeutet „Führen“, das Handeln der an einer Aufgabenstellung Beteiligten auf Ziele auszurichten und zu beeinflussen. Führen beinhaltet somit das Vorhandensein von mindestens zwei Personen, eine organisatorische Regelung bezüglich der Frage, wer was tun soll, und die Einflußnahme auf die Beteiligten bezüglich der Aufgabenerfüllung.

Führung durch Menschen ist notwendig

Ist Führung eigentlich notwendig? Diese Frage stellt sich mancher Mitarbeiter, der von seinem Vorgesetzten nichts hört, keine Impulse erhält und die ihm einmal übertragene Arbeit tagaus, tagein verrichtet. Die Fragestellung ist sicherlich ebenso sarkastisch zu verstehen wie die Feststellung einzelner Mitarbeiter, daß sie auf ihren Vorgesetzten verzichten könnten. Letztendlich handelt es sich nur um Kritik am Vorgesetzten. Die Versuche einzelner Gruppierungen, im herrschaftsfreien Raum zu Entscheidungen zu kommen, schlugen fehl. Unsere arbeitsteiligen Organisationen bedürfen, um überhaupt zu funktionieren, der Steuerung und Koordinierung durch Führung. Die Diskussion, ob bei der Führung der Mensch durch Maschinen oder Richtlinien ersetzt werden kann, erübrigt sich. Selbst an der Basis im Betrieb ist bei starker Automatisierung der Fertigungsabläufe bei Problemen der Mensch als Führungskraft notwendig.

2. Führungsverhalten und Führungsstil

Charakterisierung des Führungsstils

Bisher haben wir gesehen, was Führung bedeutet, was Führungskräfte tun und daß Führung durch den Menschen notwendig ist. Wenden wir uns nun der Frage zu: Wie können Führungsaufgaben wahrgenommen werden, das heißt welches Führungsverhalten ist bei Führungskräften anzutreffen? In diesem Zusammenhang haben wir uns bereits mit dem Machtanspruch des Vorgesetzten und dem Spielraum des Mitarbeiters (Partizipation) sowie mit der Aufgaben- und Mitarbeiterorientierung (Verhaltensgitter von Blake/Mouton) befaßt. Lutz von Rosenstiel charakterisiert den Führungsstil dreidimensional durch Zusammenfassung dieser Aspekte (Abbildung 17):

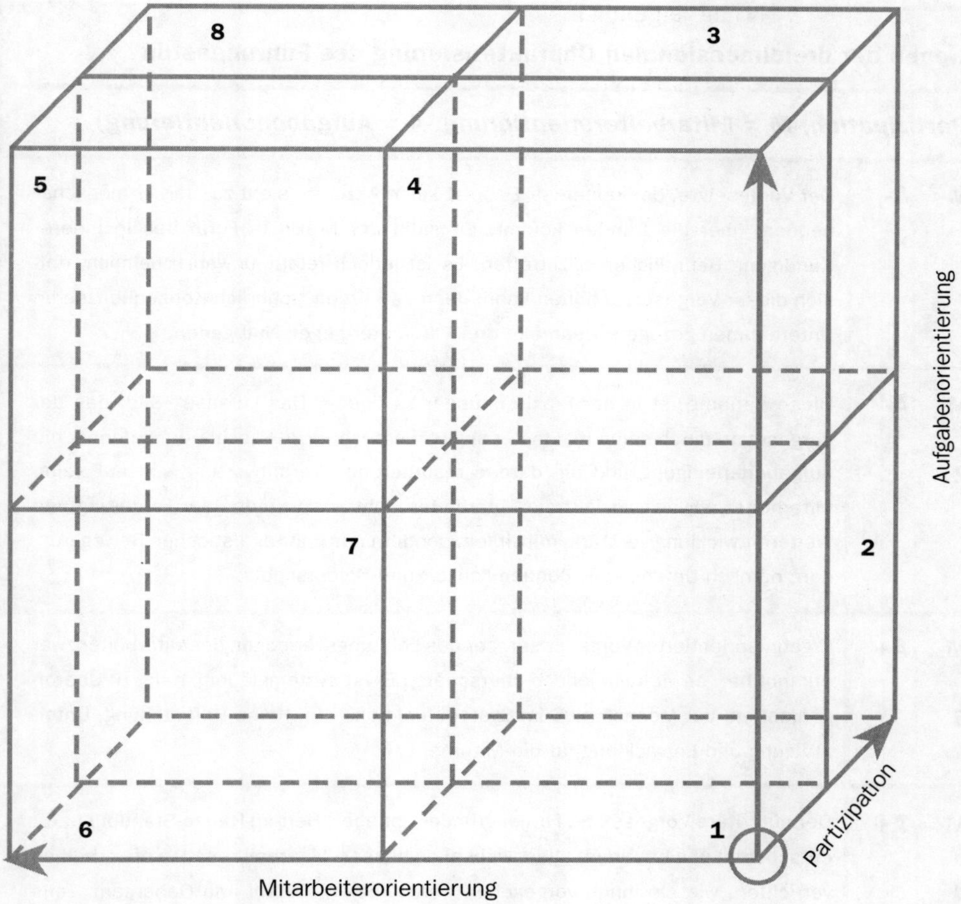

*Abbildung 17: Führungsparameter Partizipation, Mitarbeiterorientierung, Aufgabenorientierung**

In Abbildung 18 werden die von Lutz von Rosenstiel durch Variation der drei Parameter Partizipation, Mitarbeiterorientierung und Aufgabenorientierung dargestellten Prototypen näher beschrieben und charakterisiert.

---

* Aus: v. Rosenstiel, L. „Mitarbeiterführung in Wirtschaft und Verwaltung", Bayerisches Staatsministerium für Arbeit, Familie und Sozialordnung, München, 1992, Seite 31

Variationen der dreidimensionalen Charakterisierung des Führungsstils	
(P = Partizipation; M = Mitarbeiterorientierung; A = Aufgabenorientierung)	
P- M- A- **1**	Der Vorgesetzte, der keiner ist. Er setzt keine Akzente, sieht zu, daß er möglichst bequem über die Runden kommt. Er ist in der Praxis in Form des in innerer Kündigung Befindlichen anzutreffen. Es ist jedoch relativ unwahrscheinlich, daß sich dieser Vorgesetzte halten kann, denn es werden sicherlich Konsequenzen im Unternehmen gezogen, wenn alle drei Parameter gegen Null gehen.
P+ M- A- **2**	Diese Variante ist in der Praxis häufiger zu finden. Das „blasse" Bild, das der Vorgesetzte durch seine Inaktivität abgibt, versucht er zu kaschieren, indem er die Aufgabenerledigung und die daraus resultierende Verantwortung voll auf seine Mitarbeiter abwälzt. Er läßt die Mitarbeiter nicht aus Gründen der Förderung und Weiterentwicklung verstärkt mitwirken, sondern aus ganz egoistischen Beweggründen, nämlich Unfähigkeit, Bequemlichkeit und Selbstschutz.
P+ M- A+ **3**	Ergebnisorientierter Vorgesetzter, der das Leistungsvermögen der Mitarbeiter zwar erkannt hat, es vielfach jedoch überschätzt. Er ist systemgläubig, neigt zu Überorganisation, der Mensch muß im System funktionieren. Keine Hilfestellung, Unterstützung und Entwicklung für die Mitarbeiter.
P- M- A+ **4**	Der autoritäre Vorgesetzte: Firmengründer, Inhaber. Herr-im-Hause-Standpunkt. Er entscheidet und bestimmt alles, weiß alles besser. Mitarbeiter sollen die Arbeit so verrichten, wie sie ihnen vorgegeben wurde. Basis: Befehl und Gehorsam. Teils hoher Leistungsdruck.
P- M+ A+ **5**	Der patriarchalische Vorgesetzte. Aufgabe und Erfolg des Unternehmens stehen für ihn im Vordergrund. Vom Mitarbeiter wird ein hohes Maß an Leistung erwartet. Aufgrund der persönlichen Bindung zu den Mitarbeitern und deren Familien wird die autoritäre Grundhaltung abgemildert - insbesondere mit zunehmendem Alter - durch eine fürsorgende Komponente. Charakteristisch ist jedoch, daß diese soziale Komponente von seinen Wertvorstellungen geprägt und auch mitunter seiner Willkür unterworfen ist. Die Partizipation der Mitarbeiter an den Entscheidungsprozessen ist tabu.

Der Vorgesetzte, für den das Betriebsklima in seinem Führungsbereich über allem steht, insbesondere über der Leistung. Er geht davon aus, daß seine Bemühungen um Harmonie automatisch zu einem positiven Leistungsverhalten führen, also jeglicher Leistungsdruck entbehrlich ist. Das freundliche Miteinander bezieht sich lediglich auf den Umgang und die Abwehr von Leistungsdruck. Mitwirkungs- und Gestaltungsrechte werden dem Mitarbeiter nicht zugebilligt. Es handelt sich um eine mehr theoretische Variante. In der Praxis wird dieser Vorgesetztentyp die Mitarbeiter stärker in die Entscheidungsfindung einbeziehen.	**P- M+ A-** **6**
Vorgesetzter läßt seine Mitarbeiter an seinen Problemstellungen teilnehmen und erreicht über diese Mitwirkung Motivation. Zusätzlich als Basis für ein gutes Betriebsklima legt er großen Wert auf einen pfleglichen Umgang mit den Mitarbeitern. Sofern klare Ziele fehlen bzw. deren Erreichung nicht kontrolliert und steuernd bei Abweichungen eingegriffen wird, wird die durch die beiden Parameter P und M erzeugte Motivation zu keinem überzeugenden Leistungsergebnis führen.	**P+ M+ A-** **7**
Vorgesetzter fordert Leistung, schafft allerdings die für eine maximale Leistung erforderlichen Voraussetzungen und Bedingungen. Er unterstützt seine Mitarbeiter, gibt Orientierung, gewährt Gratifikationen materieller und immaterieller Art. Er bezieht seine Mitarbeiter in die Problemstellungen ein, hört und schätzt ihren Rat und gibt ihnen Entfaltungsspielraum durch Delegation.	**P+ M+ A+** **8**

Abbildung 18: Variationen der dreidimensionalen Charakterisierung des Führungsstils

3. Einflußfaktoren auf das Führungsverhalten

Kriterien für den Führungserfolg

Nachdem wir nun die grundsätzlichen Verhaltensmöglichkeiten von Vorgesetzten kennengelernt haben, geht es im weiteren um die Frage: Wovon ist das „Wie" der Führung, also das Führungsverhalten des einzelnen (sein Führungsstil), abhängig?
Entscheidende Kriterien für den Führungserfolg liegen in der Person des Führenden:

- ▶ Einstellung zur Führung
- ▶ Führungsstil
- ▶ Fähigkeit zur Führung
- ▶ Merkmale der Führungssituation

Anlage- und umfeldbedingt

Wesentlich wird das Verhalten des Menschen, so auch das Führungsverhalten, von seinen Anlagen und seinem sozialen Umfeld bestimmt.

Sehen wir uns ganz einfach einmal um, was die Gründe für Fehlleistungen von Führungskräften sind. Langjährige Beobachtung der Führungsszene zeigt, daß es nicht zu gravierenden Management-Flops kommt, weil Führungskräfte die „Hohe Schule" der Führung nicht beherrschen, sondern weil sie elementare Führungsprinzipien nicht kennen, mißachten oder ignorieren.

Beispiele

Der Fertigungsleiter eines Walzwerkes ist als ein Naturtalent in zeitgemäßer Führung zu bezeichnen. Bereits bevor er an Führungstrainings teilnahm, führte er instinktiv erfolgreich: Er führte sein Team zu guten Leistungsergebnissen, er war Vorbild, setzte sich für seine Mitarbeiter ein, sagte klar, was er wollte und dachte.

Der harte Managertyp autoritärer Prägung ist oft unabhängig vom Alter zu finden. Dem Mitarbeiter, der keine volle Leistung erbringt, wird ohne große Ursachenforschung gekündigt.

Ein Vorstandsmitglied fühlt sich sogar belästigt, wenn selbst seine engsten Mitarbeiter mit schwerwiegenden fachlichen Problemen zu ihm kommen: ein Beispiel für den Laisser-faire-Stil.

Dem Technischen Leiter einer Automatendreherei ist die Entwicklung unterstellt. Er fühlt sich am wohlsten, wenn er entwickeln und konstruieren kann. Als hervorragender „Tüftler" empfindet er die Störungen durch seine Meister als lästig. Sie halten ihn mit ihren Problemen von seiner Lieblingsbeschäftigung ab.

Soziales Umfeld

Nicht nur die Anlagen, auch unser soziales Umfeld prägt das Führungsverhalten. Wir werden bereits in der Kindheit durch Elternhaus und Schule geformt; die Erziehungsprozesse setzen sich in der Ausbildung und auf dem weiteren beruflichen Lebensweg fort. So wird ein Vorgesetzter, der selbst lange Jahre autoritär geführt wurde, vermutlich seine Vorbilder imitieren.

Dominanz fachlicher Qualifikation

Fachliche Qualifikation muß einen hohen Stellenwert haben. Es darf jedoch nicht so weit kommen, daß nur das Fachliche dominiert und die Führungsaufgaben ignoriert werden. Hierzu zwei Beispiele:

Beispiele

Der fachlich beste Mitarbeiter wird Nachfolger des pensionierten Teamleiters. Man trifft die Auswahl allein unter dem Aspekt der fachlichen Qualifikation. Darüber hinaus übernimmt er die neue Aufgabe ohne führungsmäßige Vorbereitung. Er wird entweder gegenüber seinen bisherigen Kollegen betont auf Abstand gehen oder kumpelhaft führen.

Der Technische Leiter eines großen mittelständischen Industrieunternehmens hat fachlich ein so umfangreiches und heterogenes Aufgabengebiet zu bewältigen, daß er sich nur wenig um seine Führungsaufgaben kümmern kann. Da er nicht sehr delegationsfreudig ist, ist sein Scheitern eigentlich nur noch eine Frage der Zeit.

Eigene Interessen prüfen

Führungskräften, die Probleme auf dem Führungssektor haben, und Mitarbeitern, die vor der Übernahme einer Führungsposition stehen, wird empfohlen, ihre Grundeinstellung zur Führung zu überprüfen. Ein wichtiger Punkt ist, ob ihnen Führen Spaß macht oder sie lieber fachliche Problemstellungen lösen. Die höchste Erfüllung muß nicht in der Leitung einer Abteilung mit vielen Mitarbeitern liegen. Durchaus ebenso hochkarätig können interessante Problemstellungen im fachlichen Bereich sein.

Führung ist lernbar

Was die Fähigkeiten zur Führung anbelangt, gibt es sicherlich weniger Naturtalente als man glaubt. Führung will erlernt sein und ist – Qualifikation vorausgesetzt – lernbar. Es empfiehlt sich ein dualer Ansatz: Führung in Theorie und Praxis. Was das individuelle Führungsverhalten, den Führungsstil anbelangt, so sollte sich jede Führungskraft ihres Führungsverhaltens bewußt sein, selbstkritisch die Wirkungen des Verhaltens beobachten und gegebenenfalls Änderungen vornehmen. Außerdem ist es notwendig, eigenes Führungsverhalten in Hinblick auf die Führungsphilosophie des Unternehmens zu überprüfen.

Weitere Einflußfaktoren

Zu den in der eigenen Person liegenden Ursachen für den Führungserfolg treten Einflußfaktoren, die im menschlichen Umfeld und in der Situation zu sehen sind. Das Verhalten zu Vorgesetzten, Kollegen und Mitarbeitern wird durch den eigenen Stil und durch die augenblickliche Verfassung geprägt. Bei Streß-Situationen, Frustration, Ärger etc. verhält man sich gegenüber anderen Personen anders als die verhaltensmäßige Grundeinstellung erwarten ließe. Dies gilt selbstverständlich auch umgekehrt für die Reaktionen der Menschen im Umfeld. Das Verhalten einer Führungskraft sollte von einem (ihrem) durchgängig praktizierten Führungsstil bestimmt sein, der sich an den Führungsgrundsätzen eines Unternehmens zu orientieren hat. Wenn ein Vorgesetzter situative Führung so versteht, daß er die volle Führungspalette von autoritär bis kooperativ einsetzt, so fragt man sich unwillkürlich, was an diesem Vorgesetzten echt und authentisch ist. Wie bereits bei den „Determinanten menschlicher Leistung" ausgeführt, ist auch die Führungsleistung abhängig von Gründen, die in der Person der Führungskraft liegen, dem personellen Umfeld, materiellen Einflußfaktoren und der Gesamtsituation.

4. Führung als bilateraler Prozeß

Unterschiedlicher Blickwinkel

Die Erwartungen, die wir an die Führung durch die Vorgesetzten stellen, sind meist anspruchsvoll. Wir erwarten Spielraum zur Entfaltung, guten Dialog, faire Behandlung und dergleichen mehr. Sind wir aber auch bereit, in gleichem Maße den sicherlich nicht wesentlich unterschiedlichen Interessen und Wünschen unserer Mitarbeiter zu entsprechen? In Seminaren wurde nach einer Gruppenarbeit über das Thema „Was erwarten Sie von Ihrem Vorgesetzten?" folgende Reaktion auf die Frage erlebt, ob die Teilnehmer auch bereit seien, diese Prinzipien gegenüber ihren Mitarbeitern anzuwenden: Zunächst Erstaunen, dann zögerliche Antworten wie „Im Prinzip ja", „Die Mitarbeiter sind noch nicht so weit", „Bei Meier schon, aber bei Müller hätte ich Bedenken".

Ganz pragmatisch könnte man den vielen Führungssystemen und Konzepten, die als Ware „Führung" auf dem Markt angeboten werden und die noch kurz behandelt werden sollen, als Führungsmaxime folgenden Bibelspruch gegenüberstellen:

Bibelspruch kontra Managementtheorien

„Was du nicht willst, daß man dir tue,
das tue einem anderen auch nicht."
(Tobias 4,16)

Führung ist keine Einbahnstraße

Unsere Ausführungen über die Einflußfaktoren auf den Führungserfolg haben im Grunde die immer wieder gestellte Frage, ob Führung eine Einbahnstraße ist, bereits beantwortet. In der Praxis wird jedoch in vielen Fällen die Wechselseitigkeit der Führungsbeziehungen nicht gesehen. Nur so ist erklärbar, daß Vorgesetzte auf dem Führungssektor trainiert werden, die Mitarbeiter an der Basis in diesen Prozeß jedoch nicht einbezogen werden. Beispielsweise kommt der Vorgesetzte begeistert von einem Führungstraining; er will von seiner bisherigen Gewohnheit, alles allein zu entscheiden, abgehen und die Mitarbeiter um ihre Meinung fragen. Die zwangsläufige Reaktion der Mitarbeiter: „Der Chef weiß nicht mehr weiter, jetzt braucht er uns."

Vertrauen als Basis

Der Punkt ist letztendlich: Vertrauen schenken und Vertrauen fordern. Wenn wir unser tägliches Verhalten als Führungskräfte danach ausrichten, werden wir die meisten Probleme auf dem Führungssektor meistern. Das setzt jedoch die Erkenntnis voraus, daß die Menschen im Betrieb, gleich an welcher Stelle und auf welcher Hierarchiestufe sie stehen, weitgehend gleiche Interessen und Wünsche haben, die sich meist nur in Nuancen und in ihrem Umfang unterscheiden.

Führung ist bilateral

Abbildung 19 zeigt, daß sich viele Aufgaben von Vorgesetzten und Mitarbeitern auf dem Führungssektor ergänzen. Ein gutes Führungsverhältnis zeichnet sich dadurch aus, daß sich beide konstruktiv zuarbeiten. Der Unterschied liegt lediglich darin, wie die Akzente der Einflußnahme verteilt sind. Ganz deutlich wird dies bei der Kontrolle durch den Vorgesetzten, die durch gute Information erleichtert bzw. durch selbstkritische Beobachtung und Selbstkontrolle durch den Mitarbeiter teilweise ersetzt werden kann. Ebenso kann ein Unternehmen erwarten, daß abgestimmte Fördermaßnahmen aktiv vom Mitarbeiter angegangen werden und er sich ergänzend weiterbildet.

Im Führungsbereich ergänzen sich die Aufgaben von Vorgesetztem und Mitarbeiter	
Mitarbeiter soll...	**Vorgesetzter soll...**
...sich schnell einarbeiten und Aufgaben bestmöglich erfüllen	...Mitarbeiter sorgfältig auswählen und Einarbeitung sicherstellen
...selbständig handeln und entscheiden	...Mitarbeiter Entfaltungsspielraum gewähren
...aufgrund des Spezialwissens qualifiziert beraten	...sich das Wissen des Mitarbeiters bei Problemlösungen zunutze machen

Mitarbeiter soll...	Vorgesetzter soll...
...durch Kommunikation Orientierung geben	...durch Kommunikation Orientierung geben
...den Aufgabenbereich entwickeln	...Mitarbeiter seinen Aufgabenbereich entwickeln lassen und ihm Hilfestellung geben
...sich weiterbilden	...Mitarbeiter fördern
...sich selbst beobachten und sich selbst kontrollieren	...die Selbstkontrolle des Mitarbeiters fördern und zusätzlich Ergebnisse kontrollieren
...selbst Konsequenzen aus der Kontrolle ziehen	...Konsequenzen aus der Kontrolle einleiten
...Schwerpunkte und Einzelziele verfolgen	...Schwerpunkte und Einzelziele vereinbaren
...zur Erleichterung der Koordinierung zuarbeiten	...die unterstellten Mitarbeiterbereiche koordinieren

Abbildung19: Aufgaben von Vorgesetztem und Mitarbeiter im Führungsbereich

5. Führung von unten nach oben

Beeinflussung des Vorgesetzten

Darf und kann ich meinen Vorgesetzten beeinflussen? Die umgekehrte Frage nach der Einwirkung des Vorgesetzten auf die Mitarbeiter würde man als rhetorische Frage bezeichnen. Bei dieser Frage denkt man sofort an etwas Unredliches, an Manipulation. Nachdem jedoch festgestellt wurde, daß Führung bilateral ist, ist eine Beeinflussung von unten nach oben ein ganz normaler, oft unbewußt ablaufender Vorgang. Die bewußte Einflußnahme geht nicht in der dramatischen Form vor sich „Wie erziehe oder führe ich meinen Chef?“, sondern in meist unbewußt ablaufenden kommunikativen Prozessen. Daß die Einwirkung auf den Vorgesetzten sicherlich schwierig ist, ist unbestritten. Bei einer für den Mitarbeiter unbefriedigenden Situation ist es jedoch besser, zunächst den Versuch einer Änderung zu unternehmen, als resignierend die Situation zu erdulden oder die Organisation zu verlassen.

Zwei Komplexe der Beeinflussung

Die Beweggründe für die bewußte Einwirkung auf den Vorgesetzten sind vielschichtig. Zwei Komplexe sind zu unterscheiden:

- mehr Einfluß auf Vorgesetzte gewinnen, um sie von den eigenen Vorstellungen zu überzeugen,
- mehr Einfluß auf Vorgesetzte gewinnen, um ihr Verhalten gegenüber dem Mitarbeiter und/oder anderen zu ändern.

Ideen verkaufen

Bei der Durchsetzung von Vorstellungen geht es ganz einfach darum, andere von der Qualität der eigenen Gedanken zu überzeugen. Das ist zunächst kein spezielles Problem im Führungsverhältnis. Wir finden es ganz allgemein überall dort, wo Menschen zu etwas bewegt werden sollen: Der Verkäufer will den Kunden zum Kauf motivieren, der Einkäufer will einen vorteilhaften Abschluß mit dem Lieferanten erreichen, oder Meinungen, Vorstellungen, Ansichten, Konzepte sollen durchgesetzt werden. Im Führungsbereich liegt die Besonderheit lediglich darin, daß die Machtverhältnisse zuungunsten des Mitarbeiters verteilt sind.

Es ist unerheblich, ob der Mitarbeiter aus Karriereambitionen, Geltungsstreben oder selbstlos aus rein sachlichen Motiven heraus nach mehr Gehör und Einfluß strebt. Wichtig ist, daß dadurch vorhandenes Wissen und Können zum Wohle des Unternehmens genutzt werden kann.

Umgang mit dem Vorgesetzten

Für eine erfolgreiche Annahme der Vorschläge durch den Vorgesetzten sind folgende Punkte von Bedeutung:

- Eingehen auf Interessenlage des Vorgesetzten
- Qualität der Vorschläge
- Ausgewogenheit im Urteil
- Optimale Präsentation
- Hartnäckigkeit beim Verkauf der Ideen
- Bei Mißerfolg keine Resignation („Schmollwinkel")

Anlässe zur Aktivität

Welches sind nun konkrete Situationen, in denen Mitarbeiter beabsichtigen könnten, das Verhalten ihres Vorgesetzten zu ändern?

- Der Vorgesetzte soll seinem Mitarbeiter mehr Entscheidungsspielraum gewähren.
- Der Vorgesetzte soll der Geschäftsführung einen Vorschlag unterbreiten und ihn durchsetzen.
- Der Vorgesetzte soll bei der schlechten Stimmung in der Abteilung stärker integrierend wirken.
- Der Vorgesetzte soll sich vor seine Mitarbeiter stellen, wenn sie von anderen Abteilungen blockiert und attackiert werden.
- Der Vorgesetzte soll das Image seiner Abteilung verbessern.
- Der Vorgesetzte soll für Abbau der Überbelastung bzw. gleichmäßige Auslastung sorgen.
- Der Vorgesetzte soll zu dem Mitarbeiter im Umgang fair und gerecht sein.
- Der Vorgesetzte soll besser informieren sowie häufiger und intensiver mit den Mitarbeitern kommunizieren.

Probleme offen ansprechen

Um etwas zu verändern, müssen die Probleme offen angesprochen werden. Wer schon in der Situation war, wird bestätigen, daß er sich mehr Gedanken gemacht hat, **wie** er seine Kritik am Vorgesetztenverhalten anbringen, als **was** er dem Vorgesetzten inhaltlich vorschlagen will.

Fingerspitzengefühl im Umgang

Die delikate Situation muß mit viel Fingerspitzengefühl angegangen werden. Zunächst ist wichtig, daß man die Probleme realistisch sieht. Wie oft entsteht aus einem Gefühl der Unzufriedenheit heraus aus einem Problemchen erst ein Problem. Bevor man die Vorgehensweise festlegt, sollte man – bildlich gesehen – vielleicht doch einmal auf dem Stuhl des Vorgesetzten Platz nehmen, um dessen Situation verstehen zu lernen. Man wird feststellen, daß die Luft in den höheren Hierarchiestufen erheblich dünner ist. Der Vorgesetzte muß unter Umständen vorsichtiger und taktisch überlegter vorgehen, als es sich der Mitarbeiter vorstellen kann. Hinter jedem Kollegen und Ratgeber kann ein Konkurrent verborgen sein, der nur auf Fehler wartet. Mitarbeiter sollten dieser Tatsache Rechnung tragen.

Ich-Botschaften

Mitarbeiter stellen immer wieder die Frage, wo und wann sie Kritik nach oben üben sollen. Patentrezepte gibt es sicherlich nicht. Am besten fragt sich der Mitarbeiter, wie er an Stelle seines Vorgesetzten empfinden würde. Kritik auf jeden Fall unter vier Augen üben und nicht den Vorgesetzten in einer Besprechung attackieren. Wählen eines günstigen Zeitpunktes, zu dem der Vorgesetzte dem Mitarbeiter konzentriert zuhört. Je mehr Persönlichkeitsmerkmale des Vorgesetzten tangiert werden, desto wichtiger ist es, nicht zu typisieren und Vorwürfe zu machen. Es empfiehlt sich, statt der Vorhalte mit Ich-Botschaften zu operieren, das heißt dem Vorgesetzten zu zeigen, was sein Verhalten bei mir ausgelöst hat. Damit sage ich nicht absolut, welchen Fehler der Vorgesetzte gemacht hat, sondern zeige nur, was sein Verhalten bei mir auslöste. Oft erlebt man, daß der Vorgesetzte über die Wirkung seines Verhaltens auf andere bestürzt ist. Macht der Mitarbeiter seinem Vorgesetzten dagegen Vorwürfe, so entspannt sich die Situation meist nicht. Der Vorgesetzte zieht sich auf seine Vorgesetztenrolle zurück, verbittet sich die Angriffe des Mitarbeiters, schließt das Visier und ändert sich nicht. Der Mitarbeiter hat Glück, wenn der Vorgesetzte nicht nachtragend ist.

Plattform für die Kritik

In Unternehmen, in denen jährlich Steuerungs-(Beurteilungs-) gespräche stattfinden, fordert der Vorgesetzte mitunter in diesem Gespräch den Mitarbeiter auf zu sagen, wo ihn der Schuh drückt. Aber auch ohne diese Aufforderung ist das Steuerungsgespräch für Mitarbeiter die geeignete Plattform, um Kritikpunkte nach oben anzubringen. Beschwerde beim nächsthöheren Vorgesetzten mit Information des direkten Vorgesetzten – also der formale Beschwerdeweg – kann nur als ultima ratio gesehen werden. Meist wird dadurch die Vertrauensbasis für eine weitere Zusammenarbeit empfindlich gestört.

Wer lobt den Chef?

Wenn Vorgesetzter oder Mitarbeiter bzw. beide neu im Unternehmen sind, ist von Bedeutung, daß wechselseitig keine Vorurteile aufgebaut werden, die – wenn sie negativer Art sind – das Verhältnis belasten. Wichtig ist, als Mitarbeiter seinen Beitrag zu leisten, damit ein Vertrauensverhältnis als Basis für eine gute Zusammenarbeit entsteht. Positiv dem Vorgesetzten zuzuarbeiten bedeutet, ihn gut zu informieren, seine Probleme anzusprechen oder nach Problemen zu fragen, aus dem Wissen als Insider eventuell den Vorgesetzten zu beraten und ihn nicht auflaufen zu lassen. Auch Vorgesetzte haben – wie ihre Mitarbeiter – Anerkennung nötig. Ein Unternehmensleiter fragte kürzlich in einem Führungsseminar: „Und wer lobt mich?" Ein wohldosiert anerkennendes Wort durch einen Mitarbeiter tut auch dem Vorgesetzten gut.

6. Führungssysteme und Führungsmodelle

Führungskonzepte

Fragen des individuellen Führungsverhaltens und des persönlichen Führungsstils wurden bereits ausführlich behandelt. In Theorie und Praxis stößt man darüber hinaus auf die Begriffe „Führungssystem," „Führungsmodell" und „Management by...". Diese Begriffe beschreiben umfassende Führungskonzepte. Ein Unternehmen legt in seinem Führungskonzept die Spielregeln für das Miteinander im Unternehmen für alle verbindlich fest. Von Führungskräften wird oft die Befürchtung geäußert, die Individualität im Führungsverhalten leide durch das „Zwangskorsett" des Führungssystems. Diese Bedenken sind in den meisten Fällen haltlos.

Funktion von Führungsleitlinien

In allgemeinen Führungsgrundsätzen bzw. Führungsleitlinien wird, abgeleitet von der Philosophie des Unternehmens, ein Rahmen für die Führungsbeziehungen gesteckt, der allerdings Richtliniencharakter tragen sollte. Innerhalb dieses Rahmens kann sich das individuelle Führungsverhalten entfalten. Die Führungsleitlinien sind einerseits Orientierungshilfe, andererseits wird durch sie das Maß an Ordnung bestimmt, das notwendig ist, um chaotische Zustände im Führungsbereich zu vermeiden. In der Praxis ist leider vielfach festzustellen, daß die Führungsrichtlinien nicht allzu ernst genommen werden oder vielfach auch in Vergessenheit geraten. Verstöße gegen die Richtlinien werden – wenn überhaupt – nur in gravierenden Fällen geahndet, im Gegensatz zu den Reaktionen bei Mißachtung fachlicher Richtlinien. Das zeigt deutlich den Stellenwert der Führung im Vergleich zum Fachlichen.

Die nachstehende Übersicht (Abbildung 20) beschreibt und bewertet einzelne Führungssysteme, die sogenannten Management by's, die mit Ausnahme des Management by Objectives dem Anspruch an globale Führungskonzepte nicht gerecht werden. Es handelt sich um die Akzentuierung eines bestimmten – zugegeben meist wichtigen – Führungselements.

Führungssysteme/-modelle (Management by´s)		
Führungstechnik	**Charakterisierung**	**Wertung**
Management by Objectives	Führung auf der Basis vereinbarter Ziele; Zielvereinbarung berücksichtigt die Unternehmensinteressen in gleicher Weise wie die Vorstellungen der Mitarbeiter (realistische Einschätzung)	Eigenständiges Führungsmodell; hohe Identifikation der Mitarbeiter mit den Zielen; effizientes Arbeiten durch Zielorientierung. Benötigt ein hohes Maß an Verantwortungsbewußtsein der Mitarbeiter
Management by Delegation	Aufgabenbereiche, Befugnisse und Verantwortung werden den Mitarbeitern übertragen. Entlastung der Führungsspitze, Förderung der Initiative und des Engagements der Mitarbeiter	Kein eigenständiges Führungssystem, jedoch wesentliches Element und unabdingbare Voraussetzung zeitgemäßer Führung
Management by Exception	Prinzip der Führung ist die Entscheidung im Ausnahmefall durch den Vorgesetzten (Fälle übergeordneter Bedeutung, die über den Kompetenzrahmen des Mitarbeiters hinausgehen)	Ist im Zusammenhang mit der Delegation von Verantwortung zu sehen, kein eigenständiges Führungssystem
Management by Motivation	Förderung des Leistungswillens durch systematische Berücksichtigung der individuellen Bedürfnisstruktur der Mitarbeiter (materiell und immateriell)	Wichtiges Element zeitgemäßer Führung, Leistung ist jedoch nicht nur vom Wollen abhängig

►

Führungstechnik	Charakterisierung	Wertung
Management by Participation	Gute Informationspolitik, Mitarbeiter werden in Problemstellungen durch den Vorgesetzten einbezogen (Nutzen von Spezialwissen). Abweichen des Vorgesetzten vom Rat der Mitarbeiter ist erklärungsbedürftig, sonst Frustration	Partizipation ist – wie Delegation – ein wichtiges Element zeitgemäßer Führung; wesentlicher Motivationsansatz
Management by Communication	Im Brennpunkt der Führung stehen Information und Kommunikation. Alle sollen möglichst viel wissen, als Voraussetzung für eine bessere Aufgabenerfüllung und Zusammenarbeit	Rationelle Gestaltung der Information. Kommunikation ermöglicht erst zeitgemäße Führung
Management by Innovation	Bereits bei der Einführung neuer Produkte, Techniken und Verfahren stellt man die Frage, was man noch verbessern könnte. Starke Förderung der Kreativität im Unternehmen, viele Aktivitäten	Hektik, Gefahr, daß konsolidierende Maßnahmen nicht erfolgen. Positiv ist, daß dieses Unternehmen nicht veraltet. Wichtige Impulse für die Entwicklung und Nutzung der Kreativität
Management by Direction and Control	Autoritäre Führung nach dem Prinzip: Befehl und Gehorsam	Keine zeitgemäße Form der Führung angesichts vielfältiger und globaler Probleme und der Interessenlage der Mitarbeiter (Wertewandel). Dieser Führungsstil ist ansatzweise bei autoritären Führungskräften zu finden

Abbildung 20: Führungssysteme/-modelle (Management by's)

„Harzburger Modell“

Exemplarisch für Führungsmodelle, die dem Anspruch bezüglich umfassender, aufeinander abgestimmter Führungselemente gerecht werden, wird das im deutschsprachigen Raum bekannteste Modell, das „Harzburger Modell“, dargestellt. Das von Reinhard Höhn in den Fünfziger Jahren entwickelte Modell war jahrzehntelang richtungsweisend. Viele der Elemente sind heute noch weitgehend Grundlage der Führungspraxis.

Elemente des Harzburger Modells

Das Harzburger Modell basiert auf den Prinzipien des Management by Delegation, des Management by Exception und des Management by Participation. Es werden sogenannte Delegationsbereiche geschaffen und den Mitarbeitern übertragen. Die Mitarbeiter erhalten die zur selbständigen Wahrnehmung der Aufgaben notwendigen Kompetenzen. Als Konsequenz der Delegation sind Information und Kontrolle wichtige Bestandteile des Modells. Ein weiteres Bindeglied zwischen den verselbständigten Delegationsbereichen ist die Kommunikation mit klar strukturierten Gesprächsformen. Die Verantwortung des Vorgesetzten wird – vom Gedanken der Gesamtverantwortung abgehend – als Folge der Delegation neu definiert. Der Vorgesetzte trägt die Handlungsverantwortung für seinen eigenen Delegationsbereich und die Führungsverantwortung für die ihm direkt unterstellten Mitarbeiter. Basis für das Handeln im Fachbereich ist die Stellenbeschreibung. Führungsgrundsätze regeln unter anderem die Pflichten des Vorgesetzten und des Mitarbeiters.

Wertung des Modells

Vorteile sind die Klarheit und Transparenz des Modells aufgrund organisatorischer Elemente und richtlinienartiger Festlegung von Führungsaufgaben/-pflichten. Als Nachteil ist insbesondere die modellimmanente Statik des Harzburger Modells zu erwähnen, die in der zu starken Betonung des Vertikalen (Hierarchie) und zu hohem und einengendem Regelungsaufwand (Richtlinien) begründet ist.

In den folgenden zwei Übersichten (Abbildungen 21 und 22) wird das Harzburger Modell mit seinen Bausteinen und Wirkungszusammenhängen dargestellt: im ersten Schema aus der Sicht des Unternehmens und im zweiten aus dem Blickwinkel des Mitarbeiters.

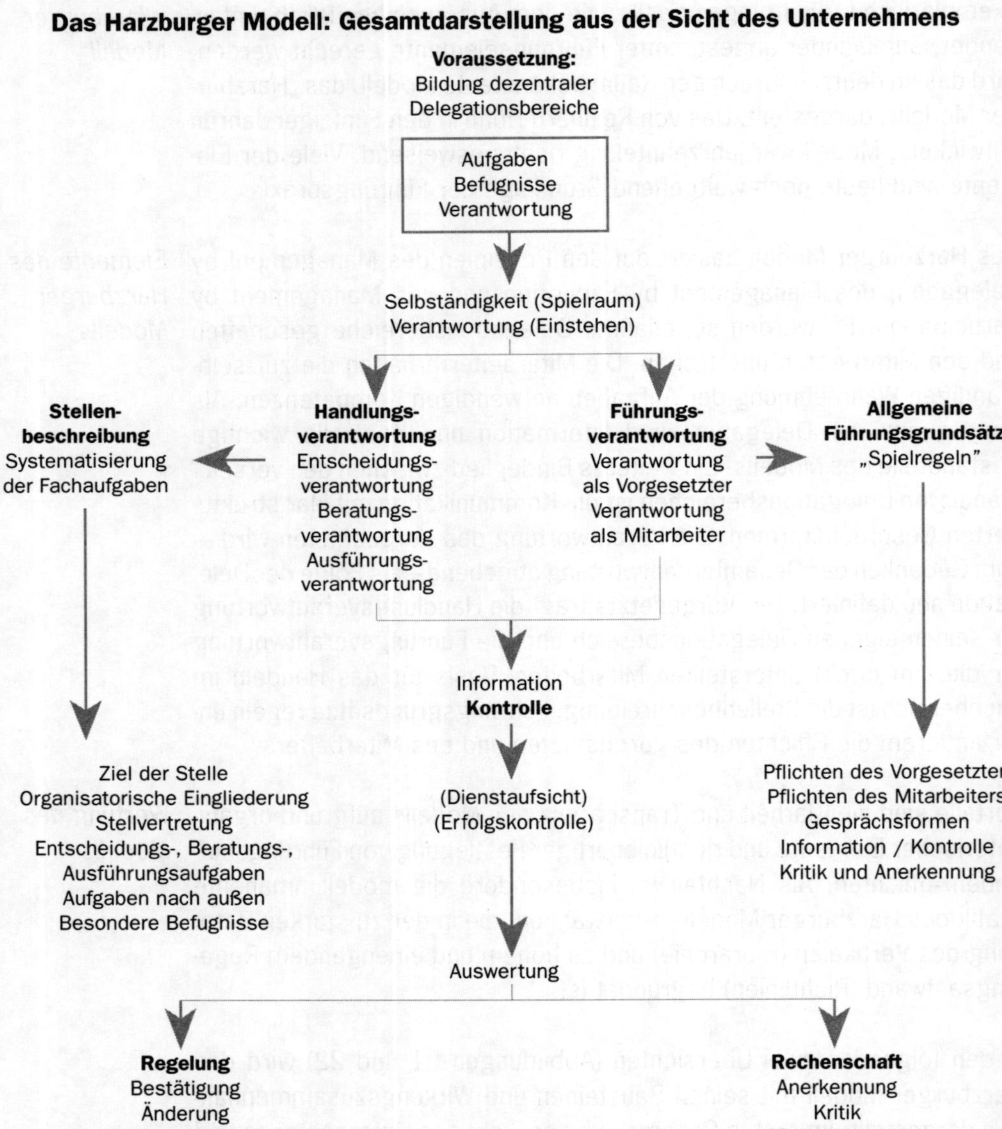

Abbildung 21: Das Harzburger Modell aus der Sicht des Unternehmens

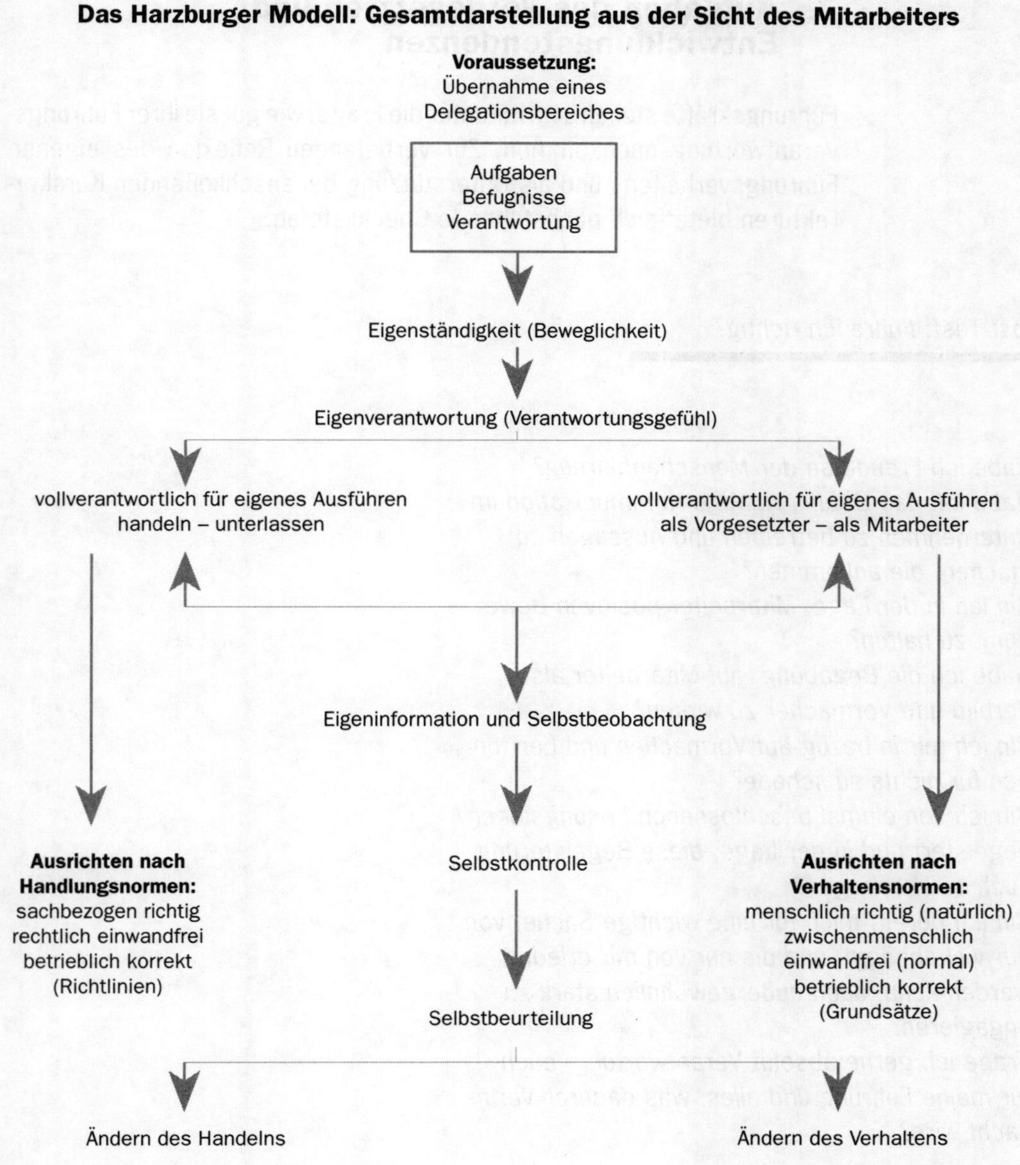

Abbildung 22: Das Harzburger Modell aus der Sicht des Mitarbeiters

7. Aufgaben des Vorgesetzten und Entwicklungstendenzen

Führungskräfte stellen sich mitunter die Frage, wie gut sie ihrer Führungsverantwortung nachkommen. Zur vertiefenden Reflexion des eigenen Führungsverhaltens und als Unterstützung bei anschließenden Kurskorrekturen bietet sich nachstehende Checkliste an:

Selbst-Test: Führe ich richtig?

- *Habe ich Freude an der Menschenführung?*
- *Habe ich das Gefühl, richtige Kommunikation im Unternehmen zu betreiben und Aussagen zu machen, die ankommen?*
- *Bin ich in der Lage, Mitarbeiter positiv in Bewegung zu halten?*
- *Habe ich die Begabung, auf Mitarbeiter als Vorbild und Vormacher zu wirken?*
- *Bin ich mir in bezug auf Vormachen und Leistungen für nichts zu schade?*
- *Bin ich von einmal beschlossenen Lösungsideen begeistert und in der Lage, diese Begeisterung auch zu übertragen?*
- *Bin ich bereit, mich für eine wichtige Sache, von der viel abhängt, und die nur von mir erledigt werden kann, auch außergewöhnlich stark zu engagieren?*
- *Trage ich gerne absolut Verantwortung, auch für meine Führung und alles, was dadurch verursacht wird?*

- *Bin ich bereit, äußerst unangenehme Aufgaben zu erfüllen, etwa Mitarbeiter zu entlassen, die menschlich zwar nett, von der Sache her aber nicht geeignet sind oder deren Einstellung eine Fehlentscheidung von mir war?*
- *Bin ich in der Lage, mit Mitarbeitern in sachlicher Weise über ungerechtfertigtes und nicht ihren Leistungen entsprechendes Anspruchsverhalten zu diskutieren und die Ansprüche auf ein gerechtfertigtes Maß zurückzuführen?*
- *Bin ich für andere glaubwürdig? Hat mein Verhalten dazu beigetragen, für andere glaubwürdig zu sein?*
- *Ist meine Arbeitsmoral für andere nachahmenswert?*
- *Bin ich in der Lage, mich in die Situation des anderen – Mitarbeiter, Gesprächspartner oder Kunde – zu versetzen?*
- *Habe ich Verständnis für die oft vollkommen andere Wertordnung meist jüngerer Menschen?**

Anschluß nicht verpassen

Aufgrund des Wandels bei Unternehmen und Mensch ist auch Führung dynamisch und entwickelt sich weiter. Führungskräfte sollten schon im eigenen Interesse dafür Sorge tragen, daß sie den Zug der Zeit nicht verpassen und auch morgen den Anforderungen an eine erfolgreiche Führungskraft gerecht werden. Noch wichtiger als bisher wird in der Zukunft sein, daß der Führung im Vergleich zum Fachlichen ein höherer Stellenwert eingeräumt wird. In der Praxis ist gerade hier ein beachtliches Defizit festzustellen. Eine starke Verschiebung der Akzente vom Fach- zum Führungsbereich ist längst überfällig.

---

* Aus: Schmidt, J. „Checkliste: Führen Sie richtig?“ in: „Der Karriereberater“, Verlag Beste Unternehmensführung 10/1993, Seite 189 ff.

Hauptaufgaben der Menschenführung*	
Mitarbeiter tüchtiger machen	Qualifikation
Sie zur Mitarbeit gewinnen	Motivation
Ihre Zusammenarbeit verbessern	Kooperation
Den Mitarbeitern Verantwortung übertragen	Delegation
Ihre Lernbereitschaft steigern	Education
Sie auf die Zukunft vorbereiten	Innovation

Abbildung 23: Hauptaufgaben der Menschenführung

Neue Rolle des Vorgesetzten

Die Vorgesetztenrolle wird sich nach dieser Definition stärker zum Moderator, Motivator, Kommunikator und Koordinator hin entwickeln. Der Vorgesetzte muß für seine Mitarbeiter Voraussetzungen schaffen, unter denen sie sich aufgrund positiver Einstellung stärker in ihre Aufgabenstellung einbringen und sich mit der Tätigkeit identifizieren. Der Notwendigkeit einer schnellen und hochqualifizierten Lösung umfassender Probleme entspricht der Vorgesetzte der Zukunft durch ständiges Bemühen um eine Verbesserung der Zusammenarbeit und Überwindung trennender Strukturen. Dem ständigen Wandel der Anforderungen trägt er Rechnung, indem er zur Entwicklung der Mitarbeiter beiträgt und ihnen die Notwendigkeit eigener Aktivitäten zur Zukunftssicherung bewußt macht.

---

* Mit freundlicher Genehmigung des Wilhelm Heyne Verlages GmbH & Co. KG., München aus: Fröhlich, W. „Personalführung", Heyne Verlag, München, 1990, Seite 13

Beispiel

Ein Abteilungsmeister eines Automobilkonzerns, der bereits in den Anfängen in die Entwicklung von Team-/Gruppenarbeit an der Basis eingebunden war, schildert die Verschiebung seiner Vorgesetztenrolle: „Bisher bestimmte ich im Rahmen meiner Befugnisse, und ich erwartete, daß meine Leute die Anweisungen ausführten. Jetzt halte ich sie an und ermuntere sie, sich Gedanken zu machen und Probleme selbst zu lösen. Ich stelle fest, daß sie sich von Mal zu Mal besser auf die für sie ungewohnte Rolle einstellen. Ich fühle mich als Vorgesetzter oft als 'Mutter der Kompanie': Ich gebe Hilfestellung und Unterstützung und gestalte so die Voraussetzungen für eine möglichst gute Leistung."

In der folgenden Übersicht (Abbildung 24) werden die einzelnen Vorgesetztenaufgaben detailliert dargestellt und die Entwicklungstendenzen aufgezeigt:

Trends bei den Vorgesetztenaufgaben

Vorgesetztenaufgaben	**Tendenzen**
Arbeitsorganisation	Flexible Gestaltung der Arbeitsorganisation und des Mitarbeitereinsatzes bezüglich Tätigkeit und Zeit; schnellere Reaktionen und rationelleres Arbeiten
Planung der Mitarbeiter	Kosten- und Leistungsdruck erfordern sorgfältigere Planung des Personals in bezug auf Quantität und Qualität
Auswahl der Mitarbeiter	Anforderungsadäquate systematische Auswahl, Vermeidung von Unter-/Überforderung
Einarbeitung der Mitarbeiter	Sicherstellen, daß schnellstmöglich Effizienz und Integration erreicht werden

▶

Vorgesetztenaufgaben	**Tendenzen**
Mitarbeitern Handlungs- und Entscheidungsspielraum geben	Durch Delegation von Verantwortung: Motivation der Mitarbeiter und Entlastung der Vorgesetzten
Partizipation der Mitarbeiter	Bessere Problemlösungen durch Einbeziehen des Spezialwissens der Mitarbeiter
Kommunikation/ Information	Wechselseitige Kommunikation zur Optimierung von Abstimmungs- und Steuerungsprozessen
Zielvereinbarungen	Positive Wirkung auf Motivation und Leistung; Rationalisierung der Arbeit
Kontrolle	Vermeidung von Frustrationen durch die Methoden Selbstkontrolle, Ergebnisabgleich, Gespräche
Mitarbeiterbeurteilung	Steuerung der Mitarbeiter, zum Beispiel im Gespräch: Zielvereinbarung, Beurteilung, Förderung
Mitarbeiterentwicklung	Entwicklung und Nutzung vorhandener Fähigkeiten der Mitarbeiter unter Berücksichtigung der Unternehmens- und Mitarbeiterinteressen
Koordinierung	Verstärkte Bedeutung durch vielfältigere globalere Problemstellungen (funktions- bzw. bereichsübergreifend)
Unterstützung/ Hilfestellung	Einleitung von Entwicklungsprozessen zur optimalen Wahrnehmung von Aufgaben durch die Mitarbeiter

►

Vorgesetztenaufgaben	**Tendenzen**
Motivation der Mitarbeiter	Schaffen der organisatorischen und führungsmäßigen Voraussetzungen zur Verstärkung der Motivation
Teamgedanke und Teamarbeit	Reduzierung der Vorgesetztenautorität (Primus inter pares), horizontale statt vertikale Orientierung: Problemlösung durch Einbeziehung bester Qualifikation über Hierarchie und Ressorts hinweg

Abbildung 24: Trends bei den Vorgesetztenaufgaben

II. Wirkung einzelner Führungselemente auf die Aktivität der Mitarbeiter

1. Mehr Spielraum und Entfaltung durch Delegation

Begriff

Wie bereits bei der Betrachtung der gegenwärtigen Führungssituation gezeigt, ist in vielen mittelständischen Unternehmen, insbesondere wenn sie vom Inhaber geleitet werden, von Delegation recht wenig zu spüren. Der Begriff „Delegation" kommt aus dem Lateinischen: „delegare" bedeutet „übertragen". Da der Leiter einer Organisation nicht alles selbst machen kann, wurde schon immer Arbeit delegiert. Hier geht es darum, Entscheidungsbefugnisse, die bisher in der Unternehmensspitze lagen, auf die Mitarbeiter zu übertragen und ihnen damit Spielraum zu geben.

Neuregelung der Verantwortung

Aus der Delegation resultiert für die Mitarbeiter ein höheres Maß an Verantwortung, das bisher beim Vorgesetzten lag. Da sich der Vorgesetzte im Rahmen der Delegation aus dem delegierten Komplex heraushält und den Mitarbeiter frei entscheiden läßt, reduziert sich seine bisherige Gesamtverantwortung auf sein eigenes Tun (Handlungsverantwortung) und die Führung der ihm zugeordneten Mitarbeiter (Führungsverantwortung).

Die Beweggründe für die Durchführung der Delegation von Verantwortung sind vielschichtig. Die Motive können beim Unternehmen selbst, bei den Vorgesetzten und bei den Mitarbeitern liegen, was Abbildung 25 verdeutlicht.

Beweggründe für die Delegation von Verantwortung

Unternehmen:

- Basis und erster Schritt für die Einführung eines zeitgemäßen Führungskonzepts
- Schnellere Aktion und Reaktion bei Problemen
- Kurze Entscheidungswege
- Sachgerechtere, bessere Entscheidungen durch die direkt Betroffenen
- Unternehmensleitung und Vorgesetzte werden frei von operativen Aufgaben und können sich stärker im strategischen Bereich betätigen

Vorgesetzte:

- Abbau von Überbelastung
- Rationalisierung der eigenen Arbeit
- Erkenntnis, daß das Spezialwissen nicht mehr vorhanden ist und nicht aktuell gehalten werden kann
- Übersicht geht verloren
- Probleme im Führungsverhältnis mit den Mitarbeitern
- Mangelhafte Effizienz der Organisationseinheit
- Hohe Fluktuation

Mitarbeiter:

- Keine Gängelung
- Entfaltungsspielraum, gestalten statt verwalten
- Chance, realistischere Entscheidungen herbeizuführen
- Persönliche Weiterentwicklung und Selbstverwirklichung

Abbildung 25: Beweggründe für die Delegation von Verantwortung

Nachdem aus unterschiedlichem Blickwinkel von Gesamtunternehmen, Vorgesetzten und Mitarbeitern offensichtlich ist, daß die Delegation von Verantwortung beachtliche Vorteile bietet, ist es unbegreiflich, warum in den Organisationen so wenig delegiert wird.

Argumente gegen Delegation

Aus vielen Kontakten mit Unternehmensleitungen und Führungskräften lassen sich folgende Argumente herausfiltern:

- Fehlerhäufigkeit bei den Mitarbeitern
- Prinzipielle Zustimmung, aber Mitarbeiter sind noch nicht so weit
- Aufgabe macht dem Vorgesetzten Spaß bzw. er glaubt, sie besser erledigen zu können
- Befürchtung, den Gesamtüberblick zu verlieren
- Zusehen müssen, wie Mitarbeiter Fehler machen
- Die Gesamtverantwortung hat die Konsequenz, daß der Vorgesetzte sich die Entscheidungen vorbehält
- Mitarbeiter sind von der Problemfülle überfordert

Die Argumente gegen die Delegation können auf einen kurzen Nenner gebracht werden: fehlendes Vertrauen zu den Mitarbeitern, Angst vor Fehlentwicklungen und Befürchtung von persönlichen Nachteilen.

Mehr Freiheit

Mit der Delegation von Verantwortung gibt der Vorgesetzte dem Mitarbeiter mehr Freiheit. Reduziert er damit das Volumen seiner Freiheit? Der Zugewinn an Freiheit beim Mitarbeiter müßte nach den Gesetzen der Mathematik zu weniger Freiheit beim Vorgesetzten führen, das heißt sein Freiheitsgrad würde geringer, er wäre unfreier. Subtraktion ist in diesem Zusammenhang jedoch nicht logisch. Ganz im Gegenteil: Indem der Vorgesetzte gibt, gewinnt er.

Frei von Druck

Der Vorgesetzte befreit sich durch die Delegation von Routine und Tagesarbeit. Damit löst er sich von Zwängen, die sich weitgehend durch Arbeitsvolumen und Zeitmangel ergeben. Sein Zugewinn an Freiheit besteht darin, daß er nun die Zeit gewonnen hat, sich qualitativ höherwertigen Problemen widmen zu können. Für den Vorgesetzten wird es vielfach die innere Befreiung von einem Druck sein, den er schon lange verspürte, denn er weiß sehr wohl, daß seine Aufgabe mehr im Gestalterischen als im Verwalten liegen sollte.

Chance zur Entfaltung

Für den Mitarbeiter bedeutet mehr Freiheit die Chance zur Entfaltung und Selbstverwirklichung. Seine Motivation steigt, er identifiziert sich mehr mit seiner Aufgabe und dem Unternehmen, in ihm schlummernde Talente und Kräfte werden frei.

Umgang mit der Freiheit

Lernen, mit der Freiheit umzugehen, gilt gleichermaßen für Vorgesetzte und Mitarbeiter. Was fängt man mit der neu gewonnenen Freiheit an? Was tut man mit dem Mehr an freier Zeit? Beide müssen ein Vakuum ausfüllen. Die Hinwendung zu grundsätzlichen Dingen wird anfänglich vielleicht nicht befriedigen. Fast jeder trauert seiner Routine nach. Bis jetzt löste die Tätigkeit sofortige Aktivitäten aus, schnell ergaben sich meßbare Resultate. Der Tag war bisher im allabendlichen Rückblick mit Arbeit voll ausgefüllt.

Führen, nicht gängeln

Das wesentliche Hemmnis für die Delegation aus der Sicht des Vorgesetzten, nämlich die Befürchtung, das Geschehen nicht mehr im Griff zu haben, kann durch zeitgemäße Führung entkräftet werden, das heißt kooperativ führen, statt ständig in die Sphäre der nachgeordneten Mitarbeiter einzugreifen und damit deren Freiheit zu beschneiden.

Kein Knopfdruck

Delegation setzt voraus, daß der Vorgesetzte seinen Mitarbeitern vertraut und ihnen zutraut, daß sie die gewonnenen Freiräume gestaltend ausfüllen wollen und können. Das Wollen ist abhängig von der Motivation der Mitarbeiter. Beim Können muß der Vorgesetzte zuweilen Unterstützung gewähren und sowohl fachlichen Beistand als auch Hilfestellung in der Arbeitsmethodik geben. Oft jahrzehntelange Gängelung der Mitarbeiter, letztendlich Unfreiheit, prägt den Menschen. An Freiheit und Spielraum in Verantwortung muß er sich erst gewöhnen. Das gilt für den Vorgesetzten ebenso wie für den Mitarbeiter. Oft wird dies vergessen. Man ordnet die Befugnisse neu, legt die Aufgabenbereiche in Stellenbeschreibungen fest und erwartet, daß die Delegation auf Knopfdruck funktioniert. Zwischen der Entscheidung zur Delegation und dem Funktionieren in der Praxis liegen Erziehungs- und Entwicklungsprozesse beim Vorgesetzten und beim Mitarbeiter.

Aufgabenkomplexe und Einzelaufgaben

Nun zum Gegenstand der Delegation. Einerseits werden die schon bisher im Unternehmen vorhandenen Strukturen der Aufgabenzuordnung benutzt und diesen fixierten Aufgabenkomplexen Befugnisse zugeordnet. Damit wird dem Mitarbeiter die Möglichkeit eröffnet, in „seinem" Bereich stärker gestaltend Freiräume füllen zu können. Andererseits ist es im Rahmen der Entwicklung von Mitarbeitern mitunter sinnvoll, sie langsam über Einzelaufträge aufzubauen. Die gleiche Situation ergibt sich, wenn auf das Unternehmen einmalig, sporadisch oder auf Dauer neue Aufgaben zukommen, die den Mitarbeitern zugeordnet werden müssen. Nachstehend (Abbildung 26) einige Regeln zur Delegation von Einzelaufgaben:

Richtig delegieren

- Planvoll auf Mitarbeiter delegieren, zu deren Tätigkeit die Aufgaben wesensgemäß bzw. sinnvollerweise gehören
- Sich vor der Delegation fragen, ob der Mitarbeiter für die Aufgabe geeignet und an der Aufgabe interessiert ist
- Vermeidung von quantitativer und qualitativer Unter-/Überforderung
- Die komplette Aufgabe dem Mitarbeiter übertragen
- Gleichartige Aufgaben einem Mitarbeiter auf Dauer übertragen
- Dieselbe Aufgabe nicht gleichzeitig – aus Sicherheitsgründen – zwei Mitarbeitern übertragen
- Gute Information, Feedback durch den Mitarbeiter geben lassen, ob die Aufgabenstellung verstanden wurde
- Bei größerem Umfang der Aufgabe (Projekt) schriftliche Erteilung mit Information des Umfeldes
- Mit der Aufgabe die notwendigen Kompetenzen übertragen
- Sinn und Zweck der Aufgabe erklären
- Mitarbeiter alle Informationen verschaffen, die zur Aufgabenerledigung notwendig sind
- Mitarbeiter die Aufgabe selbständig lösen lassen (selbst wenn der Vorgesetzte die Aufgabe anders gelöst hätte; es gibt immer mehrere Wege zum Ziel)
- Eingriffe nur bei wichtigem Grund
- Hilfe und Unterstützung bei schwierigen Situationen (jedoch nicht als Alibi für ständige Einmischung)
- Bei längerfristigen Aufgaben (Projekten) Teilziele mit entsprechenden Terminen vereinbaren
- Von seiten des Mitarbeiters Selbstkontrolle und von seiten des Vorgesetzten Fremdkontrolle bei Zwischen- und Endterminen
- Bei negativen Abweichungen Kurskorrektur in der Sache
- Im Rahmen der Steuerung des Mitarbeiters nach Vorliegen der Ergebnisse Rückkopplung durch Einsatz der Führungsmittel Anerkennung bzw. konstruktive Kritik

Abbildung 26: Richtig delegieren

2. Stärkere Einbeziehung der Mitarbeiter in die Lösung grundsätzlicher Probleme

Möglichkeiten der Einflußnahme

Die Partizipation der Mitarbeiter schließt sich nahtlos an die Delegation von Verantwortung an. Delegation bringt dem Mitarbeiter mehr Einfluß durch das selbständige Agieren bei delegierten Aufgabenkomplexen oder Einzelaufgaben. Die Partizipation geht über den einzelnen Aufgabenbereich hinaus. Wie und wo kann nun eine stärkere Einflußnahme der Mitarbeiter erfolgen? Zunächst im Führungsverhältnis, im Rahmen der Zusammenarbeit des Vorgesetzten mit seinen Mitarbeitern durch Beratung bei außergewöhnlichen Fällen des Mitarbeiters. Die außergewöhnlichen Fälle treten im Tätigkeitsbereich des Mitarbeiters auf, er besitzt jedoch nicht die notwendige Entscheidungskompetenz. Der Vorgesetzte trifft die Entscheidung aufgrund der Beratung des Mitarbeiters. Außerdem besteht die Möglichkeit, daß der Vorgesetzte sich des Rats seiner Mitarbeiter bedienen will, wenn er grundsätzlichere Entscheidungen zu treffen hat oder es um Empfehlungen an die Unternehmensleitung geht. Die weiteren Möglichkeiten außerhalb der Hierarchie zur Problemlösung bei globaleren, bereichsübergreifenden Themen in Teams, Projektgruppen etc. wird beim Thema „Teamarbeit" behandelt.

Beiträge der Mitarbeiter

Wenn wir eine stärkere Partizipation der Mitarbeiter fordern, dann müssen wir uns darüber klarwerden, was die Mitarbeiter zur Problemlösung beitragen können:

► Wissen und Erfahrung aufgrund der Wahrnehmung eines bestimmten Aufgabengebietes. Dabei baut sich ein Erfahrungsschatz und Detailwissen auf, das der Vorgesetzte nicht haben kann. Durch die Beratung des Vorgesetzten wird vielfach die Entscheidung realistischer und praxisnaher. In der Praxis stoßen wir auf Fälle, in denen ein Vorgesetzter ein Detail nicht kannte und dadurch bedingt eine Fehlentscheidung getroffen hätte, wenn Mitarbeiter nicht die Wissenslücke geschlossen hätten.

- Im außergewöhnlichen Fall (Management by Exception) sollte der Mitarbeiter über die Information und Einholung der Vorgesetztenentscheidung hinaus seinen Vorgesetzten beraten. Da der Vorgang in seinem Tätigkeitsgebiet anfällt und lediglich die Entscheidungsbefugnisse fehlen, kann er die Situation sehr gut beurteilen und sachdienlichen Rat geben.
- Oft besitzen Mitarbeiter Wissen und Erfahrung, die über ihr Betätigungsfeld hinausgehen. Dabei handelt es sich um Erfahrungen aus Vortätigkeiten oder besondere Schwerpunkte bei der Aus- und Weiterbildung. Das Problem besteht wohl darin, daß der Vorgesetzte oft nicht weiß, was seine Mitarbeiter wissen. Hier helfen keine Systeme: Als Vorgesetzter sollte man einfach das Naheliegende tun, nämlich sich mehr mit den Mitarbeitern befassen und den Dialog suchen.
- Aufgrund des Informationsaustauschs und des Dialogs bei der Diskussion von übergeordneten Problemen kann es hilfreich sein, wenn die Probleme aus unterschiedlichen Blickwinkeln – insbesondere unterschiedlichen Ebenen – betrachtet und durch die Denkanstöße neue Konfigurationen zur Problemlösung gefunden werden.

Wirkung der Partizipation

Die Einbeziehung der Mitarbeiter in Problemlösungen hat eine äußerst positive Wirkung auf die Motivation der Mitarbeiter. Sie fühlen sich anerkannt und erfahren eine Aufwertung ihrer Persönlichkeit. Sie identifizieren sich mit den Problemlösungen, da sie dazu beigetragen haben. Die Umsetzung wird aus Sicht der Führung leicht: Selbstkontrolle der Mitarbeiter kann weitgehend die Kontrolle und ständiges Nachhaken über den Projektstand, wie weit man ist und ob es Probleme gibt, ersetzen. Ein wichtiger Punkt ist allerdings zu beachten. Während es bei Entscheidungen ohne Mitwirkung der Mitarbeiter wichtig ist, den Sinn einer Entscheidung zu erklären, ist der Stellenwert der Entscheidungsbegründung noch wesentlich höher, wenn Vorgesetzte – aus übergeordneten Gründen – vom Rat ihrer Mitarbeiter abweichen. Fehlt die Begründung, so schlägt die ursprüngliche Motivation aufgrund der Aufwertung, um Rat gefragt zu werden, in Frustration um.

Einstellung des Vorgesetzten

Bei der Partizipation wird das Verhältnis des Vorgesetzten zu seinen Mitarbeitern offenkundig. Vor allem seine Einstellung zu anderen Menschen prägt die Form der Zusammenarbeit. Wer nicht allzuviel von seinen Mitarbeitern, dafür aber um so mehr von sich selbst hält, wird wohl kaum seine Mitarbeiter einbeziehen. Gespräche mit ihnen wird er als nutzlos vertane Zeit empfinden. Auch unsichere Vorgesetzte werden Probleme haben, sich in den Dialog zu begeben. Die Einbahnstraße des Befehls bzw. der Anweisung ist bequemer als der Gegenverkehr des Dialogs.

Mitarbeiter-besprechungen

Sehen wir uns einmal Mitarbeiterbesprechungen näher an. Im Mittelpunkt stehen Informations- und Meinungsaustausch zwischen dem Vorgesetzten und seinen Mitarbeitern sowie die daraus resultierenden Entscheidungen. Was ist zu beachten, damit Mitarbeiterbesprechungen effektiv sind und nicht als „Bla-Bla-Runden“, in denen nur leeres Stroh gedroschen wird, abgetan werden? Dazu müssen wir folgende Fragen beantworten:

- Wann findet die Mitarbeiterbesprechung statt?
- Wo findet die Mitarbeiterbesprechung statt?
- Wie lange dauert die Mitarbeiterbesprechung?
- Wie groß ist der Teilnehmerkreis, und wie setzt er sich zusammen?
- Welche Themen werden behandelt?
- Wie ist die Gesprächsvorbereitung der Teilnehmer?
- Wie ist die Gesprächsleitung durch den Vorgesetzten?
- Wie ist das Gesprächsklima?

Zeitabstand

Zunächst muß geprüft werden, in welchem Zeitabstand die Mitarbeiterbesprechungen stattfinden sollen. Dies hängt von der Anzahl und dem Umfang der Themen sowie von der Notwendigkeit aktueller Behandlung ab. Die Entscheidung, ob ein fester Termin gewählt oder die Besprechungen sporadisch anberaumt werden, ergibt sich aus der Thematik und der Verfügbarkeit der Teilnehmer.

Termin

Bei der Wahl des Besprechungstermins sind verschiedene Aspekte zu berücksichtigen: Sind die Mitarbeiter an einem bestimmten Tag zu einer bestimmten Zeit mit operativen Aufgaben beschäftigt, so wäre die Absenz-Quote vermutlich relativ hoch, oder die Mitarbeiter würden teilnehmen, wären jedoch in Gedanken bei ihren operativen Aufgaben. Auch das allzu Menschliche sollte nicht vergessen werden, nämlich die Startprobleme am Montagvormittag und die mentale Einstimmung auf das Wochenende am Freitagnachmittag.

Ort

Auch der Ort der Besprechung ist von einer gewissen Relevanz. Ist sichergestellt, daß keine Störungen von außen erfolgen? Ist ein Telefon im Raum – gedacht für dringende Fälle –, so darf das Telefonieren nicht zur Regel werden. Die Sitzordnung läßt Rückschlüsse auf den Leitungsstil der Besprechung zu: runder Tisch oder Rechteck.

Dauer

Die Dauer der Mitarbeiterbesprechung ist abhängig von der Anzahl und dem Umfang der einzelnen Themen sowie vom Geschick des Gesprächsleiters und den Beiträgen der Teilnehmer. Sind letztere gut vorbereitet, so wird der Gesprächsleiter die Themen in kürzerer Zeit abhandeln können. Nachlassende Konzentration des Gesprächsleiters und der Teilnehmer kann durch Kurzpausen wieder aufgefangen werden. Es ist eine Unart, Open-End-Besprechungen – meist in der zweiten Tageshälfte – anzusetzen. Sinnvoll wäre, die Sitzungen auf ein bis zwei Stunden zu begrenzen.

Teilnehmer

Wie groß sollte die Teilnehmerzahl sein? Dies hängt von der Anzahl der einem Vorgesetzten unterstellten Mitarbeiter ebenso ab wie von der Thematik. Sichergestellt sein muß, daß die fachliche Kompetenz vertreten ist. Anwesenheit aus Statusgründen ist abzulehnen. Um eine Überfrachtung der Mitarbeiterbesprechung zu vermeiden, kann es sinnvoll sein, Themen zu bündeln, so daß sich einzelne Teilnehmer „ausklinken“ können, wenn die Themen ihres Interesses behandelt worden sind.

Themenwahl

Bei der thematischen Auswahl sollte man eng begrenzte Themen sowie bilaterale Themen nicht in die Besprechung einbringen. Andererseits ist festzustellen, daß Führungskräfte häufig gerade bei grundsätzlicheren Problemen entweder fachlich überfordert oder aufgrund fehlender Vorbereitung inkompetent sind. Nur so ist zu erklären, daß oft länger über die Plazierung der Müllbehälter und die Gestaltung des Kantinenraums diskutiert wird als über Fragen der Unternehmensstrategie.

Vorbereitung

Gute Vorbereitung auf eine Besprechung ist eigentlich eine Selbstverständlichkeit. Aber auch hier gilt: Mitwissen ist eine Voraussetzung für das Mitdenken. Wenn keine Einladung mit den Besprechungspunkten vorliegt, kann sich der Teilnehmer logischerweise nicht vorbereiten. Auch Unterlagen, die der einzelne in die Besprechung mitbringen oder den anderen Teilnehmern zur Vorbereitung bereits vorab zusenden könnte, bleiben häufig im Schubfach des Schreibtischs. Mit Halbwissen und unterschiedlichstem Wissensstand wird langatmig diskutiert. Auch das Ergebnis läßt in seiner Qualität zu wünschen übrig.

Gesprächsleitung

Wesentlich für den Erfolg der Mitarbeiterbesprechung ist die Gesprächsleitung. Nachstehende Punkte sollte der Vorgesetzte als Gesprächsleiter beachten:

- Am Anfang angenehme Atmosphäre schaffen. Ideen und Kreativität gedeihen nicht in einem gespannten Klima. An den Anfang der Besprechung keine Kritik stellen.
- Anlaß und Ziel der Besprechung den Teilnehmern mitteilen
- Die eigene Meinung nicht an den Anfang der Besprechung stellen. Mitarbeiter sollen offen und frei ihre Meinung äußern können, ohne daß sie befürchten müssen, in Gegensatz zu der vorgefaßten Meinung ihres Vorgesetzten zu geraten.
- Hinweise des Vorgesetzten, wie er die Situation sieht und gemeinsame Erörterung der Probleme. Wichtig ist, das Problembewußtsein der Mitarbeiter zu schärfen bzw. bei globaleren Problemstellungen den Mitarbeitern die Situation zu beschreiben, die sie aufgrund des hierarchischen Abstandes oft nicht nachvollziehen können.

- Mitarbeiter zu Lösungsvorschlägen ermuntern, die im Teilnehmerkreis gegeneinander abgewogen werden.
- In der Sitzung oder danach trifft der Vorgesetzte die Entscheidung und begründet sie.
- Man verabredet einen späteren Zeitpunkt, zu dem man die vollzogene Umsetzung der Entscheidung diskutiert und gegebenenfalls Kurskorrekturen einleitet.

Effizienz prüfen

Mitarbeiterbesprechungen sind wichtig im Hinblick auf eine Optimierung von Problemlösungen, rationelles Arbeiten und die Motivation der Mitarbeiter. Es ist sinnvoll, sich von Zeit zu Zeit Gedanken zu machen, ob die Mitarbeiterbesprechungen, an denen man teilnimmt oder die man leitet, so effizient sind, wie dies wünschenswert und möglich wäre.

Fragebogen zur Mitarbeiterbesprechung

- Ist der Zeitraum für die Mitarbeiterbesprechung richtig?
- Sollte ein fester oder ein sporadischer Termin gewählt werden?
- Sind wir ungestört (von anderen Personen, Telefon, Geräuschen)?
- Dauern die Besprechungen zu lange? Was sind die Gründe?
- Sind die Teilnehmer meist vollzählig anwesend, oder ist die Fehlquote relativ hoch?
- Ist die Anzahl der Themen richtig bemessen?
- Erhalten die Teilnehmer rechtzeitig eine Einladung mit Angabe der Themen?
- Sind die Teilnehmer auf die Themen vorbereitet?
- Wie ist das Gesprächsklima, können sich die Teilnehmer frei äußern?
- Wird zur Sache diskutiert, oder kommen häufig Abschweifungen vor?
- Kommen alle Teilnehmer zu Wort?
- Begründet der Vorgesetzte die von ihm getroffenen Entscheidungen?
- Entspricht der Umfang der Behandlung einzelner Punkte deren Bedeutung?
- Sind die Teilnehmer mitunter abgespannt und müde?
- Werden Kurzpausen gemacht?

Abbildung 27: Fragebogen zur Mitarbeiterbesprechung

3. Gezielte und systematische Information als Voraussetzung für Mitdenken und Mithandeln

Notwendigkeit der Information

Je mehr die einzelnen Arbeitsbereiche verselbständigt werden, desto wichtiger wird die Information. Ohne ausreichende Information sind die einzelnen Bereiche in ihrer Funktionsfähigkeit stark eingeschränkt, Fehlentwicklungen sind an der Tagesordnung. Bestenfalls kann von einer Teiloptimierung der Ergebnisse ausgegangen werden, die mangels Orientierung einer Gesamtoptimierung diametral entgegensteht. Information ist also die Voraussetzung für vernünftige Arbeitsergebnisse und ein Zusammenwirken einzelner organisatorischer Einheiten zur Erzielung des Unternehmenserfolgs. Notwendigkeit, Umfang und Qualität der Information muß sich an den sachlichen Erfordernissen orientieren. Information darf nicht als taktisches Werkzeug von Einzelinteressen mißbraucht werden.

Nach der Richtung der Information unterscheiden wir drei Arten:

Information von oben nach unten (Top down)	Information von unten nach oben (Bottom up)	Querinformation (Lateral Information)

Information Top down

Die Notwendigkeit der Information vom Vorgesetzten zum Mitarbeiter ergibt sich aus der Delegation von Verantwortung. Wie kann ein Mitarbeiter seine Aufgaben selbständig und sachgerecht und im Sinne des Unternehmensganzen ohne die notwendige Orientierung wahrnehmen? Er wird bestenfalls sein Handeln nach Gegebenheiten der Vergangenheit ausrichten: Ein zukunftsorientiertes Arbeiten ist schlechthin nicht möglich.

Informationsprobleme

Die Probleme bei der Information von oben nach unten sind vielschichtig. Mitarbeiter berichten immer wieder von:

- Informationen, die ihnen zum selbständigen Arbeiten fehlen; die Folge ist Verunsicherung und Angst, Fehler zu begehen
- Informationen (zum Beispiel Anweisungen der Unternehmensleitung), die für die Mitarbeiter unverständlich sind; die fehlende Begründung führt zu Problemen, sich mit dem Inhalt zu identifizieren
- Informationen (zufällig?) über Dritte – Kollegen oder andere Vorgesetzte; die Mitarbeiter rätseln, warum ihr Vorgesetzter sie nicht informiert hat, sehen darin einen Sympathieentzug
- Informationen, die keine Rückfragen oder Anmerkungen zulassen und damit bei den Mitarbeitern das Gefühl erwecken, allein gelassen zu werden
- Informationen, die an den falschen Adressaten gehen und damit dem richtigen Adressaten fehlen bzw. zu spät kommen
- Informationen, die man durch „Anzapfen" inoffizieller Quellen zu gewinnen versucht, da die formellen Informationen fehlen

Ursachen

Diese Beispiele zeigen uns gewisse Mängel in der Informationspolitik, sagen jedoch nichts über die Ursachen aus. Hintergründe können sein:

- Unfähigkeit von Vorgesetzten, sinnvoll zu informieren
- Gedankenlosigkeit bzw. sich nicht vergegenwärtigen, daß eine Information für die Mitarbeiter wichtig ist
- Wissen ist Macht! Mitarbeiter informationsmäßig kurz halten, um zumindest einen Wissensvorsprung zu haben
- Unsicherheit von Vorgesetzten, was zu welchem Zeitpunkt unter Berücksichtigung notwendiger Vertraulichkeit an Informationen weitergegeben werden kann

Dialog stärken

Zur Verbesserung des Informationsverhaltens empfiehlt sich, daß Vorgesetzte bewußter informieren und über Besprechungen den Dialog stärken, um den Informationsbedarf der Mitarbeiter zu erfahren. Aufgrund dieser Kenntnisse sollte der Vorgesetzte den Informationsumfang festlegen, das bestmögliche Informationsmedium wählen und rechtzeitig und richtig seine Mitarbeiter informieren. Ziel muß sein, Mitarbeitern das selbständige Handeln zu erleichtern, das Mitdenken zu fördern und die Identifikation zu stärken.

Information Bottom up

Die Information vom Mitarbeiter zum Vorgesetzten stellt ein wichtiges Bindeglied zwischen dem verselbständigten Tätigkeitsgebiet des Mitarbeiters zum Vorgesetzten dar. Da sich der Vorgesetzte aus dem Tätigkeitsgebiet des Mitarbeiters heraushält, um diesem seinen Gestaltungsspielraum zu gewähren, ist er auf gute Information angewiesen. Er benötigt diese, um den Überblick über die ihm zugeordneten Bereiche zu behalten und seine eigenen fachlichen und führungsmäßigen Aufgaben wahrnehmen zu können.

Ursachen von Informationsdefiziten

Was sind die Ursachen dafür, daß Vorgesetzte mit dem Informationsverhalten ihrer Mitarbeiter unzufrieden sind?

- Mitarbeiter sind sich der Bedeutung ihrer Informationen für den Vorgesetzten nicht bewußt.
- Mitarbeiter wissen nicht, welche Informationen der Vorgesetzte benötigt.
- Mitarbeiter wissen nicht, welchen Weg zur Information des Vorgesetzten sie einschlagen sollen (unter anderem Frage der Erreichbarkeit des Vorgesetzten).
- Mitarbeiter haben Probleme mit der Formulierung der Information.
- Mitarbeiter sind aufgrund des Führungsverhaltens ihres Vorgesetzten verunsichert und haben Angst.
- Mitarbeiter sind frustriert oder weichen ihrem Vorgesetzten aus anderen Gründen (zum Beispiel Bequemlichkeit) aus.
- Mitarbeiter haben Schwierigkeiten mit ihrem Informationsverhalten aufgrund organisatorischer Defizite (Aufgaben- und Kompetenzzuordnung).

Gemeinsame Anstrengungen zur Verbesserung

Die Orientierung der Mitarbeiter bezüglich ihres Informationsverhaltens sowie der Aufbau einer vertrauensvollen Zusammenarbeit wird durch eine Verstärkung der persönlichen Kontakte erreicht. Im Dialog kann der Vorgesetzte seine Mitarbeiter bezüglich ihres Informationsverhaltens sensibilisieren, ihnen seinen Informationsbedarf in bezug auf Umfang, Zeitpunkt und Form darlegen. Die Offenheit der Mitarbeiter bei Fehlern wird weitgehend durch das Kritikverhalten des Vorgesetzten beeinflußt. Im Gespräch können die Eckpunkte wechselseitiger Information festgelegt werden. Aufgrund dieser Orientierung lassen sich die konkreten Informationstatbestände regeln. Bei der „Bottom up"-Information sollte der Mitarbeiter beachten, daß er den Vorgesetzten nicht mit zu vielen Informationen überfrachtet. Umgekehrt sollte sich der Vorgesetzte bei seinen Informationswünschen auf Wesentliches beschränken. Detailinformationen bergen die Gefahr in sich, daß der Vorgesetzte nicht nur alles erfährt, sondern sich auch einmischt.

Lateral Information

Die Querinformation erfolgt außerhalb des Führungsverhältnisses von Vorgesetztem und Mitarbeiter. Dringende Informationen sollen schnell und unbürokratisch an die Stellen gelangen, an denen diese benötigt werden. Querinformation ersetzt die schwerfällige Information über den Dienstweg mit ihren Verzögerungen, Verzerrungen und unnötiger Belastung der hierarchischen Stellen. Querinformation bezieht sich nicht nur auf die kollegiale Information in der gleichen Organisationseinheit, sondern schlechthin auf Kontakte zu allen Stellen im Unternehmen.

Probleme bei der Querinformation

Wenn die Querinformation keine klar fixierte Zuordnung hat, wie die vertikale Information vom Vorgesetzten zum Mitarbeiter und umgekehrt, ergibt sich – zusätzlich zu den bei den anderen Informationsarten auftauchenden Schwierigkeiten – das Problem des Adressaten. Wer könnte Interesse an der bei einem Mitarbeiter anfallenden Information haben? Wenn unklar ist, wer was wissen sollte, so ist auch die Frage offen, welchen Umfang die Information haben und wann sie erfolgen sollte.

Wesentlich leichter und unproblematisch ist die Querinformation, soweit sie prozeßorientiert kanalisiert ist, zum Beispiel von Meister zu Meister in der Produktion bei Störungen, von Sachbearbeiter zu Sachbearbeiter bei der Auftragsbearbeitung. Bei Informationen, die regelmäßig erfolgen, empfiehlt es sich, Verteiler festzulegen.

In Abbildung 28 wird zwischen den Informationsarten Grund-, Einzel-, Sonder- und Querinformation unterschieden und die Informationsrichtung sowie die Ziele mit Wirkungsschwerpunkten dargestellt.

Abbildung 28: Systematisierung der Information ►

Systematisierung der Information

Informationsarten	**In vorherrschender Richtung des Informationsflusses**			**Zum Ziele der Vermittlung von:**				
	vom Vorgesetzten zum Mitarbeiter	vom Mitarbeiter zum Vorgesetzten	außerhalb des kooperativen Verhältnisses	Basiswissen über Unternehmen bzw. Bereich	Basiswissen über den Aufgabenbereich	Wissen zur zielorientierten Entfaltung	Notwendige auf den Aufgabenbereich bezogene Kenntnisse	Notwendige ablaufbezogene Kenntnisse
Grundinformation (grundsätzliche Gesamtinformation)	X	–	–	Kennenlernen von Unternehmen/ Bereich und Aufgabenbereich				
Einzelinformation (laufend und periodisch)	X	X	–		Mitdenken beim Ausführen eigener Aufgaben	Mitdenken bei überbereichlichen Einzelaufgaben	Selbständiges Handeln (Entscheiden und Beraten)	Ablaufbedingtes und ablaufkorrigierendes Handeln und Entscheiden
Sonderinformation (gezielte Einzelinformation)	X	X	–		Neuorientierung und zielgerichtetes Handeln nach Schwerpunkten im Aufgabenbereich			
Querinformation	–	–	X					

Anforderungen an die Information

Unabhängig von der Art der Information sind an sie folgende Anforderungen zu stellen:

- inhaltlich richtig
- inhaltlich vollständig
- verständlich
- rechtzeitig
- gleichzeitig
- richtige Adressaten

Diese Anforderungen an die Information sollten beim Informationsverhalten von Vorgesetzten und Mitarbeitern beachtet werden. Darüber hinaus gelten folgende Regeln:

Regeln für die Information
▶ Information bedeutet, sich Gedanken zu machen, was andere vom eigenen Wissensstand erfahren müssen ▶ Information ist Voraussetzung für selbständiges und zielorientiertes Handeln und Mitdenken ▶ Information ist grundsätzlich Bringschuld, das heißt Weitergabe von Informationen an andere, die sie benötigen (sofern dies bekannt ist) ▶ Information von anderen holen, wenn man nicht genügend Informationen besitzt (andere wissen nicht, daß Informationen fehlen oder vergessen zu informieren) ▶ Information: lieber zuviel als zuwenig ▶ Information durch transparente Organisation verbessern ▶ Informationsbedarf auf einfache und wirkungsvolle Art durch Besprechungen abdecken

Abbildung 29: Regeln für die Information

Die folgende Übersicht (Abbildung 30) gibt einen Überblick über die wesentlichen Informationsmedien, die jeweils ausgewählt werden sollten, um den Anforderungen an die Information bestmöglich gerecht zu werden:

Informationsmittel	
Ansprache	Lautsprecheranlage
Aushang („Schwarzes Brett")	Merkblatt
Ausstellung/Demonstration	Organisations-Handbuch
Beilage zur Lohnabrechnung	PC
Besprechung	Plakat
Betriebsbesichtigung	Rundgang
Betriebs-/Abteilungsversammlung	Rundschreiben
Brief	Schulung
Fax	Schaukasten
Film	Signal
Firmenbroschüre	Statistik/Schaubild/Grafik
Flugschrift/Handzettel	Telefon
Formular	Tonband
Geschäftsbericht	Tonbildschau
Gespräch	TV
Hausmitteilung	Umlauf
Info-Veranstaltung	Vortrag
Jubiläumsschrift	Werkzeitschrift

Abbildung 30: Informationsmittel

4. Offene Kommunikation als Voraussetzung für eine wirkungsvolle Zusammenarbeit

Begriff der Kommunikation

Wir haben die Bedeutung der unterschiedlichen Arten der Information und die spezifischen Probleme kennengelernt. Um die Beziehungen der im Unternehmen tätigen Menschen wirkungsvoller zu gestalten, werden wir uns nun näher mit der Kommunikation befassen. Kommunikation soll als ein Prozeß der Verständigung zwischen Menschen definiert werden. Dieser kann relativ einfach durch das Sender-Empfänger-Modell dargestellt werden:

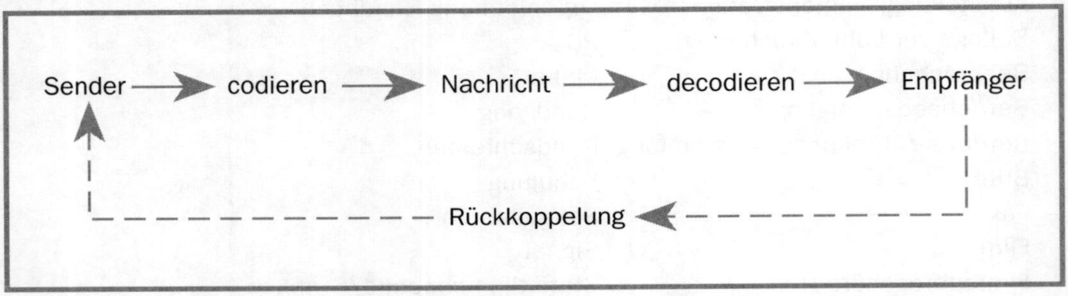

Abbildung 31: Sender-Empfänger-Modell

Sender- Empfänger- Modell

Diese Darstellung ist einleuchtend und leicht verständlich. Die als Sender bezeichnete Person hat einen Gedanken, den sie zum Beispiel in die Sprache umwandelt (codiert). Die zweite Person, als Empfänger, setzt die erhaltene Nachricht um (decodiert sie) und nimmt sie auf. Der Prozeß ist damit nicht beendet, sondern der Empfänger gibt seinerseits Feedback, sendet Reaktionen auf die empfangene Nachricht. Angesichts vieler Probleme bei der Kommunikation scheint die Wirklichkeit doch komplizierter als das Modell zu sein. Zunächst ist zu unterscheiden zwischen Gedanken und Gefühlen des Senders und dem, was er zum Ausdruck bringt, sowie dem, was der Empfänger aufnimmt, was er denkt und fühlt und wie er das Empfangene versteht.

Nonverbale Signale

Außer der Sprache verständigen wir uns durch die nonverbalen Signale, die oft in ihrer Bedeutung zu gering eingeschätzt werden.
Wenn mehrere Menschen beisammen sind, wird auch dann kommuniziert, wenn man nicht miteinander spricht. Bewußt oder unbewußt werden Signale gesendet und empfangen:

Die nonverbalen Signale	
Gestik	Ausdruck des Körpers, insbesondere der Arme und Hände
Mimik	Gebärden- und Mienenspiel
Phonik	Ausdruck der Stimme, Sprechweise
Pantomimik	Bewegungsstil, Gang, Sitzweise
Proxemik	Mensch und Raum (Revier, Distanz)
Symbolik	Sinnbildliche Darstellung, Bildersprache

Abbildung 32: Die nonverbalen Signale

Um erfolgreicher zu kommunizieren, sollte man die nonverbalen Signale des anderen bewußter aufnehmen und eigene Signale verstärkt beachten.

Test:

Erkennen und Interpretieren von nonverbalen Signalen.
Suchen Sie einen Partner. Setzen Sie sich ihm gegenüber, und senden Sie einige Minuten unterschiedliche Signale. Der Partner notiert sich zunächst die jeweilige Interpretation. Sie geben ihm danach Feedback, was Sie mit dem Signal zum Ausdruck bringen wollten. Danach Rollenwechsel.

Nachrichten werden durch verbale und nonverbale Signale gesendet. Erfolgreiche Kommunikation zwischen Sender und Empfänger ist von folgenden Aspekten abhängig:

Die vier Seiten einer Nachricht*

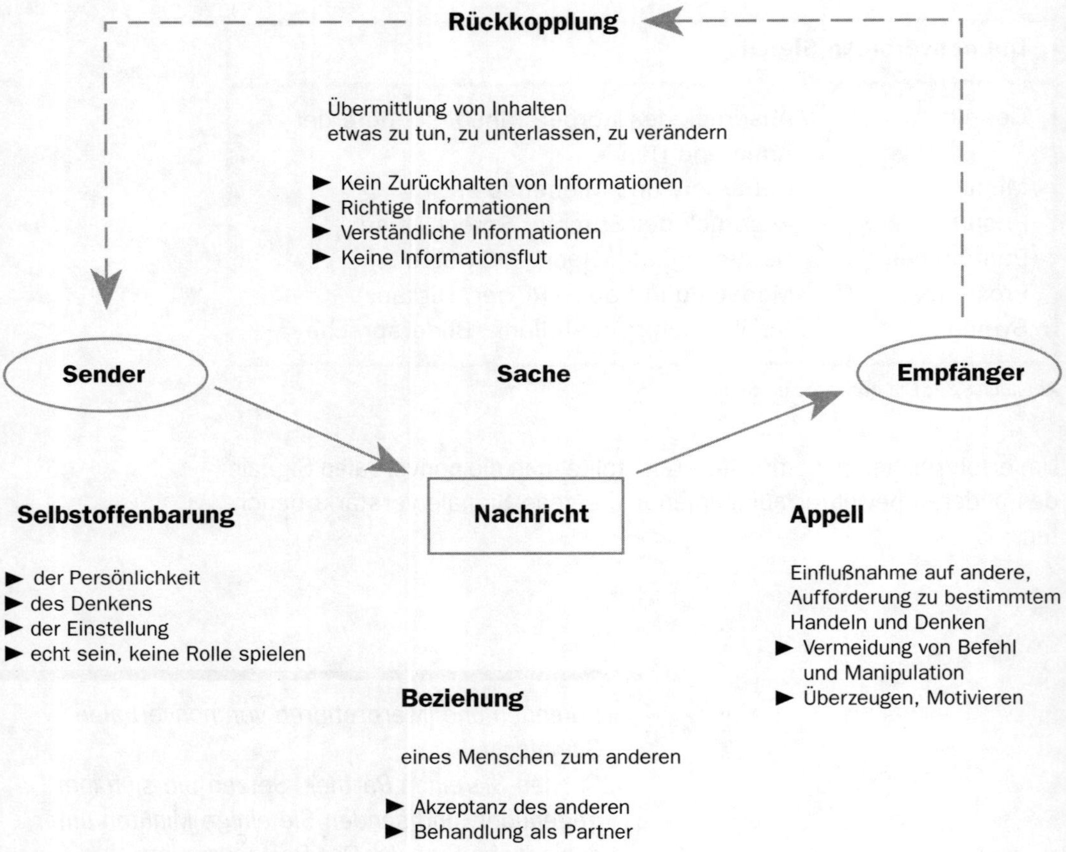

Abbildung 33: Die vier Seiten einer Nachricht

---

* Nach: Schulz von Thun, F. „Personalenzyklopädie", Bd. II, Verlag Moderne Industrie, München, 1978, Seite 366 ff.

Selbstoffenbarung

Wenn man verbale bzw. nonverbale Signale sendet, offenbart man etwas von seinem Denken und Fühlen. Wie weit sich ein Mensch gegenüber anderen öffnet, ist sicherlich von charakterlichen Merkmalen mitbestimmt: „Er ist ein zurückhaltender Mensch", „Sie ist sehr aufgeschlossen". Wesentlichen Einfluß auf den Umfang der Selbstoffenbarung haben positive oder negative Erfahrungen der Vergangenheit, vor allem aber die konkrete Situation:

- Einzelne Teilnehmer an einer Besprechung sagen nicht ihre Meinung, die sie ihrem engsten Kollegen gegenüber freimütig geäußert haben. Haben sie Angst, Nachteile zu erleiden?
- Ein Vorgesetzter „be"-fragt seinen Mitarbeiter systematisch bezüglich eines bestimmten Vorgangs, der wohl etwas unglücklich abgelaufen ist. Der Mitarbeiter wird immer reservierter. Was löst der Verhörcharakter des Gesprächs bei ihm aus?
- Ein Vorgesetzter, der kürzlich einen Vorschlag seines Mitarbeiters gegenüber seinem Vorgesetzten als eigene Idee „verkaufte", fragt diesen Mitarbeiter um seinen Rat. Wie wird der Mitarbeiter, der die Gepflogenheiten seines Vorgesetzten durchschaut, wohl reagieren?

Ängste und Befürchtungen

In den Beziehungen der Menschen, auch im Unternehmen, spielen begründete oder objektiv unbegründete Befürchtungen eine große Rolle. Wenn Mitarbeiter Angst vor Sanktionen seitens ihres Vorgesetzten haben, die Rivalität von Kollegen spüren, werden sie sich verschließen. Die für eine gute Zusammenarbeit notwendige Offenheit wird aufgrund fehlenden Vertrauens eingeschränkt. Es ist als Selbstschutz durchaus verständlich, daß der Mitarbeiter sich verschließt, auf Distanz geht und dem Rivalen keine offene Flanke bietet. Wichtig ist, zunächst mit positiver Einstellung auf den anderen zuzugehen und Vorurteile zu vermeiden. Vorsicht bei der Selbstoffenbarung ist bei negativer Erfahrung oder begründeter Befürchtung im Umgang mit dem anderen sicherlich ratsam. Jedoch sollte das, was man offenbart, stimmen und dem Denken und Fühlen entsprechen.

Schwächen verbergen

Die Gründe für ein geringes Maß an Selbstoffenbarung können auch in der Person selbst liegen. Bei Problemen mit dem eigenen Selbstwertgefühl versucht man, vermeintliche oder tatsächliche Schwächen zu verbergen und nach außen bewußt oder automatisch ein perfektes Bild der eigenen Person zu vermitteln. Daß dieses Verhalten entsprechende Reaktionen des Kommunikationspartners auslöst, liegt auf der Hand.

Sachlicher Inhalt

Wenn der sachliche Inhalt einer Nachricht nicht vollständig beim Empfänger ankommt, ist dies mitunter darin begründet, daß der Mensch in seiner Aufnahmefähigkeit und im Behalten des Aufgenommenen beschränkt ist. Denken wir nur an die unterschiedlichen Zeugenaussagen bei einem Verkehrsunfall oder die Erfahrungen, die wir mit dem Kinderspiel „stille Post" gemacht haben. Die Behaltensquote wird in erheblichem Umfang von der Art der Aufnahme in das Gedächtnis beeinflußt:

Behaltensquote in %*	
Nur hören	20%
Nur sehen	30%
Hören und sehen	50%
Hören und sehen und tun	90%
Wiederholung führt zu einer weiteren Erhöhung	

Abbildung 34: Behaltensquote

* Mit freundlicher Genehmigung des Wilhelm Heyne Verlages GmbH & Co. KG, München nach: Werneck/Heidack „So entlastet sich der Chef", Heyne Kompaktwissen Band 49

Dem Empfänger wird die Aufnahme der Nachricht durch die Beachtung der vier Verständlichmacher erleichtert bzw. in manchen Fällen erst ermöglicht:

Die vier Verständlichmacher*	
Einfachheit	► Kurze Sätze, wenig Fremdwörter, Fachausdrücke werden erklärt, reden wie ein normaler Mensch (Negativbeispiel: Gesetze und Verordnungen)
Gliederung/ Ordnung	► Äußere Übersichtlichkeit (Absätze, Überschriften, Hervorhebung), innere Folgerichtigkeit (logischer Aufbau)
Kürze/ Prägnanz	► Wenig Worte, kurz und bündig, sich aufs Wesentliche beschränken
Zusätzliche Stimulanz	► Anregung, etwas aufzunehmen (wie etwas in welcher Form dargeboten wird)

Abbildung 35: Die vier Verständlichmacher

* Nach: Schulz von Thun, F. „Miteinander reden", Sachbuch 8496, Rowohlt Taschenbuch Verlag, Reinbek, 1989, Seite 142 ff.

Beziehungsaspekt

Der Beziehungsaspekt einer Nachricht beeinflußt ebenfalls die Aufnahme der Nachricht beim Empfänger. Wir kennen alle die Wirkung auf uns, wenn ein anderer uns „von oben herab“ behandelt, belehrend auftritt, uns als Erwachsene wie ein Kind behandelt oder uns als Vorgesetzter zeigt, daß wir ihm im wahrsten Sinne „untergeben“ sind. Daß eine positive Zusammenarbeit bei einem solchen Beziehungsklima leidet oder schlechthin nicht möglich ist, bedarf wohl keiner weiteren Ausführungen. Entgegengebrachte Wertschätzung und partnerschaftliche Behandlung dagegen sind ein guter Nährboden für das Gedeihen einer vertrauensvollen Beziehung. Sofern wir in der Praxis vor einer kritischen Beziehungssituation stehen, sollten wir uns klar entscheiden, ob wir das Verhalten des anderen „durchgehen“ lassen oder – da es uns sehr belastet – dagegen angehen sollten. Bewährt hat sich in vielen Fällen, dem anderen durch Ich-Botschaften Feedback zu geben. In der nicht verletzenden Form der Ich-Botschaft geben wir dem anderen zu verstehen, was sein Verhalten bei uns auslöst.

Appell

Die Appellseite der Nachricht besagt, daß der kommunizierende Mensch Einfluß auf den Partner nimmt. Die Gestaltung des in der Nachricht mitschwingenden Appells kann in zweierlei Weise erfolgen:

- ► Der Sender drückt aus, was er empfindet und nimmt die Wirkung seiner Botschaft beim Empfänger hin.
- ► Der Sender entwirft seine Nachricht zielorientiert, indem er bewußt oder unbewußt eine Absicht verfolgt.

Appell durch Führungsstil geprägt

Appelle sind wirkungsvoll, wenn sie in entsprechender Form vorgenommen werden. Am ehesten erzielen sie Wirkung, wenn sie nicht konträr zur Einstellung des Empfängers sind. Auf die Führungssituation im Unternehmen übertragen, stehen dem Vorgesetzten die unterschiedlichsten Einwirkungsmöglichkeiten zur Verfügung: Befehl, Anweisung, gemeinsame Entscheidung, Zielvereinbarung, Vorleben (Vorbild), Ratschlag, Hilfestellung usw. Wichtig ist, auf die Interessenlage des Empfängers/Mitarbeiters einzugehen und statt anzuweisen und zu überreden (manipulativer Ansatz) die Mitarbeiter zu überzeugen und zu motivieren.

Es ist offensichtlich, daß der persönliche Führungsstil des Vorgesetzten die Appellseite einer Nachricht prägt und den nachhaltigen Erfolg der Einflußnahme bestimmt.

Checkliste

Nachstehende Checkliste soll Sie dazu anregen, über Ihr Kommunikationsverhalten nachzudenken. Wenn Sie den einen oder anderen Punkt finden, der Sie nachdenklich macht, sollten Sie sich bewußt bei den nächsten Gesprächen selbst beobachten und die Reaktionen des Partners registrieren. Wenn Sie einen „wunden" Punkt gefunden haben, sollten Sie dort den Hebel zur Verbesserung Ihres kommunikativen Verhaltens ansetzen. Der erste kleine Fortschritt, das Erfolgserlebnis, daß ein Gespräch „glatt" lief, wird Sie zur weiteren Arbeit an sich selbst beflügeln.

Selbst-Test:

Wie ist mein kommunikatives Verhalten?

- *Stelle ich mich gedanklich auf meine Partner ein?*
- *Überlege ich, was ich ihnen übermitteln will?*
- *Lege ich fest, wie (Form) und wann (Zeitpunkt) ich etwas übermittle?*
- *Überlege ich, welches Medium dazu am geeignetsten ist?*
- *Ist für mich Zuhören anstrengender als Reden?*
- *Fällt es mir leicht, mich auf meine Partner zu konzentrieren?*
- *Kommt es vor, daß meine Partner etwas nicht verstehen?*
- *Fassen mitunter meine Partner etwas anders auf, als ich es gemeint habe?*

►

- ► *Berücksichtige ich das unterschiedliche Niveau einzelner Partner?*
- ► *Nutze ich bewußt alle Möglichkeiten, so verständlich wie möglich zu sein?*
- ► *Ergeben sich aufgrund meines kommunikativen Verhaltens bisweilen Spannungen oder Konflikte?*
- ► *Lasse ich meine Partner spüren, ob ich sie sympathisch oder unsympathisch finde?*
- ► *Sehe ich meine Partner als gleichgestellt an, oder differenziere ich?*
- ► *Habe ich den Eindruck, daß sich meine Partner mir gegenüber manchmal verschließen?*
- ► *Bin ich gegenüber meinen Partnern ungezwungen, mache keinen Hehl aus meinem Denken und Fühlen, oder bin ich zurückhaltender?*

Richtiger Empfang

Als Sender ist man interessiert, daß die Nachricht vom Empfänger so aufgenommen und verstanden wird, wie sie gemeint war, und bei ihm das Gewollte auslöst. Dabei sollen – um bei unserem Modell zu bleiben – die Aspekte Selbstoffenbarung, Beziehung und Appell mit dem inhaltlichen Aspekt übereinstimmen. In folgender Übersicht (Abbildung 36) erhalten Sie einige Tips, wie Sie dem Partner den störungsfreien Empfang der Nachricht erleichtern können:

Wie erleichtere ich dem Empfänger die Aufnahme einer Nachricht?
▶ Schaffen einer entspannten Atmosphäre ▶ Aufbau einer Vertrauensbasis ▶ Offen sein, das heißt keine Rolle spielen ▶ Den anderen als Partner achten ▶ Zuhören und durch Fragen auf den Partner eingehen ▶ Fragen begründen, nicht den Eindruck des Hinter-(Aus-) fragens erwecken ▶ Der begrenzten Aufnahme- und Merkfähigkeit Rechnung tragen durch entsprechende Gestaltung der Nachricht (kurz, prägnant, verständlich) ▶ Darauf achten, daß Selbstoffenbarung, Beziehung und Appell nicht im Gegensatz zum Inhalt der Nachricht stehen ▶ Bewußt nonverbale Signale zur Unterstützung der verbalen Nachricht einsetzen ▶ Den Empfänger zu Feedback ermuntern

Abbildung 36: Wie erleichtere ich dem Empfänger die Aufnahme einer Nachricht?

Widerstände und Konflikte

Vertiefend zu den Ausführungen bei der Appellseite der Nachricht sollten wir uns mit den Hemmnissen, die der mit der Nachricht beabsichtigten Einflußnahme oft entgegenstehen, näher befassen. Einflußnahme bedeutet, daß der Sender eine Be-/Verstärkung oder Änderung eines bestimmten Handelns bzw. Verhaltens beim Empfänger erreichen will. Dem stellen sich die Hemmnisse entgegen, die unterschwellig als Widerstände oder offen als Konflikte auftreten.

Ursachen für Widerstände

Widerstände können unterschiedlichste Ursachen haben. Zunächst ist zu ergründen, ob der Widerstand gegen die konkrete Einflußnahme gerichtet ist oder ganz andere Ursachen hat, zum Beispiel Enttäuschung und ungerechte Behandlung in der Vergangenheit, die zu innerer Kündigung führten. Bei Neuerungen können Gründe für Widerstand und Zurückhaltung sein: Angst (meine bisherigen Aufgaben erledige ich souverän, das Neue ist für mich wenig greifbar; in meinem bisherigen personellen Umfeld war ich geborgen und fühlte mich wohl), Orientierungslosigkeit (was soll ich in Zukunft wie machen, Überblick und Durchblick fehlen mir), Empörung (darüber, daß ich das bewährte und bequeme Fahrwasser verlassen soll). Widerstände sind oft nicht leicht auszuräumen. Es ist empfehlenswert, methodisch vorzugehen (siehe Abbildung 37):

Der Umgang mit Widerständen

„Du"-Phase:
- Konzentriert zuhören und beobachten (nonverbale Signale aufnehmen)
- Versuchen, den Widerstand zu lokalisieren und Hintergründe auszuleuchten
- Eindrücke vom Verhalten des anderen offen ansprechen und Feedback geben
- Durch offene Fragen den Ursachen auf den Grund gehen

„Ich"-Phase:
- Vertiefend den Sinn der Nachricht und der damit verbundenen Einflußnahme erklären (Gesamtzusammenhang darstellen)
- Vorteile insgesamt darstellen und darlegen, inwieweit die Interessen des Partners berücksichtigt werden können

„Wir"-Phase:
- Gemeinsamkeit in den Vordergrund stellen und Partner einbeziehen (gemeinsames Handeln, Hilfestellung und Unterstützung zusichern)
- Wertschätzung und Vertrauen vermitteln
- Konkrete Schritte vereinbaren und auf deren Befolgung achten

Abbildung 37: Der Umgang mit Widerständen

Informationskonflikte

Konflikte im Zusammenhang mit der Einflußnahme auf andere können in falscher, unzureichender, verspäteter oder unverständlicher Information begründet sein. Eine weitere Ursache kann im Dissens zwischen Sender und Empfänger liegen. Diese Konfliktsituationen können durch die Beachtung des Vier-Seiten-Modells von Friedemann Schulz von Thun (siehe „Kommunikation") weitestgehend vermieden werden.

Interessenkonflikte

Weitere Konfliktursachen sind die sogenannten Interessenkonflikte zwischen Sender und Empfänger als Einzelpersonen oder als Vertreter von Gruppen. Konflikte werden oft als schädlich für die Harmonie im Unternehmen angesehen. Immer mehr setzt sich jedoch die Erkenntnis durch, daß im Konflikt der Ansatz zur Weiterentwicklung steckt. Damit geht es nicht um Konfliktverhinderung, sondern darum, wie man mit Konfliktsituationen sachlich zum Nutzen des Unternehmens umgeht.

Je nach Anlaß und Ursache, Bedeutung und Umfang, Gesamtkonstellation des Konflikts sowie dem zeitlichen Aspekt ist die Wahl der Handlungsstrategie zu treffen (siehe Abbildung 38):

Strategien zur Konfliktlösung
Sich zurückziehen bedeutet Fluchtverhalten; man will den Konflikt vermeiden, ignoriert ihn oder weicht aus. Oft wird der Konflikt zum Widerstand; damit wird das Problem nicht gelöst. Diese Strategie ist zu empfehlen, wenn der Konfliktstoff relativ unbedeutend, die eigene Position schwach, der Zeitpunkt ungeeignet ist oder andere Personen vom Konfliktthema her stärker tangiert sind.

►

Anpassung
heißt Unterwerfung. Damit wird auf Auseinandersetzung verzichtet. Man orientiert sich an den Vorstellungen und Intentionen des anderen. Anpassung wendet man an, wenn man sich zum Beispiel geirrt hat (statt Beharren auf einer nicht aufrechtzuerhaltenden Position), die Angelegenheit für einen selbst nicht essentiell oder Harmonie aus eigener Sicht sinnvoller ist als Konfrontation.

Machtkampf
besagt, daß man den eigenen Standpunkt bzw. sein Interesse um jeden Preis durchsetzen will. Dazu setzt man alle zur Verfügung stehende Macht ein. Es kommt zu einer Sieger- und Besiegten-Konstellation. Das Verhältnis wird für die Zukunft belastet. Diese Strategie wird in existentiell wichtigen Situationen angewandt, in denen schnell reagiert werden muß.

Kompromiß
berücksichtigt die starken Positionen der Konfliktparteien. Beide haben recht und sind miteinander verbunden. Die Einsicht ist vorhanden, daß der eine den anderen nicht unterwerfen kann. Anwendbar ist der Kompromiß, wenn unter Zeitdruck gehandelt werden muß, die Ziele sich gegenseitig ausschließen (Beispiel: Tarifverhandlungen). Der Kompromiß ist keine Lösung auf Dauer. Mitunter wird die Herbeiführung des Kompromisses einem Dritten übertragen, man spricht von Delegation auf Dritte, dies bedeutet eine Aufwertung des Dritten und Schwächung der Position der Konfliktparteien (wenn zwei sich streiten, freut sich der Dritte).

Konsens
heißt, eine integrative Lösung wird angestrebt, indem die Parteien das Problem aus unterschiedlichen Perspektiven betrachten und angehen. Charakteristisch ist die Achtung des anderen und seiner Argumente, das Betonen der Gemeinsamkeiten und das Entwickeln von Ideen zur optimalen Lösung des Konflikts.

Abbildung 38: Strategien zur Konfliktlösung

Tips zur Konfliktlösung

Im Rahmen einer sachgerechten und menschlich akzeptablen Lösung von Konflikten ist es wichtig,

- aktiv dem Partner zuzuhören, auf seine Meinung und Argumente einzugehen, sich in seine Lage zu versetzen, Fragen zu stellen, um Hinter- und Beweggründe zu erfahren
- durch Ich-Botschaften dem Partner die eigene Position (was ich will und was ich wünsche) darzustellen und die Wirkung seiner Gegenposition zu vermitteln
- darauf bedacht zu sein, daß es keine Gewinner und Verlierer gibt und alle Konfliktbeteiligten sich mit der Lösung identifizieren können

5. Im Team arbeiten und denken als Erfolgsfaktor

Die Begriffe „Gruppe" und „Team"

Bei der Behandlung dieses Themas werden die Begriffe „Team" und „Gruppe" synonym verwandt. Der geistige Inhalt, der Teamgeist, soll im Mittelpunkt stehen, weniger die Organisationsform. Der Teamgeist soll die gemeinsame Arbeit im hierarchiefreien Raum zur Lösung von Problemen prägen. Von einer Gruppe sprechen wir, wenn sich mehrere Menschen (mindestens zwei) zu einem gemeinsamen Ziel bzw. Zweck zusammenfinden. Eine bestimmte zeitliche Dauer wird vorausgesetzt, in der sich Regeln für das Miteinander (Normen) und Strukturen (Rollenverteilung) entwickeln.

Teamgeist

In Theorie und Praxis wird die Leistung eines Teams höher eingeschätzt als die Summe der Einzelleistungen der Teammitglieder. Was macht diese höhere Effizienz aus? Wir sprechen hier vielfach von Teamgeist: Einer für alle, alle für einen. Jeder unterstützt den anderen in den Bemühungen um die Erreichung des gemeinsamen Ziels; man übernimmt gemeinsame Verantwortung, auch füreinander. Im Mannschaftssport ist die Teamarbeit besonders ausgeprägt. Dort erlebt man den Teamgeist ebenso wie Störungen im Zusammenwirken der einzelnen Kräfte.

Die Funktionen des Teamgeists*

Kommunikation
Die Teilnehmer stehen in ständigem Gedanken- und Erfolgsaustausch bezüglich wichtiger Informationen über das gestellte Problem und über gefundene Lösungen.

Akzeptanz
Die Gruppe muß richtige Lösungen als Ganzes akzeptieren, auch wenn sie nur von einem Mitglied gefunden wurden. Jedes Mitglied muß sich Gruppenbeschlüssen auch bei abweichender eigener Meinung beugen. Urheberrechte gibt es nicht, die Teilnehmer arbeiten in der Anonymität, haben Position und Status zu vergessen.

Unabhängigkeit
Die Gruppenmitglieder müssen eine eigene Meinung haben und sie auch zum Ausdruck bringen, jedoch nicht starr auf der eigenen Meinung beharren und keine Vorurteile gegenüber anderen Ansichten entwickeln. Mit zunehmender Vertrautheit treten die unterschiedlichen Interessen und Meinungen in den Hintergrund, und das Gemeinsame wird betont. Man unterstützt sich gegenseitig. Dieser Rückhalt gibt das Gefühl der Geborgenheit in der Gruppe.

Abbildung 39: Die Funktionen des Teamgeists

Pro und Kontra Gruppenarbeit

Es muß von Fall zu Fall entschieden werden, welche Probleme man in der bisherigen Einzelarbeit löst und wo man im Team arbeitet. Zur Erleichterung der jeweiligen Entscheidung befassen wir uns zunächst mit dem Pro und Kontra der Gruppen-/Teamarbeit.

---

* Aus: Fulde, J. „Gruppengeist" in: „Personalenzyklopädie" Band II, Verlag Moderne Industrie, München, 1978, Seite 246/247

Für Gruppen-/Teamarbeit spricht:

- Das Wissens- und Erfahrungspotential einer Gruppe ist größer als das der einzelnen Teilnehmer.
- Das kreative Potential ist größer, insbesondere ergeben sich aus den Ideen einzelner Teilnehmer neue Konfigurationen.
- Das Team löst sich leichter als der einzelne von verkrusteten Einstellungen und betritt innovatives Neuland (laterales Denken).
- Alle Seiten eines Problems werden betrachtet und bei der Problemlösung berücksichtigt.
- Bei bereichsübergreifenden, globaleren Problemstellungen ermöglicht die Gruppe eine Gesamtoptimierung.
- Eine Versachlichung und Neutralisierung von Problemen ist eher in einer Gruppe möglich.
- Die Gruppe vermindert das Risiko von Fehlentscheidungen.
- Teamarbeit bringt dann Zeitvorteile, wenn dadurch umfangreiche Abstimmungsprozesse entfallen können.
- Widerstände bei der Umsetzung werden vermieden, da unterschiedliche Positionen im Team ausdiskutiert werden und sich die Teilnehmer mit den gemeinsam erarbeiteten Lösungen identifizieren.
- Die Kontrolle über den Grad der Erreichung einzelner Zwischenziele bei der Umsetzung einer Problemlösung kann weitgehend in Form der Selbstkontrolle durch die Gruppe erfolgen.
- Gemeinsam etwas zu schaffen, führt zu einem hohen Maß an Motivation.
- Bei Problemen gibt die Gruppe Hilfestellung, Schwachstellen bei einzelnen Mitgliedern werden durch die Gruppe aufgefangen.

Gegen Gruppen-/Teamarbeit spricht:

- Wenn die Gruppe relativ groß ist, ist sie schwerfällig (Terminabstimmung, Steuerung der Gruppe).
- Bei einfacheren Problemen ist Gruppenarbeit zu aufwendig (organisatorische Vorbereitung und Personalbindung).
- Langwierige und umfangreiche Besprechungen halten den einzelnen von seiner Arbeit, insbesondere vom operativen Geschäft, ab.
- Einzelne Teilnehmer sind in der Gruppe gehemmt, was sich insbesondere auf kreative Leistungen auswirkt.
- Die Gruppe zeigt zu wenig Toleranz, engt Individualisten ein, diszipliniert bei Abweichungen.
- Bestimmte „Wortführer" dominieren und bestimmen die Ergebnisse.
- Zu unterschiedlicher Wissens- und Informationsstand beeinträchtigt die Effizienz der Teamarbeit.

Vorteile der Gruppenarbeit überwiegen

Team-/Gruppenarbeit macht dort Sinn, wo es um Klärung und Lösung komplexer bzw. komplizierterer Problemstellungen geht. Der höhere Zeitaufwand bei der Teamarbeit, der immer wieder argumentativ ins Feld geführt wird, bezieht sich auf die Vorbereitung und die Durchführung der Gruppenarbeit und wird überkompensiert durch ganz oder teilweise entfallende Abstimmungsprozesse und die schnellere Umsetzung. Zu diesem zeitlichen Argument tritt die höhere Qualität der Ergebnisse und die positive Auswirkung auf die Motivation der Teilnehmer, denen durch die Gruppenarbeit mehr Entfaltungsmöglichkeiten geboten werden. Die Argumente gegen die Team-/Gruppenarbeit beziehen sich überwiegend auf die Nachteile, die durch Mängel in der Steuerungsfunktion und Störungen in der Interaktion der Gruppe entstehen.

Start im Team

Wichtig ist, daß wir uns in ein Team integrieren, es mitgestalten und uns mit unseren Fähigkeiten optimal einbringen. Als Neuer im Unternehmen oder in einem bereits bestehenden Team gibt es mitunter Anfangsschwierigkeiten, die im Extrem zur Resignation des Neuen führen können. Lapidar heißt es dann: „Er ist bei uns nicht warm geworden." Wichtig ist, als Neuer seine „Sensoren" einzuschalten. Es hat sich bewährt, die Situation in der Gruppe zu beobachten und zu analysieren. Nachstehende Fragen zu beantworten, könnte dabei hilfreich sein:

Checkliste für Neue bezüglich der Gruppensituation

- Wer ist (sitzt, steht) räumlich nahe bei wem?
- Wer wird von den Gruppenmitgliedern am häufigsten, am wenigsten angesprochen?
- Wer führt das Wort, wer hat den größten Gesprächsanteil?
- Welches Gruppenmitglied wird am häufigsten, am wenigsten von anderen angegriffen?
- Wer steht des öfteren in Opposition zu der Meinung des Wortführers oder einzelner Gruppenmitglieder?
- Wie reagiert die Gruppe auf eine abweichende Meinung eines Gruppenmitglieds?
- Kann man sich grundsätzlich frei äußern, sind einzelne Themen tabuisiert?
- Zeigt man gefühlsmäßige Reaktionen, oder gibt man sich sehr sachlich?

Abbildung 40: Checkliste für Neue bezüglich der Gruppensituation

Spielregeln der Gruppe

Wir haben beim Begriff der Gruppe als eine Voraussetzung eine gewisse Dauer des Bestehens bezeichnet. In dieser Zeit, in der sich eine Gruppe entwickelt, bilden sich zur Reduzierung von Friktionen zwischen den einzelnen Teammitgliedern meist ungeschriebene „Gesetze" heraus, die als Norm der verhaltensmäßigen Orientierung dienen. Die Normen regeln, was man tun darf und was tabu ist, wie offen man sein und inwieweit man Gefühle zeigen kann sowie mit welchen Konsequenzen man bei Verstößen gegen die Spielregeln zu rechnen hat.

Rollen in der Gruppe

So wie die Normen bilden sich im Verlauf des Gruppenprozesses bestimmte Rollenmuster heraus, die in den meisten Gruppen, allerdings in unterschiedlicher Ausprägung, vorhanden sind. So finden wir die Führerrolle (Koordinierung und Vertretung der Gruppe), die Experten- bzw. Spezialistenrolle (für besondere Aufgaben bzw. Funktionen), die Mitläuferrolle (oft mehrere Mitglieder) und den Sündenbock (der Schwächste in der Gruppe, der das Ziel von Aggressionen ist).

Die vier Phasen zum Spitzenteam*

1. **Forming:** In der Phase des Aufbruchs stehen Unsicherheit und Orientierungslosigkeit, aber auch positive Erwartung im Vordergrund. Reserviertheit, Vorsicht sind häufig stärker anzutreffen als Aufeinanderzugehen.
2. **Storming:** Beziehungsklärung. In dieser Phase bilden sich die sozialen Strukturen und Gruppenbeziehungen heraus, Formen der Zusammenarbeit werden entwickelt.
3. **Norming:** beschreibt die Phase der internen Organisation: „Wer übernimmt welche Tätigkeit?", „Wie geht man vom Arbeitsansatz her vor?", danach aber auch: „Wie gestaltet sich die Beziehung der Gruppe zu ihrem Umfeld?"
4. **Performing:** ist die Arbeitsphase. Die voll integrierte Gruppe hat sich zur geschlossenen Einheit entwickelt, das Gemeinsame, nicht das Trennende wird betont, einer steht für den anderen ein.

Abbildung 41: Die vier Phasen zum Spitzenteam

* Nach: Stürzl, W. „Mit dem Spitzenteam zur Spitzenperson" in: „Management & Seminar" 1/94, Seite 39/40

Teamgespräch

Die typische Gesprächsform für das Arbeiten in Gruppen ist das Teamgespräch. Es ist dadurch gekennzeichnet, daß die Teilnehmer ausgewählt werden, die den besten Sachbeitrag zur Problemlösung leisten können und sich mit der Umsetzung zu befassen haben. Aufgrund dieser Maxime treffen wir auf eine Teilnehmerrunde, die aus den verschiedensten Bereichen bzw. Funktionen und aus unterschiedlichen Hierarchiestufen des Unternehmens kommt. In der Gruppe sind alle gleich, Position und Status haben hier keine Bedeutung. Der Erfolg des Teamgesprächs wird bestimmt durch den Inhalt, die Systematik (Problemlösungsweg) und die Interaktion (zwischenmenschliche Beziehungen).

Die drei Dimensionen des Gesprächs

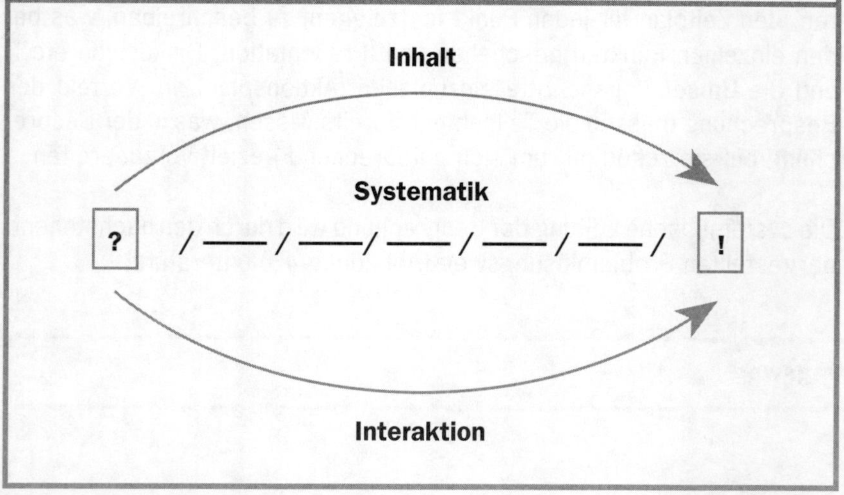

Abbildung 42: Die drei Dimensionen des Gesprächs

Gesprächsleitung

Das Ergebnis einer Besprechung ist so gut, wie die Planung und die Zielorientierung ist. Deshalb ist es unumgänglich, einen Gesprächsleiter zu bestimmen. Ob dieser von außen vorgegeben wird oder sich das Team auf ihn einigt, ist in diesem Zusammenhang irrelevant. Der Gesprächsleiter unterscheidet sich von den anderen Mitgliedern des Teams lediglich dadurch, daß er die Kompetenz zur Gesprächsleitung erhält, er ist „primus inter pares“. Seine Aufgabe besteht darin, möglichst effizient die Besprechung vorzubereiten, durchzuführen und sicherzustellen, daß die Ergebnisse umgesetzt werden.

Gesprächsvorbereitung

In der Vorbereitungsphase der Teambesprechung sind die „W-Fragen“ (wann, wo, was, wer) zu beantworten, die wir bereits beim Mitarbeitergespräch kennengelernt haben. Für den Erfolg der Besprechung ist es unerläßlich, in der Agenda konkret das Ziel der Besprechung zu formulieren, den Zeitplan für jeden Punkt festzulegen, zu beschreiben, was bei den einzelnen Punkten geschehen soll (Präsentation, Diskussion etc.), und die Umsetzungsschritte einzuplanen (Aktionsplan). Im Vorfeld der Besprechung müssen die Teilnehmer bereits wissen, was in der Besprechung auf sie zukommt, um sich entsprechend gezielt vorzubereiten.

Durchführung der Besprechung

Die systematische Leitung der Besprechung wird durch den nachstehend dargestellten Problemlösungsweg (Abbildung 43) unterstützt:

Der Problemlösungsweg

Startphase

- Klärung, ob die logistischen Voraussetzungen geschaffen sind
- Sich vergewissern, ob alle Teilnehmer anwesend sind
- Vorstellung und Diskussion des Ziels der Besprechung
- Vorstellen und Diskussion des Problems, eventuell Neuformulierung
- Rollenverteilung für die Besprechung

Ermittlung des Ist-Zustands

- Sammeln von Daten, Erfahrungen, Berichten
- Prüfen, ob alle notwendigen Informationen vorhanden und ausgetauscht sind
- Sicherstellen, daß alle Teilnehmer das gleiche umfassende Bild von der derzeitigen Lage (Ist-Zustand) haben

Ideenfindungsphase

- Sammeln von Lösungsalternativen
- Einsatz von Kreativitätstechniken
- Festlegung der Beurteilungskriterien für die Lösungsalternativen und deren Gewichtung
- Wahl der methodischen Vorgehensweise (+/- Methode, Entscheidungsmatrix)

Entscheidungsphase

- Durchführung der Bewertung aufgrund der Vorbereitung
- Beschreibung der Vor- und Nachteile der Lösung
- Festlegung, wer was womit bis wann macht (Aktionsplan bezüglich Teilaufgaben, Stellen/Personen, Zeit und Ressourcen)

Auswertungsphase

- Überprüfung, ob die festgelegten Schritte eingehalten bzw. Teilziele erreicht werden
- Einleitung von Korrekturmaßnahmen
- Feststellung, was vom Inhalt und der Systematik her in Zukunft noch verbessert werden kann
- Konstatieren, was die Teilnehmer bei dem Projekt gelernt haben (Erfahrungszuwachs)

Abbildung 43: Der Problemlösungsweg

Neben der Methodik bzw. Systematik des Vorgehens bei der Gesprächsleitung spielen die Interaktionen der Teilnehmer in bezug auf die Effizienz von Besprechungen eine wesentliche Rolle. Eine anschauliche Darstellung, anhand derer man einzelne Teilnehmertypen in den Besprechungen identifizieren und seine eigene Strategie aufbauen kann, ist das Bild „Konferenz der Tiere" des Münchener Grafikers Heinrich Kannegießer:

Abbildung 44: Konferenz der Tiere

Der Streiter
Typische Merkmale:
Aggressivität, wartet auf die Gelegenheit zum Streit, provoziert gern.
Strategie:
Sich nicht auf den Schlagabtausch einlassen, seine Thesen von der Gruppe widerlegen lassen, allgemeine Behauptungen durch Beispiele verdeutlichen lassen, persönliche Angriffe unterbinden.

Der Positive
Typische Merkmale:
Ausgewogene Persönlichkeit, ist auf Ausgleich bedacht, ruhender Pol in der Besprechung.
Strategie:
Ihn Ergebnisse zusammenfassen lassen, abwägen lassen bei divergierenden Meinungen, ihn zu aggressiven Äußerungen Stellung nehmen lassen.

Der Alleswisser
Typische Merkmale:
Muß immer Mittelpunkt sein, Geltungsbedürfnis ist stark ausgeprägt, er ist wenig diszipliniert.
Strategie:
Andere Teilnehmer zu seinen Thesen Stellung nehmen lassen, mit geschlossenen Fragen arbeiten, seine Punkte ausklammern oder zurückstellen, ihn beschäftigen (zum Beispiel Protokollführung).

Der Redselige
Typische Merkmale:
Wichtigtuer, der sein Selbstwertgefühl aufbessern will, redet viel, ist abschweifend und langatmig in seinen Ausführungen.
Strategie:
Zusammenfassen, wenn er Luft holt, ihn seine Ergüsse konkretisieren und die Relevanz bezüglich des Themas darstellen lassen. Letzte Mittel sind die Bitte, andere auch zu Wort kommen zu lassen oder Redezeitbegrenzung.

Der Schüchterne
Typische Merkmale:
Hohe Hemmschwelle bewirkt, daß er sich nicht äußert, seine Meinung dem Besprechungsnachbarn darlegt. Aus Angst vor Blamage bringt er seine guten Ideen nicht in die Besprechung ein.
Strategie:
Ihn mit leichten Fragen locken, Erfolgserlebnisse und Bestätigung vermitteln durch Lob, interessiertes Nachfragen zur Aufwertung.

Der Ablehnende
Typische Merkmale:
Zeigt wenig Interesse, ist gleichgültig, auch unkollegial, wenn es um Hilfestellung für andere geht. Ursache sind oft Frustrationserlebnisse, die zu einer „Ohne-mich"-Haltung oder gar zu innerer Kündigung führten.
Strategie:
Ihn auf seine Erfahrungen ansprechen und nach Beispielen aus seiner Praxis fragen.

Der Dickfellige
Typische Merkmale:
Dickfelliger Phlegmatiker, ist gelangweilt und inaktiv in der Besprechung, oft „Mir-kann-keiner"-Einstellung.
Strategie:
Einbeziehen durch konkrete Ansprache bezüglich seiner Erfahrungen, Anerkennung aussprechen.

Der Erhabene
Typische Merkmale:
Ranghöherer, der seinen Status zeigt, oder ein Teilnehmer, der meint, bedeutend zu sein, hemmt die Gruppe durch sein überhebliches, arrogantes Verhalten.
Strategie:
Gruppe zur Entgegnung bewegen, persönliche Kritik vermeiden, „Ja-aber"-Taktik anwenden.

Der Ausfrager
Typische Merkmale:
Aus- und Hinterfrager, um den Besprechungsleiter oder einzelne Teilnehmer lächerlich zu machen oder festzunageln.
Strategie:
Zu erkennen geben, daß man seine Absicht erkannt hat, um den Sinn seiner Fragen bitten, die Gruppe seine Fragen beantworten lassen.

Die Vielfalt der Verhaltensweisen in einer Gruppe läßt sich mit Sicherheit nicht durch eine Darstellung wie die „Konferenz der Tiere" einfangen. Aus der Praxis erhalten wir jedoch immer wieder die Bestätigung, daß die einzelnen Typen annähernd oder genauso zu finden sind. Die Ratschläge zur Verhaltensstrategie sind als mögliche Anregungen zu verstehen, wie man in bestimmten Besprechungssituationen reagieren könnte; Patentrezepte gibt es nicht.

Keine Patentrezepte

Nachdem wir die Systematik und die Interaktionen ausführlich dargestellt haben, sollten wir uns fragen, wann wir von erfolgreicher Gruppen-/Teamarbeit sprechen können (siehe Abbildung 45):

Merkmale einer funktionierenden Gruppe

- Überschaubares kleines Team (keine Aufsplittung in Sub-Teams)
- Sich ergänzende Fähigkeiten fachlicher, problemlösender und sozialintegrativer Art, die teilweise noch entwickelt werden müssen
- Einigkeit über gemeinsamen Zweck des Teams und gemeinsam angestrebte anspruchsvolle Leistungsziele
- Gemeinsamer Arbeitsansatz (Vorgehensweise)
- Entspannte und vertrauensvolle Atmosphäre
- Engagement aller Teammitglieder und wechselseitige Unterstützung
- Sachbezogene offene Diskussionen
- Positive Aufnahme aller Beiträge, keine „Killer-Phrasen"
- Jede Ansicht wird diskutiert, keine unterdrückt
- Man läßt die Teilnehmer ausreden, fällt ihnen nicht ins Wort
- Entscheidungen werden gemeinsam gefällt und von allen verantwortlich getragen
- Die Rollenverteilung in der Gruppe wird von allen akzeptiert
- Der Teamleiter ist nach innen Moderator, er nutzt seine Autorität zur Steuerung auf die gemeinsamen Ziele, zeigt keine autoritären oder dominanten Verhaltensweisen, vertritt das Team und die Ergebnisse engagiert nach außen

Abbildung 45: Merkmale einer funktionierenden Gruppe

6. Kreativität fördern

Team und Kreativität

Bei den Teambesprechungen, die sich mit der Lösung von Problemen befassen, sind bei einigen Phasen des Problemlösungswegs Ideen der Teilnehmer notwendig. Ideenreichtum ist insbesondere bei der Suche nach Problemlösungen und bei der konkreten Umsetzung gefragt. Wir sollten uns bei näherer Betrachtung der Kreativität auf folgende Fragen konzentrieren:

- Was heißt Kreativität?
- Was beeinflußt die Kreativität?
- Welche Kreativitätstechniken sollte man kennen und anwenden können?

Kreativitätsbegriff

Schöpferisch tätig zu sein, um Ideen zur Lösung eines Problems zu finden, bezeichnen wir als Kreativität. E. Landau bezeichnet Kreativität als „die Fähigkeit, Beziehungen zwischen vorher unbezogenen Erfahrungen zu finden, die sich in der Form neuer Denkschemata als neue Erfahrungen, Ideen oder Produkte ergeben".*

Jeder ist kreativ

Das bedeutet, daß man zur Ideenfindung auf das in einem selbst gespeicherte Wissen und die Erfahrung zurückgreift und neue Konfigurationen zur Problemlösung findet. Kreativität ist eine Eigenschaft, die alle Menschen besitzen, allerdings aufgrund ihrer Anlage und ihrer Entwicklung in unterschiedlicher Ausprägung.

Wie festgestellt wurde, stecken die Ideen zur Lösung von Problemen im Menschen. Es muß „lediglich" gelingen, aus diesem Ideenpotential zu schöpfen. Was erstaunlich ist: Der Mensch befaßt sich zu wenig mit seinen Talenten, so auch mit seiner Kreativität. Nachstehender Selbst-Test ist bei der Sammlung von Erfahrungen mit der eigenen Kreativität hilfreich.

---

* Aus: Landau, E. „Psychologie der Kreativität", Reinhardt Verlag, München/Basel, 1969, Seite 10

Selbst-Test:

Rahmenbedingungen der persönlichen Kreativität

Wie oft habe ich Ideen?
❑ häufig ❑ öfter ❑ selten

Was sind das für Ideen?
❑ abstrakt ❑ konkret ❑ privat ❑ beruflich ❑ speziell
❑ allgemein

Wann habe ich meine besten Ideen?
Tageszeit: ❑ vormittags ❑ nachmittags ❑ abends
Wochentag:
Jahreszeit:
Wetterlage:

Wo habe ich meine besten Ideen?
❑ im Raum ❑ im Freien ❑ hell ❑ dunkel ❑ kalt
❑ warm ❑ Stille ❑ Lärm ❑ Sitzen ❑ Stehen
❑ Liegen ❑ Bewegung

In welchem Zustand habe ich meine besten Ideen?
❑ hungrig ❑ gesättigt ❑ angespannt ❑ gelöst
❑ hektisch ❑ ruhig ❑ stimuliert durch Genußmittel bzw. Musik

Habe ich die besten Ideen, wenn
❑ ich allein bin ❑ andere anwesend sind
❑ ich gemeinsam mit anderen Ideen suche

►

Wie gehe ich bei der Ideensuche vor? ❒ ich lasse meinen Gedanken freien Lauf ❒ ich gehe ein Problem systematisch an ❒ ich setze die mir bekannten Kreativitätstechniken (________________________________) ❒ nicht ein ❒ selten ein ❒ oft ein
Was mache ich mit meinen Ideen? ❒ meist vergesse ich sie wieder ❒ werte sie gleich aus ❒ bespreche sie mit anderen ❒ werte sie später aus ❒ formuliere einen Vorschlag ❒ setze die Idee um
Meine Kreativität wird am meisten angeregt durch:
Meine Kreativität wird am meisten gehemmt durch:

Umfrage zur Kreativität

Dieser Selbst-Test wurde im Rahmen zahlreicher Kreativitätsseminare ausgefüllt und ausgewertet. Das Befragungsergebnis spiegelt anschaulich die Situation der Teilnehmer in ihrer Arbeitswelt wider:

Keine Kreativitätstechniken

Die Teilnehmer – Führungskräfte und Spezialisten – berichten, daß sie „öfter" bis „häufig" Ideen haben. Sie sind auch bereit, diese Ideen in die Praxis umzusetzen. Den meisten waren Kreativitätstechniken nicht bekannt. Teilnehmer, die die eine oder andere Kreativitätstechnik kannten, wendeten sie jedoch nicht an. Die Ideen waren überwiegend sehr konkret und realitätsnah und bezogen sich sowohl auf den beruflichen als auch auf den privaten Bereich.

Ruhe beim Nachdenken

Die Befragten taten sich schwer, rückblickend zu ergründen, wann sie bei welchen Bedingungen am ideenreichsten waren; sie hatten darüber noch nie nachgedacht. Einige Trends lassen sich jedoch aufzeichnen: Überwiegend war man am Vormittag und am Abend kreativ, auch das Wochenende wurde genannt. Ideen scheinen also am Vormittag im Betrieb und abends sowie am Wochenende im Privatbereich zu sprudeln. Eine wesentliche Voraussetzung für ihre Kreativität sei Stille und eine entspannte Atmosphäre. Harmonie und Gelöstheit gehören ebenso zum optimalen Ideenfluß wie – bei vielen – untermalende Musik als Stimulans. Mehrheitlich bemerkten die Befragten, daß sie am liebsten bei der Ideengewinnung allein seien; aber auch die Zahl derjenigen, die sich dabei in der Gruppe wohl fühlten, war beachtlich.

Vorcheck

Bei der Ideensuche bevorzugt ein Teil systematisches Vorgehen, ein anderer freies Gedankenspiel. Gefundene Ideen werden zunächst mit anderen, vorwiegend Kollegen, besprochen. Nach diesem „Vorcheck" werden Vorschläge formuliert bzw. bei entsprechenden Kompetenzen die Lösungen umgesetzt.

Kreativitätsfördernde Faktoren

Das Spektrum der kreativitätsfördernden Faktoren ist sehr weit. Es werden genannt: Faszinierende Aufgabe und der Reiz der Verantwortung, das Gefühl, gebraucht zu werden, und daß man den Rat schätzt sowie die Tatsache, daß man ihnen zutraut, ein Problem zu lösen. Für Ehrgeizige ist es besonders attraktiv, vor neuen, bisher unbekannten Situationen zu stehen und sie mit den eigenen Ideen meistern zu können. Ebenso inspiriere die Lust, etwas zu gestalten und zu entwickeln, vor allem, wenn es von Bedeutung für das Unternehmen und die eigene Arbeitssituation ist.

Kreativitätshemmer

Als wichtige Voraussetzung wird ein gutes Betriebsklima angeführt, das heißt insbesondere gute zwischenmenschliche Beziehungen zu Vorgesetzten, Kollegen und Mitarbeitern. Die Bedeutung von Anerkennung und fairer Kritik wird betont sowie die Achtung der menschlichen Würde. Als Kreativitätshemmer werden Hektik, Streß und Unruhe durch sich ständig ändernde Vorgaben und übergroßer Zeit- und Leistungsdruck genannt. Auch gespannte Atmosphäre, eigene Nervosität und Verärgerung seien kein Nährboden für die Kreativität.

Vorgesetztenverhalten

Einer der wesentlichsten Einflußfaktoren sei – im Positiven wie im Negativen – das Verhalten von Vorgesetzten. Man führt Beispiele an, in denen Vorgesetzte Initiativen und Vorschläge abblocken. Als frustrierend werden unsachgemäße Entscheidungen empfunden. Oft entsteht der Eindruck, man werde zwar gefragt, Meinungen und Vorschläge seien jedoch nicht ernsthaft gewünscht, vor allem dann nicht, wenn sie von der vorgefaßten Linie des Vorgesetzten abweichen. Auch die demotivierende Wirkung von Desinteresse und Oberflächlichkeit von Vorgesetzten wird betont. Rückschlüsse auf eine wenig mitarbeiterorientierte Führung läßt die Andeutung von Angst vor dem Vorgesetzten, also Angst sich zu blamieren bzw. Angst vor negativen Reaktionen des Vorgesetzten, zu.

Rahmenbedingungen

Als ausgesprochen kreativitätshemmend angesehen werden monotone administrative Aufgaben, langwierige Probleme, die mit zu vielen Bedingungen verknüpft sind und bei denen der Informationsfluß unzureichend ist. Das gleiche gilt bei schlechten Erfolgsaussichten, zu geringen Kompetenzen oder stark eingeschränkten finanziellen Möglichkeiten des Unternehmens, die einer Verwirklichung der Ideen entgegenstehen.

Während der Selbst-Test „Rahmenbedingungen der persönlichen Kreativität" zum Nachdenken über die individuellen Bedingungen anregen sollte, ist der folgende Selbst-Test „Kreativitätsprofil" hilfreich bei der Feststellung der eigenen kreativen Fähigkeiten.

Selbst-Test:

Kreativitätsprofil
– Checkliste zur Feststellung der Kreativität – ►

Checkliste zur Feststellung der Kreativität*	++ + 0 – – –
Sind Sie fähig, mehrere Alternativen zur Problemlösung zu entwickeln?	
Können Sie sich für neue Dinge begeistern, oder haben Sie ein starkes Beharrungsvermögen?	
Glauben Sie, daß Sie einfalls- und ideenreich sind?	
Haben Sie mitunter auch ungewöhnliche Gedanken?	
Entwickeln Sie Gedanken anderer weiter bzw. kombinieren Sie Bekanntes zu neuen Konfigurationen?	
Erkennen Sie Probleme, und wie früh geschieht dies?	
Sind Sie in der Lage, Ideen konsequent zu kompletten Problemlösungen auszuarbeiten?	
Wie ist Ihr Wortschatz? Haben Sie mitunter Probleme, sich verständlich ausdrücken?	
Fällt es Ihnen leicht, sich auf ein Problem zu konzentrieren?	
Sind Sie in der Lage, Wesentliches von Unwesentlichem zu unterscheiden?	
Wie wirklichkeitsnah sind Ihre Ideen und Vorschläge?	
Fällt es Ihnen schwer, Ideen in die Praxis umzusetzen?	

* Anregung aus: Volk, H. „Keine Zukunft ohne Innovation“, Die Welt, 11.09.1993

Einfach zu handhabende Techniken

Durch die Anwendung von Kreativitätstechniken erhöht sich die Chance, daß man gezielt dann die Ideen erhält, wenn man sie benötigt. Die nachstehend dargestellten Kreativitätstechniken sind einfach, schnell zu erlernen und können ohne große Vorbereitung sofort eingesetzt werden. Es handelt sich um Techniken, die speziell zur Anwendung in Teams geeignet sind.

Brainstorming

Brainstorming als Methode

Diese Kreativitätstechnik kann frei mit „Ideenwirbel" übersetzt werden. Ungefähr 5 bis 12 Teilnehmer treffen sich in lockerer Atmosphäre, in der zunächst ein Moderator das Problem mit der Gruppe bespricht. Wenn alle Mitglieder das Problem erkannt haben, wird das Problem formuliert. Die Formulierung sollte in Frageform gekleidet (Was können wir tun..., Wie wollen wir...) und an Tafel, Flipchart oder Pinnwand geschrieben werden. Danach beginnt die Ideensammlung. Diese Phase dauert 15 bis 30 Minuten. Es ist Aufgabe des Moderators, mit Fragen zu stimulieren und alle Segmente des Problems beleuchten zu lassen. Er oder ein anderer Teilnehmer hält alle Beiträge stichwortartig fest. Wenn der Ideenfluß versiegt, sollte der Moderator die Sammelphase beenden. Das Brainstorming wird erfolgreich sein, wenn man folgende Regeln beachtet:

Regeln für das Brainstorming

- Spontan äußern (nicht lange überlegen, nicht nach druckreifen Formulierungen suchen)
- Menge vor Qualität (Beiträge, die aus dem Unterbewußtsein kommen, nicht mit dem Verstand filtern)
- Keine Urheberrechte (alle Beiträge gehen anonym in den „Teamtopf")
- Keine Kritik (Kritik, insbesondere Killer-Phrasen, lähmen die Kreativität, kein Bewerten, kein Auslachen)
- Fasse Dich kurz! (Jeder Teilnehmer möchte seine Ideen „loswerden", es stört, wenn ein Teilnehmer seine Idee in epischer Breite beschreibt)
- Anknüpfen an andere Beiträge ist zulässig (man sollte sich inspirieren lassen)

Abbildung 46: Regeln für das Brainstorming

Auswertung der Beiträge

Die Auswertung kann als nächste Phase direkt oder in einer getrennten Sitzung erfolgen. Dabei werden Unklarheiten beseitigt, noch auftauchende Ideen zugefügt und die Vorschläge – soweit sinnvoll – nach Überbegriffen geordnet. Unter Abwägung der Vor- und Nachteile wird die optimale Lösung – oft durch Verknüpfung mehrerer Vorschläge – gefunden. Maßnahmenkataloge können nach bestimmten Kriterien (Wirkung, Zeit, Kosten, Einführungsaufwand) evaluiert werden.

Brainstorming zum „Spinnen"

Das Brainstorming ist besonders geeignet bei globaleren Problemstellungen mit mehreren Problemlösungen (zum Beispiel Maßnahmenbündel) oder wenn man bewußt die ungewöhnliche Idee sucht („Spinnen"). Mögliche Themen:
„Was können wir tun, um den Ruf unseres Unternehmens in der Öffentlichkeit zu verbessern?", „Wie können wir unsere Personalkosten senken?", „Welche Möglichkeiten haben wir, die Qualifikation unserer Mitarbeiter zu verbessern?"

Methode 635

Der Ablauf

Die von Rohrbach entwickelte Methode geht von der Tatsache aus, daß Teilnehmer bei unterschiedlichsten Kreativitätstechniken globale Lösungsvorschläge immer mehr durch eigene Beiträge verfeinern. Die sechs Teilnehmer bei dieser Methode diskutieren zunächst das Thema und formulieren das Problem. Danach schreibt jeder der sechs Teilnehmer das Thema auf das vor ihm liegende vorbereitete Blatt. Nun beginnt die eigentliche Prozedur. Jeder Teilnehmer schreibt in die erste Spalte drei Lösungsvorschläge, dazu hat er drei Minuten Zeit. Im Uhrzeigersinn gibt jeder Teilnehmer das Blatt an den nächsten weiter, jeder hat nun vier Minuten Zeit, um drei weitere Lösungsvorschläge, anknüpfend an die Vorschläge in Spalte eins, zu entwickeln. Danach wird wiederum das Blatt weitergegeben, und die weiteren Phasen werden wie dargestellt durchgeführt. In der dritten Phase stehen fünf, in den Phasen vier, fünf und sechs je sechs Minuten zur Verfügung. Der Name der Methode erklärt sich wie folgt:

6 Teilnehmer
3 Lösungsvorschläge pro Phase
5 Minuten durchschnittliche Dauer einer Phase

Vorteile der Methode 635

Die Methode 635 wird dem Brainwriting zugeordnet. Diese Technik geht die Probleme gezielter und methodischer an als zum Beispiel das Brainstorming. Da die Verfeinerung des ersten Vorschlags in weiteren fünf Phasen oftmals schwierig oder nicht mehr sinnvoll ist, hat sich in der Praxis bewährt, ab Phase vier oder fünf die Weiterentwicklung der Voridee aufzugeben. Der Teilnehmer kann also ganz neue Gedanken einbringen. Die Methode 635 kann auch mit einer größeren oder geringeren Teilnehmerzahl (minimal vier und maximal acht Personen) durchgeführt werden. Der Vorteil der Methode liegt in der absoluten Ruhe, die es den Teilnehmern gestattet, konzentriert und unbeeinflußt ihre Ideen einzubringen; außerdem wird vom System her das Eingehen auf Gedanken anderer implantiert, was insbesondere für die Entwicklung von Kommunikation und Gruppe förderlich ist. In relativ kurzer Zeit – mit Vorbereitung rund eine dreiviertel Stunde – werden erstaunlich viele konkrete Vorschläge gemacht.

Die theoretisch möglichen 108 Ideen (6 Teilnehmer x 3 Ideen x 6 Phasen = 108) werden aufgrund von Überschneidungen, Doppelnennungen und leeren Kästchen (Teilnehmer hat keine Idee) nicht erreicht.

Methode 635*						
					Datum:	
Problem:						
Name						
Phasen	I = 3 Minuten	II = 4 Minuten	III = 5 Minuten	IV = 6 Minuten	V = 6 Minuten	VI = 6 Minuten
1.Vorschlag						
2.Vorschlag						
3.Vorschlag						
Bitte alle Vorschläge ganz kurz fassen und deutlich schreiben, Ihr Nachbar ist Ihnen dankbar!						

Abbildung 47: Formular zur Methode 635

* Aus: Hans, K./Schömbs, W. „Ideen entwickeln – Probleme lösen – Maßnahmen vorbereiten", BBE-Verlag, Köln, 3. Aufl. 1978, Seite 21

Methode 635						Datum: ....
Problem:	*Was können wir tun, um die Mitarbeiterpotentiale besser zu nutzen?*					
Name	*Regine*	*Rolf*	*Claudia*	*Harald*	*Hans*	*Walter*
Phasen	I = 3 Minuten	II = 4 Minuten	III = 5 Minuten	IV = 6 Minuten	V = 6 Minuten	VI = 6 Minuten
1.Vorschlag	*bessere Führung*	*Vorgesetzte sollen Mitarbeiter besser einbeziehen*	*Mitarbeiter durch Lob zu Vorschlägen animieren*	*gute Information als Voraussetzung*	*Kommunikation/Dialog => Besprechungen*	*Besprechungen notfalls kurzfristig aus aktuellem Anlaß*
2.Vorschlag	*organisatorische Voraussetzungen schaffen*	*konsequente Delegation von Verantwortung*	*Ergebnisse in Stellenbeschreibungen fixieren*	*bei Umsetzung Vertrauen zu den Mitarbeitern haben*	*keine ständige Einmischung in den Bereich der Mitarbeiter*	*wo notwendig, Hilfestellung geben*
3.Vorschlag	*zeitgemäßes Personalwesen*	*Personalwesen hat Service-Funktion*	*Mitarbeiter müssen ihren Betreuer kennen*	*Betreuer muß Zeit für mich haben*	*Betreuer muß kompetent sein (fachlich, persönlich, Befugnisse)*	*Betreuer soll meine Interessen vertreten (sonst Betriebsrat)*
Bitte alle Vorschläge ganz kurz fassen und deutlich schreiben, Ihr Nachbar ist Ihnen dankbar!						

Abbildung 48: Beispiel zur Methode 635

Morphologischer Kasten

„Morphologischer Kasten“ oder „Morphologische Analyse“, entwickelt von F. Zwycki, ist eine Vorgehensweise, bei der Denken und Handeln mit Hilfe von Grafiken visuell verdeutlicht wird. Die einzelnen Schritte:*

1. Genaue Beschreibung des Problems
2. Zerlegung des Problems in seine Elemente (beachten, daß diese voneinander abgrenzbar sind): Was?
3. Lösungsalternativen entwickeln: Wie?
4. Bewertung der sich im Morphologischen Kasten anbietenden Lösungen
5. Auswahl der optimalen Lösung

* Nach: Zielke, W. „Handbuch der Lern-, Denk- und Arbeitstechniken“, mvg-Verlag, München/Landsberg, Seite 52

Morphologischer Kasten						
Problem:	*Aktuelle und effektive Information der Mitarbeiter durch eine Mitarbeiterzeitschrift (Konzept)*					
	Lösungen (Wie?)					
Elemente (Was?)	1	2	3	4	5	6
Verantwortung	*Personalabteilung*	*Externe Stelle*	*Redaktionsteam*	*alle Funktionsbereiche*	*Werbeabteilung*	*Geschäftsführung (Genehmigung)*
Empfängerkreis	*Mitarbeiter*	*Pensionäre*	*Öffentlichkeit*	*Kunden/Lieferanten*	*Bewerber*	*Besucher*
Häufigkeit	*sporadisch*	*2 x jährlich*	*3 x jährlich*	*quartalsweise*	*alle 2 Monate*	*monatlich*
Gestaltung/ Umfang	*geheftet*	*gefaltet*	*ca. DIN A4*	*Zeitungsformat*	*schwarz/ weiß*	*farbig*
Art der Verteilung	*Postversand*	*Verteilung am Arbeitsplatz*	*zentrale Auslage (Kantine, Pforte)*	*„stille Verkäufer“*	*dezentrale Auslage in Abteilung*	*persönliche Verteilung (mit Namensaufkleber)*
Inhalt	*Bericht der Geschäftsführung*	*Interna/Personalien*	*politische/ gesellschaftliche Themen*	*neue Produkte/ Verfahren*	*Berichte der Niederlassungen*	*Betriebsratstätigkeit*
	Quiz/Preisausschreiben	*Unfälle/Statistiken*	*Leserzuschriften*	*Betriebssport*	*Soziales*	*Spezialthemen (Frauen, ausländische Mitarbeiter)*

Abbildung 49: Beispiel zum Morphologischen Kasten

7. Stärkere Identifikation durch Zielvereinbarung

Ohne Ziele orientierungslos

Qualifizierte Erfüllung der Aufgaben setzt die Kenntnis von Zielen voraus. Wird ein Mitarbeiter mit Einzelaufgaben ohne eigenen Gestaltungsspielraum geführt, so ist die Kenntnis von Zielen im Grunde genommen irrelevant. Der Mitarbeiter hat die ihm konkret übertragene einzelne Aufgabe – so wie sie ihm vorgegeben wird – auszuführen. Präzise Ausführung ohne das Abweichen vom vorgegebenen Weg wird erwartet. Sobald dem Mitarbeiter jedoch aufgrund der Delegation von Verantwortung eigene Gestaltungsmöglichkeiten eingeräumt werden, ist die Kenntnis von Zielen als Orientierungshilfe Voraussetzung. Ohne die Kenntnis von Zielen würden die vielen dezentralen Einheiten, also die Delegationsbereiche, versuchen, ihre Aufgaben bestmöglich zu erfüllen und dabei einen Weg zu beschreiten, der zu vermuteten oder erahnten Zielen führt. Daß dabei eine Gesamtoptimierung der Ergebnisse und ein effektiver Einsatz der Ressourcen nicht erreicht werden kann, bedarf wohl keiner weiteren Erläuterung.

Beispiel

In einem mittelständischen Unternehmen, das als Zulieferer Teile und Komponenten herstellt, existiert neben dem Vertrieb eine Technische Beratung. Der Leiter dieses Bereichs wurde gefragt, was seine Aufgabe sei. Die Antwort: Beratung von Kunden und Interessenten. Auf die Frage nach dem Ziel seiner Tätigkeit, also wann er seine Aufgabe gut gemacht habe, antwortete er: Wenn ich das Problem des Kunden/Interessenten optimal löse. Zum weiteren Verständnis der Probleme des Unternehmens sei vermerkt, daß sich Kunden/Interessenten immer häufiger die Probleme durch die technisch äußerst kompetente Technische Beratung kostenlos lösen ließen, der Auftrag jedoch nicht im Unternehmen einging. Man stellte schließlich fest, daß kleinere Unternehmen, die weder Technische Beratung noch Forschung/Entwicklung besaßen, aufgrund geringerer Overhead-Kosten natürlich preislich günstiger waren, den Zuschlag erhielten.

Ziele überdenken, ändern, konkretisieren

Das in einer bedeutenden Organisationseinheit ausgedachte oder einfach gedankenlos verfolgte Ziel – wer kennt schon die Ursachen oder Beweggründe – wird dazu führen, daß der Leiter und die ihm zugeordneten Spezialisten alle Energien zur möglichst perfekten Problemlösung für den Kunden einsetzen. Wir gehen davon aus, daß die Berater unter bestmöglicher Problemlösung nicht nur Technik, sondern auch Wirtschaftlichkeit verstehen. Dieses Verständnis der eigenen Tätigkeit kann durchaus in Ordnung sein, wenn die Beratung Gegenstand des Unternehmens ist und eine Honorierung der Beratungstätigkeit durch den Kunden oder Dritte gewährleistet ist. In unserem Fall muß jedoch die Zielsetzung eindeutig überdacht, geändert und konkretisiert werden. Übergeordnetes Ziel kann zum Beispiel die Erreichung bzw. Erhaltung eines bestimmten Marktanteils sein. Ziel der Tätigkeit der Technischen Beratung wäre dabei, nicht wertfrei zu beraten, sondern Fachkompetenz unter dem strategischen Aspekt der Auftragsgewinnung und Festigung von Kundenbeziehungen zu sehen.

Jedes rationale Handeln in Betrieben bedingt Zielvorstellungen. Ziele beschreiben einen gewünschten oder geforderten zukünftigen Zustand. Ziele sind Maßstäbe für das Handeln der Mitarbeiter und für die Kontrolle der Leistungsergebnisse.*

Die Vorteile von Zielen

► Ziele sind sinngebend.

Sie begründen, warum etwas getan werden soll und muß. Mit der Sinnvermittlung kann ein inneres Sträuben der Mitarbeiter gegen eine primitive, einfache, „nervtötende“ oder unangenehme, belastende Arbeit vermieden und eine positive Einstellung erreicht werden.

►

---

* Nach: Witt, Dieter „Personalenzyklopädie“ Band III, Verlag Moderne Industrie, München, 1978, Seite 701

► Ziele geben Orientierung und führen zu einer Positionierung.
Sie zeigen auf, wohin wir gehen, wo wir uns befinden und was noch vor uns liegt.

► Ziele gewähren Freiräume.
Insbesondere im Rahmen der Zielerreichung (Wege zum Ziel) bieten sich dem Mitarbeiter Entfaltungsmöglichkeiten zum Einbringen seines Talentpotentials.

► Ziele führen zu erhöhter Identifikation.
Insbesondere in Form der Zielvereinbarung führt die Identifikation zu einer Erleichterung der Führungsaufgabe des Vorgesetzten. Der Mitarbeiter wird zum „Selbstläufer". An die Stelle der Fremdkontrolle durch den Vorgesetzten tritt weitgehend die Selbstkontrolle durch den Mitarbeiter.

► Ziele vermitteln den Mitarbeitern Erfolgserlebnisse.
Sie zeigen den Beitrag des einzelnen am Erreichen der Unternehmensziele. Dies führt einmal dazu, daß der Mitarbeiter selbst erkennt, was er erreicht hat, und darauf stolz ist, andererseits Vorgesetzte den Wert der Mitarbeitertätigkeit sehen und entsprechend materielle oder immaterielle Gratifikationen gewähren. Beides hat positive Auswirkungen auf das Selbstwertgefühl des Mitarbeiters und seine Motivation.

► Ziele zwingen zu eigenverantwortlichem Denken und Handeln.
Dies bezieht sich auf Aktivitäten und Initiativen, mutig von sich aus – statt eingefahrener Trampelpfade – neue Wege zu gehen, zu gestalten – statt zu verwalten – und innovativ zu sein. Denken und Handeln in Zielen führt zur Rationalisierung der eigenen Tätigkeit (man geht den direkten Weg) und schafft damit Platz für zukunftsorientierte Aktivitäten.

Abbildung 50: Die Vorteile von Zielen

Arten von Zielen

Ausgehend von der Unternehmensphilosophie, in der das Verhältnis des Unternehmens zu seinen Umwelten wie Kunden/Markt, Lieferanten, Mitarbeiter, Gesellschafter, Staat/Gesellschaft, Öffentlichkeit usw. festgelegt ist, gibt es die sogenannten Unternehmensziele, die langfristigen Charakter haben.

Daran schließen sich die strategischen/taktischen Ziele an, welche die Umsetzung der Unternehmenspolitik zum Gegenstand haben, vorwiegend im mittelfristigen Bereich angesiedelt sind und als Teilziele aus den globalen Unternehmenszielen abgeleitet werden.

Die operativen Ziele liegen im kurzfristigen Bereich. Im Zusammenhang mit der Jahresplanung werden meist drei bis fünf Ziele zwischen Vorgesetztem und Mitarbeiter vereinbart.

Bei der Vereinbarung und Formulierung von Zielen sollten bestimmte Anforderungen berücksichtigt werden:

Anforderungen an Ziele

► Ziele müssen meßbar und damit auch kontrollierbar sein.

Das bedeutet, daß statt verbaler Umschreibung konkrete Werte fixiert werden: Die Ausschußquote ist von derzeit x Prozent auf y Prozent zu reduzieren, die Kosten der Nachbearbeitung für die Produktgruppe sind um x Prozent oder um y DM pro Einheit zu verringern.

► Ziele sind – sofern sie nicht quantifizierbar sind - qualitativ präzise oder als Aktion zu beschreiben.

So könnten zum Beispiel beim Ziel „Verbesserung des Betriebsklimas" ergänzend Parameter wie Fluktuationsquote und Fehlzeitenquote herangezogen werden.

►

► Ziele müssen eindeutig festgelegt sein.
Interpretationsspielraum sollte es nicht geben. Dies könnte zu Mißverständnissen führen, indem der Mitarbeiter eine ganz andere Richtung verfolgt oder sich bei Nichterreichen der Ziele herausredet.

► Ziele müssen terminlich fixiert werden.
Zeitpunkt oder Zeitraum sind festzulegen. Wenn die Zielerreichung bei einem umfangreichen Projekt bzw. einer globalen Zielsetzung zu weit in der Zukunft liegen, so ist es sinnvoll, Teilziele zu vereinbaren. Das Erreichen der Teilziele motiviert zur weiteren engagierten Zielverfolgung.

► Ziele sind im Gesamtrahmen zu sehen und dürfen sich nicht widersprechen.
Sie müssen sich an den globaleren Zielsetzungen, letztlich an den Unternehmenszielen orientieren, um eine Gesamtoptimierung zu erreichen. Zielkonflikte müssen vermieden werden.

► Ziele sollen motivieren.
Überzogenes Zieldiktat führt zu Frustrationen. Die Zielvereinbarungen sollen einerseits eine bestimmte Herausforderung beinhalten, dürfen aber andererseits objektiv und subjektiv nicht überfordern. Das Leistungsvermögen des Mitarbeiters ist dabei zu berücksichtigen.

► Zielvereinbarungen sollen schriftlich festgehalten werden.
Dadurch werden Mißverständnisse bei der Umsetzung und bei der Bewertung der Ziele vermieden.

Abbildung 51: Anforderungen an Ziele

Selbst-Test: Zielformulierung

Nennen Sie ein bis zwei Unternehmensziele.
Leiten Sie daraus Ziele für Ihre Position ab.
Formulieren Sie aus Ihren Zielen Zielsetzungen für Ihre Mitarbeiter.

Phasen im Prozeß

Der Zielvereinbarungs- und Zielerreichungsvorgang durchläuft folgende Phasen:

- Vorbereitung des Zielvereinbarungsgesprächs
- Durchführung des Gesprächs
- Umsetzung der Zielvereinbarung
- Soll-/Ist- Abgleich mit Korrekturen
- Gespräch zur Feststellung des Zielerreichungsgrads und zur Vereinbarung neuer Ziele

In der Praxis setzt es sich immer mehr durch, im Zusammenhang mit den Planungen für das Folgejahr Ziele zu vereinbaren. Die Zielvereinbarung erfolgt in einem Grundsatzgespräch des Vorgesetzten mit seinem Mitarbeiter mit folgender Thematik:

Zielvereinbarung, Leistungsbeurteilung, Förderung

- **Feststellung des Zielerreichungsgrads und Vereinbarung neuer Ziele**
- **Leistungsbeurteilung anhand eines Beurteilungssystems**
- **Vereinbarung von Förderungsmaßnahmen für den Mitarbeiter**

Die Vorbereitung und Durchführung dieses Gesprächs wird bei der Behandlung des Themas „Mitarbeiterbeurteilung" ausführlich dargestellt.

Es gibt unterschiedliche Verfahren, um die Oberziele (von der Unternehmensleitung bestimmt) und die Unterziele (aufgrund der Vereinbarung zwischen Vorgesetztem und Mitarbeiter) in Einklang zu bringen: Ableitung aus Oberzielen (Top-down-Verfahren) oder Verdichtung von Unterzielen (Bottom-up-Verfahren).

Verfahren der Zielfindung

8. Vermeidung von Frustration durch zeitgemäße Kontrollformen

Bei der Befragung von Führungskräften und Mitarbeitern, was sie empfinden, wenn sie den Begriff „Kontrolle" hören, kommt immer wieder die Antwort: „Eher ein negatives Gefühl." Der Begriff „Kontrolle" scheint also negativ belegt zu sein. Oberflächlich gesehen könnte man jetzt natürlich sagen: Dann suchen wir für die Kontrolle andere Begriffe. Das wird teilweise auch getan: Man spricht von Soll-/Ist-Vergleich, Ergebnisbeurteilung, Ergebnisabgleich etc. Selbst wenn das Etikett geändert wird, der Inhalt bleibt der gleiche.

Begriff „Kontrolle" ist negativ belegt

Die Frage, die sich automatisch stellt, ist doch: Warum haben Mitarbeiter Vorbehalte gegenüber der Kontrolle? Wenn man davon ausgeht, daß Mitarbeiter zu einem hohen Prozentsatz eine positive Leistung erbringen, wird die Kontrolle wahrscheinlich auf einen positiven Tatbestand treffen. Die Folge wäre Anerkennung bzw. ein zustimmendes Signal des Kontrollierenden. Die Erklärung geben Führungskräfte und Mitarbeiter: Mißtrauen des Vorgesetzten, kleinkarierte Bevormundung, Oberlehrergehabe, überzogene Reaktionen, autoritärer Führungsstil. Das bedeutet, daß die Art, wie Kontrolle vielfach durchgeführt wird, die Betroffenen abstößt.

Warum Vorbehalte?

Beispiel

Der Vorstand eines Finanzdienstleistungsunternehmens will alles wissen, überwacht jeden Vorgang bis ins Detail; so kontrolliert und kritisiert er zum Beispiel nach außen gehende Schreiben seiner Mitarbeiter und überarbeitet sie, prüft jede Kleinigkeit im Ablauf von Veranstaltungen, die seine Mitarbeiter organisiert haben. Kontrolle spielt sich oft in der Form ab, daß sich die Mitarbeiter vor einem Inquisitionstribunal wähnen.

Suche nach Gründen

Als Mitarbeiter überlegt man, was in dem Vorgesetzten vorgeht. Ist diese enge Kontrolle als Zeichen fehlenden Vertrauens einem selbst gegenüber zu verstehen? Man stellt jedoch fest, daß die anderen Mitarbeiter gleichermaßen behandelt werden. Andere Gedanken sind: Liegt mangelnde Führungskompetenz vor, sind es perfektionistische Vorstellungen vom Funktionieren der Menschen in einem Unternehmen, ist es die eigene Überheblichkeit (ich kann und weiß alles besser, meine Mitarbeiter funktionieren nicht so, wie ich will), oder sind es gar Ängste, daß etwas passieren könnte, was die eigene Position gefährdet?

Notwendigkeit der Kontrolle

Oft wird Kontrolle mit Vertrauen in Zusammenhang gebracht. Wenn ein Vorgesetzter seinen Mitarbeitern vertraut, würde sich die Kontrolle dann erübrigen? Bei zeitgemäßer Führung erhält der Mitarbeiter einen eigenen Aufgabenbereich mit entsprechenden Kompetenzen und nimmt Einfluß auf Zielsetzungen, deren Verfolgung er weitgehend selbst bestimmt. Das ist im Grunde ein enormer Vertrauensvorschuß seitens des Unternehmens. Trotz der Gestaltungsfreiräume muß jedoch sichergestellt werden, daß sich nicht Hunderte von kleinen „Königreichen" im Unternehmen bilden, sondern die Aufgabenbereiche in ihrer Wirkung auf das Gesamtziel des Unternehmens ausgerichtet werden. Deshalb ist eine Kontrolle darüber, ob sich die Einzelteile ziel- und ergebnisorientiert verhalten, unabdingbar.

Umfang der Kontrolle

Das Spektrum der Kontrolle umfaßt das Handeln des Mitarbeiters bei seinen fachlichen Aufgaben sowie sein Verhalten als Führungskraft und als Mitarbeiter. Die Intensität bzw. Häufigkeit der Kontrolle kann von Mitarbeiter zu Mitarbeiter unterschiedlich sein. Das soll nicht bedeuten, daß der dem Vorgesetzten sympathischere Mitarbeiter weniger kontrolliert wird als der ihm unsympathischere.

Der objektive Ansatz muß sein: Sicherung der Abläufe und Ergebnisse bei möglichst hohem Freiheitsgrad der Mitarbeiter. Das bedeutet allerdings, daß die individuelle Fehlerhäufigkeit – aus welchem Grunde auch immer – darüber entscheidet, wie intensiv die Kontrolle durchgeführt wird.

Nachstehend soll die Wirkung einzelner Kontrollarten auf die betroffenen Mitarbeiter dargestellt werden:

Totalkontrolle

Diese Form der Kontrolle ist bei Vorgesetzten vorzufinden, die ihren Mitarbeitern wenig ver- und zutrauen. Totalkontrolle ist dem autoritären Führungsstil zuzuordnen und ist mit der Delegation von Verantwortung und dem Führen mit Zielvereinbarungen nicht in Einklang zu bringen. Die Erfahrung zeigt, daß die Totalkontrolle in der Praxis nicht funktioniert. Außerdem wirkt sie äußerst frustrierend auf die Mitarbeiter.

Ergebniskontrolle

Die Ergebniskontrolle hat eine hohe Motivationswirkung. Nachteil ist, daß Abweichungen negativer Art zu spät erkannt werden und keine Korrekturmöglichkeiten gegeben sind. Deshalb werden zur Vermeidung dieses Nachteils Zwischenkontrollen eingeschoben. Die Festlegung der einzelnen Kontrollschritte sollte mit Augenmaß erfolgen, damit die positive Wirkung der Ergebniskontrolle erhalten bleibt.

Selbstkontrolle

Der Mitarbeiter kontrolliert – meist im Zusammenhang mit dem Verfolgen vereinbarter Ziele – die Leistungsfortschritte selbst. Er ist äußerst motiviert und bestrebt, die Ziele (auch Zwischenziele) zu erreichen. Bei negativen Abweichungen wird er in seinem Kompetenzrahmen korrigierende Maßnahmen einleiten. Wenn diese Maßnahmen nicht greifen, besteht die Gefahr, daß auch der Vorgesetzte aufgrund zu später Kenntnis das Ergebnis nicht retten kann. Selbstkontrolle bedeutet nicht, daß der Vorgesetzte nicht informiert werden muß.

Fremdkontrolle
Die Kontrolle wird von anderen Personen, insbesondere im Rahmen der Führungsaufgaben durch den Vorgesetzten, durchgeführt. Um eine Demotivation der Mitarbeiter zu verhindern, gilt das bereits Ausgeführte bezüglich der Intensität und des „Wie“ der Kontrolle. Empfehlenswert ist, die Fremdkontrolle in der Form der Ergebniskontrolle mit Zwischenkontrollen und in Gesprächsform vorzunehmen.

Stichprobenkontrolle
Die stichprobenartige Kontrolle steht im Gegensatz zur Totalkontrolle. Im Vorfeld von Ergebnissen wird ausgelotet, ob die Richtung stimmt. Bei der Stichprobe ist es wichtig, die richtige Form zu finden. Wenn der Vorgesetzte an Leistung und Verhalten seines Mitarbeiters keine Zweifel hat, wird er ihm vertrauen und sich gesprächsweise berichten lassen, wie der Stand des Vorgangs ist, wie der Erfolg eingeschätzt wird, ob Schwierigkeiten vorhanden oder zu erwarten sind etc. In begründeten Fällen allerdings wird sich der Vorgesetzte den gesamten Vorgang vorlegen lassen. Im letzteren Fall wird die Stichprobe nicht motivierend wirken.

Systemkontrolle
Unter Systemkontrolle sind unter anderem die Revision und die Zeiterfassung zu verstehen. Bezeichnend ist, daß Funktionen oder Personen nach einheitlichen vorgegebenen Maßstäben kontrolliert werden. Von der Wirkung in bezug auf Motivation oder Frustration ist die Systemkontrolle wertneutral.

Regeln für die Kontrolle

- Seien Sie vorurteilsfrei, die Gefahr ist groß, bei der Wahrnehmung und Interpretation eines Vorgangs bzw. Zustands Fehler zu begehen.
- Sehen Sie Kontrolle nicht als Fehlersuche, sondern als sachlich notwendige Maßnahme.
- Verabreden Sie mit dem Mitarbeiter die Art der Kontrolle, so wie Sie offen über andere Führungsthemen, zum Beispiel Information, sprechen.
- Führen Sie Kontrollen offen, nicht versteckt durch.
- Achten Sie darauf, daß Sie das gesamte Spektrum der Leistung und des Verhaltens Ihrer Mitarbeiter erfassen.
- Kontrollieren Sie nur so viel, wie unbedingt zur Sicherung notwendig ist.
- Merke: Kontrolle – positiv gesehen – hat auch mit Achtung und Beachtung des Mitarbeiters und seiner Leistung zu tun.
- Geben Sie bei der Kontrolle Hilfestellung und Unterstützung, zeigen Sie, daß Sie den Mitarbeiter bei Problemen nicht allein lassen.
- Berücksichtigen Sie bei der Kontrolle den Schwierigkeitsgrad der Tätigkeit, die Fähigkeiten des Mitarbeiters, seinen Entwicklungsstand und Einflüsse von außen.
- Seien Sie partnerschaftlich und fair bei der Kontrolle, kein Fragenbombardement, kein Kesseltreiben, kein ständiger Rechtfertigungszwang (Vorsicht mit „Warum"-Fragen).
- Werten Sie im Hinblick auf die vielen sachlichen und subjektiven Einflußfaktoren nicht kleinlich, benutzen Sie einen großzügigeren Maßstab.
- Fördern Sie bei Fehlern die Selbsterkenntnis, geben Sie auch eigene Fehler zu.
- Geben Sie Feedback über das Ergebnis der Kontrolle, und signalisieren Sie Vertrauen.

Abbildung 52: Regeln für die Kontrolle

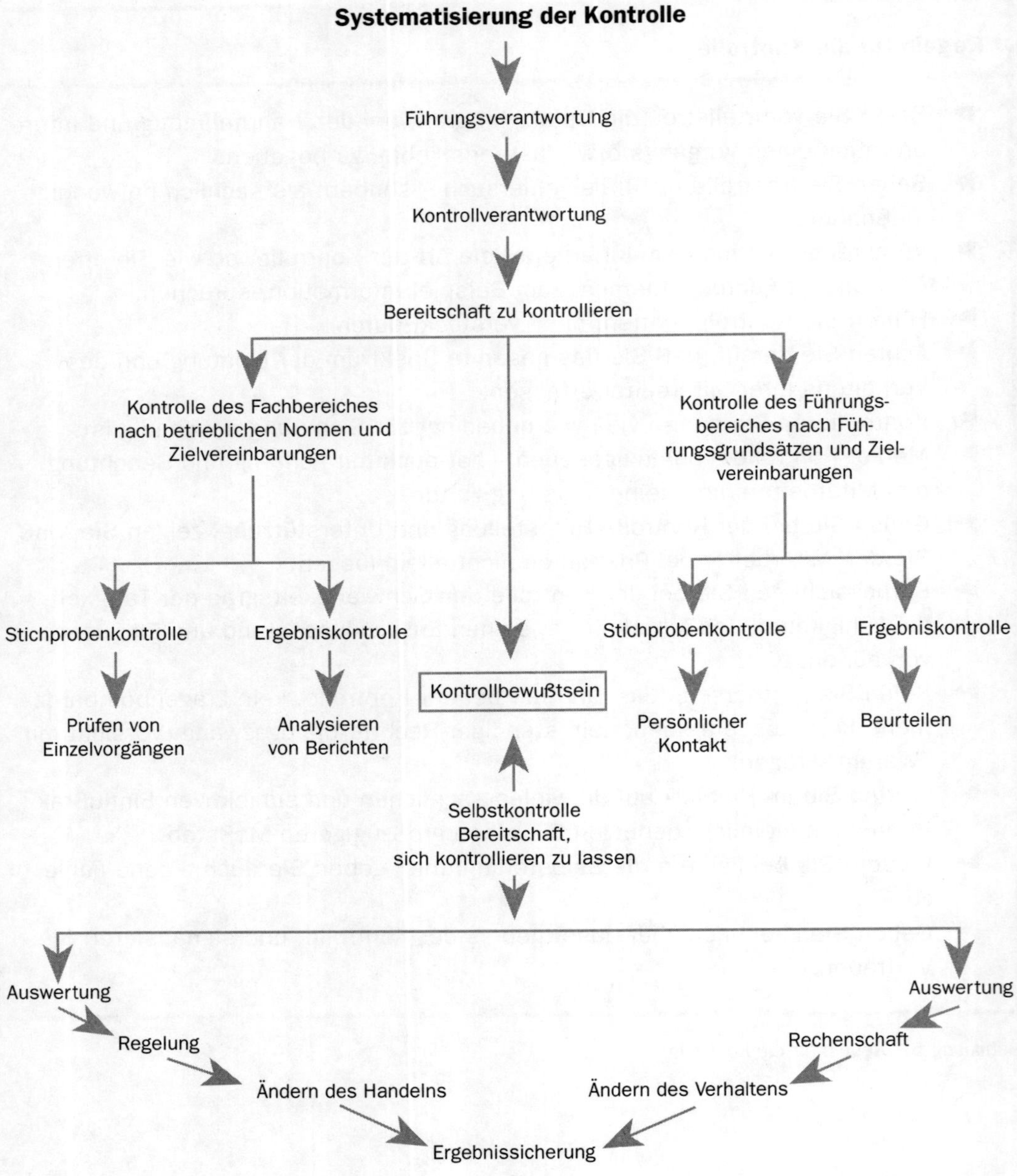

Abbildung 53: Systematisierung der Kontrolle

Die Kontrolle ist das Führungselement, bei dem sich oft bewußt oder unbewußt Verhaltensweisen von Vorgesetzten zeigen, die der Teamorientierung und dem kooperativen Verhalten entgegenstehen. Immer wieder wird so dem Mitarbeiter die Chef-Untergebenen-Situation, das Oben und Unten, verdeutlicht. Da Kontrolle – wie im Schaubild dargestellt – als Teil der Führung ein bilateraler Prozeß ist, sollten die Mitarbeiter ihrerseits zu einer offenen, sachlichen Atmosphäre beitragen.

Kontrolle zeigt Vorgesetzteneinstellung

9. Kritik und Anerkennung als Führungsmittel

Während „Kritik" im allgemeinen Sprachgebrauch sowohl positive als auch negative Tatbestände umfaßt – wir sprechen von Theaterkritik, Buchkritik –, steht im Bereich der Führung Kritik für das Negative und Anerkennung für das Positive. Kritik und Anerkennung schließen sich im System kooperativer Führung an die Kontrolle an, sie sind Konsequenz aus der Kontrolle.

Kritik und Anerkennung als Begriffspaar

Warum tun wir uns bei der Kritik so schwer? Immer wieder stoßen wir auf Negativ-Beispiele, die wir als Betroffene selbst erlebt oder im betrieblichen Umfeld beobachtet haben:

Kritik

Der Polier auf dem Bau staucht seinen Arbeiter lauthals zusammen, ohne daß dieser die Möglichkeit zur Rechtfertigung hat. Als sich der Polier umdreht, winkt der Kritisierte resigniert ab.

Beispiele

Der Inhaber eines renommierten mittelständischen Unternehmens geht durch den Betrieb, stellt einen vermeintlichen Mangel fest und läßt den Maschinenführer „ablaufen". Einige Meter weiter wird ihm bewußt, daß er den Mitarbeiter zu Unrecht beschuldigte; er geht zurück und drückt ihm ein Fünf-Mark-Stück fürs Frühstück in die Hand.

Der Betriebsleiter macht in der Meisterbesprechung einem der anwesenden Meister Vorhalte wegen eines Versäumnisses. Die Kollegen sind über die Vorgehensweise des Vorgesetzten empört. Der betroffene Meister fühlt sich an den Pranger gestellt.

Der Vorstand eines Dienstleistungsunternehmens macht einem seiner Mitarbeiter mehrere Male Vorwürfe wegen eines „normalen" Fehlers, obwohl er bemerkt haben müßte, daß sich der Mitarbeiter über den Fehler selbst am meisten geärgert hat.

Der kaufmännische Leiter bittet einen seiner Bereichsleiter zu sich, um ihm klarzumachen, daß er mehr Aktivität von ihm erwarte. Er redet so „um den heißen Brei" herum, daß der Bereichsleiter von dem Gespräch angenehm berührt ist.

Ein Abteilungsleiter hat gerüchteweise von angeblichen Äußerungen eines Mitarbeiters erfahren. Er bittet diesen zu sich ins Büro und stellt ihn zur Rede. Der Mitarbeiter weist die Beschuldigungen empört zurück und verläßt aufgebracht den Raum.

Der Leiter der Materialwirtschaft läßt über seine Sekretärin den Lagerleiter zu sich kommen. Nach zehnminütiger Wartezeit sitzt der Lagerleiter vor dem Schreibtisch seines Chefs. Dieser kritisiert einen Vorfall und beendet das „Gespräch" mit dem Hinweis, er sehe sich die Sache nicht mehr lange an. „Am Boden zerstört" geht der Lagerleiter an seinen Arbeitsplatz zurück.

Der Vertriebsleiter schickt seinen Assistenten mit folgendem Auftrag zu einem seiner Gruppenleiter: „Sagen Sie dem Meier, daß ich über die Panne, die er verursacht hat, wütend bin. Bringen Sie das Ganze wieder in Ordnung."

Gründe für fehlerhafte Kritik

Was sind die Gründe für die sicherlich nicht nachahmenswerten Verhaltensweisen dieser Vorgesetzten? Neben Ungeschicklichkeiten, die durch die Beachtung einiger Regeln vermieden werden könnten, ist vielfach die Grundeinstellung zum Mitarbeiter Ursache für die zu beanstandende Form der Kritik. Das Ausüben und die Demonstration von Macht im Kritik-Monolog spielen sicherlich ebenso eine Rolle wie Emotionen. Man ärgert sich über Fehler der Mitarbeiter, vergißt dabei, daß man selbst auch nicht fehlerfrei ist. Da man im Normalfall davon ausgehen kann, daß Mitarbeiter Fehler nicht bewußt machen (Sabotage), haben die unbeabsichtigten Fehler oft die Eigenschaft, daß sie materiell gravierend sind oder im Unternehmen „Wellen schlagen".

Beispiel

Kürzlich berichtete ein Bauunternehmer: Ein Spezialkran wurde auf den Arbeitsbeginn bestellt. Die Mitarbeiter wußten dies rechtzeitig und sollten pünktlich die Arbeit aufnehmen. Der Kran war da, die Mitarbeiter nicht. Der Mitarbeiter, der die Kollegen zur Arbeit abholen sollte, hatte verschlafen. Der Chef machte ihm Vorwürfe. Der Mitarbeiter sagte zerknirscht: „Chef, ich hätte auch lieber gestern verschlafen als heute." Anmerkung des Chefs: „Wie will man da noch ernst bleiben!"

Ziel der Kritik

Hilfreich für Vorgesetzte kann außerdem sein, sich auf den Stuhl des zu kritisierenden Mitarbeiters zu setzen und zu überlegen, wie man selbst reagieren würde. Dabei muß man sich als Vorgesetzter über das Ziel eines Kritikgesprächs im klaren sein: Nicht Strafe und Sanktionen sollen Ziel der Kritik sein, sondern die Vermeidung von Fehlern in der Zukunft.

Kritik ist Führungsaufgabe

Kritik ist eine Führungsaufgabe des Vorgesetzten, die nicht auf andere delegiert werden kann. Der Vorgesetzte ist verpflichtet, bei Fehlern und Fehlverhalten korrigierend einzugreifen. Sich vor Kritik zu scheuen, deshalb nichts zu sagen und mit dem Mitarbeiter zu schmollen, sind Verhaltensweisen, die nicht akzeptabel sind.

Oft erleben Personalleiter, daß Vorgesetzte einen Mitarbeiter „zur Verfügung stellen“. Im Gespräch ist der Mitarbeiter überrascht über die Vorhalte. Sein Vorgesetzter hat ihm nie zu verstehen gegeben, daß er mit seiner Leistung nicht zufrieden ist. Man muß keine erfahrene Führungskraft sein, um zu wissen, daß es Sache der Fairneß und des Anstands ist, dem Mitarbeiter die Chance zur Änderung zu geben.

Kritikgespräch muß grundsätzlich sein

Als Argument gegen Kritikgespräche wird immer wieder angeführt, man habe nicht die Zeit für langatmige Gespräche, und ein kurzes deutliches Wort habe schon seine Wirkung. Dagegen ist einzuwenden, daß Kritikgespräche nicht wegen jeder Kleinigkeit geführt werden sollen. Kritik im Übermaß stumpft ab. Oft wird allerdings auch ständig „gemaßregelt“, weil man nicht ab und zu ein grundsätzliches Gespräch führt. Außerdem ist es zu einseitig, nur den Zeitaufwand zu berücksichtigen. Unwirksame oder unterlassene Steuerung der Mitarbeiter über die Kritik hat negative Auswirkungen auf Qualität und Kosten.

Regeln für die Vorbereitung und Durchführung von Kritikgesprächen

- Informationen sammeln, das heißt Fakten statt Meinungen (Gerüchte)
- Klären der Fehlerursache: Wenn der Fehler keiner Person zugeordnet werden kann (Regelung fehlt, externe Einflüsse), kann logischerweise kein Kritikgespräch erfolgen
- Keine Fehlersuche, keine kleinliche Wertung von Vorgängen
- Entscheidung, ob die Angelegenheit so wichtig ist, daß ein Kritikgespräch angebracht ist
- Anlaß und Ziel des Gesprächs dem Mitarbeiter mitteilen
- Vertrauensbasis muß erhalten bleiben
- Gespräch im Positiven beginnen (es ist schließlich nicht alles schlecht, was der Mitarbeiter tut, er hat lediglich einen Fehler gemacht)
- Den Mitarbeiter die Situation darstellen lassen, aktiv zuhören, Fragen stellen, was seine Beweggründe und Überlegungen waren

- Auf der Basis der erhaltenen Informationen die eigene Meinung sachlich darlegen; sofern der Sachverhalt ergibt, daß den Mitarbeiter keine Schuld trifft: das Kritikgespräch abbrechen; läßt sich der Sachverhalt nicht eindeutig klären – dies ist oft im Verhaltensbereich der Fall –, so sollte das Kritikgespräch mit einem allgemeinen Appell/Hinweis beendet werden
- Vereinbarung treffen bzw. Konsequenzen verabreden; dabei den Mitarbeiter so steuern, daß der Vorschlag von ihm kommt
- Hilfestellung und Unterstützung anbieten
- Klare und eindeutige Festlegung der Maßnahmen, die zur Vermeidung von Fehlern bzw. zur Verhaltensänderung verabredet werden: Was soll bis wann wie erreicht sein, und wie wird die Zielerreichung kontrolliert
- Der Vorgang ist besprochen und erledigt. Sofern die Vereinbarung eingehalten wird, darf der Vorfall dem Mitarbeiter nicht ständig vorgehalten werden
- Kritik nur unter vier Augen üben; Kritik vor anderen ist ein Angriff auf das Selbstwertgefühl des Kritisierten und führt je nach Reife einer Gruppe zu Häme oder zu Solidarisierung
- Wenn möglich, keine telefonische Kritik; es besteht die Gefahr, nicht die richtige Einstellung zum Mitarbeiter zu finden, da man die Reaktionen nicht sieht
- Keine Kritik durch beauftragte Dritte und keine Kritik über Dritte

Abbildung 54: Regeln für die Vorbereitung und Durchführung von Kritikgesprächen

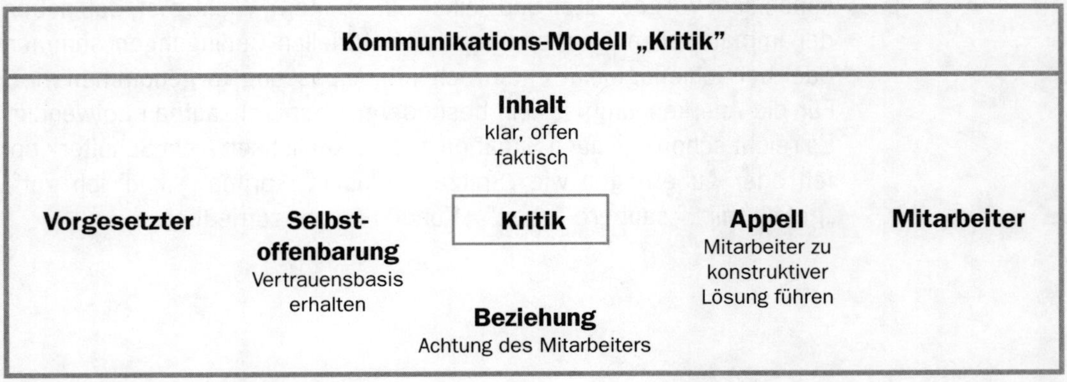

Abbildung 55: Kommunikationsmodell „Kritik"

Gründe gegen die Anerkennung

Es ist menschlich verständlich, daß manchem Vorgesetzten das Kritisieren unangenehm ist und er sich am liebsten vor dieser Aufgabe drücken würde. Was ist jedoch die Erklärung für die Tatsache, daß Vorgesetzte viel zuwenig loben? Einzelne dieser Führungskräfte äußern sich – darauf angesprochen – wie folgt: „Wenn ich nicht tadle, ist dies Anerkennung genug." – „Die Mitarbeiter werden für eine einwandfreie Leistung bezahlt, wieso soll ich da noch loben?" – „Wenn ich meine Mitarbeiter ständig lobe, werden die noch größenwahnsinnig und kommen mit Gehaltsforderungen." – „Mich lobt auch keiner, warum sollte ich ...". Gedankenlosigkeit oder Ungeschicklichkeit sind weitere mögliche Erklärungen. Vordergründig wird auch von manchem Mitarbeiter die Meinung vertreten: „Was sollen die Sprüche, Hauptsache das Geld stimmt."

Lob und Selbstwertgefühl

Wenn man eine Aufgabe erfolgreich abgeschlossen hat, so hebt allein diese Tatsache das Selbstwertgefühl, vor allem, wenn die Aufgabe sehr anspruchsvoll war. Darüber hinaus wertet es den Mitarbeiter auf, wenn er eine Bestätigung vom Vorgesetzten erhält. Gerade im Hinblick auf die Orientierung ist es für den Mitarbeiter wichtig, Signale zu erhalten, daß er auf dem richtigen Weg ist und seine Leistung positiv bewertet wird.

Form der Anerkennung

Anerkennung ist – wie die Kritik – Aufgabe des Vorgesetzten. Hiermit hat er ein Instrument in der Hand, in hohem Maße Motivation bei seinen Mitarbeitern zu erzeugen. Anerkennung verstärkt das Verhältnis zwischen dem Vorgesetzten und seinen Mitarbeitern. Wichtig ist, daß neben der immateriellen Anerkennung die materiellen Bedingungen stimmen oder bei Schieflage eine entsprechende Anpassung vorgenommen wird. Für die Anerkennung ist kein besonderer Gesprächsaufbau notwendig. Es reicht schon – je nach Situation und Persönlichkeit – ein Schulterklopfen oder Äußerungen wie „Spitze", „Klasse", „prima", „find' ich gut", „gefällt mir", „saubere Arbeit", „Kunde ist sehr zufrieden".

Beachtungspunkte beim Loben

Trotzdem sind bei der Anerkennung einige Punkte zu beachten: Die Anerkennung sollte der Leistung entsprechen, also auch nicht übertrieben sein. Das Lob muß echt sein. Alles, selbst die kleinste Aufgabenerledigung, „wunderbar“ zu finden, ist ein falsches Verständnis des Vorgesetzten von Motivation, wirkt lächerlich und wird eher das Gegenteil des Beabsichtigten bewirken. Anerkennung sollte zeitlich unmittelbar nach Vorliegen der positiven Leistung erfolgen, denn wer schnell lobt, erzielt die doppelte Wirkung. Der Maßstab für die Anerkennung muß gegenüber allen Mitarbeitern gleich sein. Immer wieder hört man folgende Äußerung von Mitarbeitern: „Was macht der Chef denn für ein Theater mit dem X, uns hat er wegen einer solchen Selbstverständlichkeit noch nie gelobt.“

Vier-Augen-Prinzip

Die Geister streiten sich, ob für die Anerkennung wie bei der Kritik das Vier-Augen-Prinzip gilt. Vorgesetzte erkennen eine gute Leistung gern im Kollegenkreis an. Manchen Vorgesetzten ist es ein echtes Bedürfnis, eine besondere Leistung entsprechend zu würdigen und Vorbildwirkung zu erzielen. Andere wiederum setzen darauf, daß Konkurrenz das Geschäft belebt und sich die Kollegen des Gelobten nun ebenfalls besonders engagieren. Beim Lob vor anderen muß dem Betreffenden die Leistung einwandfrei zuzuordnen sein. Ist dies nicht der Falle, so kann die Reaktion sein: „Wir machen die Arbeit, er erhält die Anerkennung.“ Es muß sich um eine besondere Leistung handeln, die sich deutlich vom Normalen abhebt. Nur dann ist die Reaktion der Kollegen: „Er hat das verdient.“ Ansonsten wirkt die Anerkennung lediglich für den einen positiv, von den anderen wird sie als Zurücksetzung oder indirekte Kritik empfunden. Oft berichten Mitarbeiter, daß ab dem Zeitpunkt, als sie vom Vorgesetzten vor ihren Kollegen gelobt wurden, das Verhältnis der Kollegen zu ihnen nicht mehr so gut war wie vorher. Die Erfahrung spricht dafür, Anerkennung im Normalfall nach dem Vier-Augen-Prinzip durchzuführen und nur im begründeten Ausnahmefall den Betroffenen vor anderen zu loben.

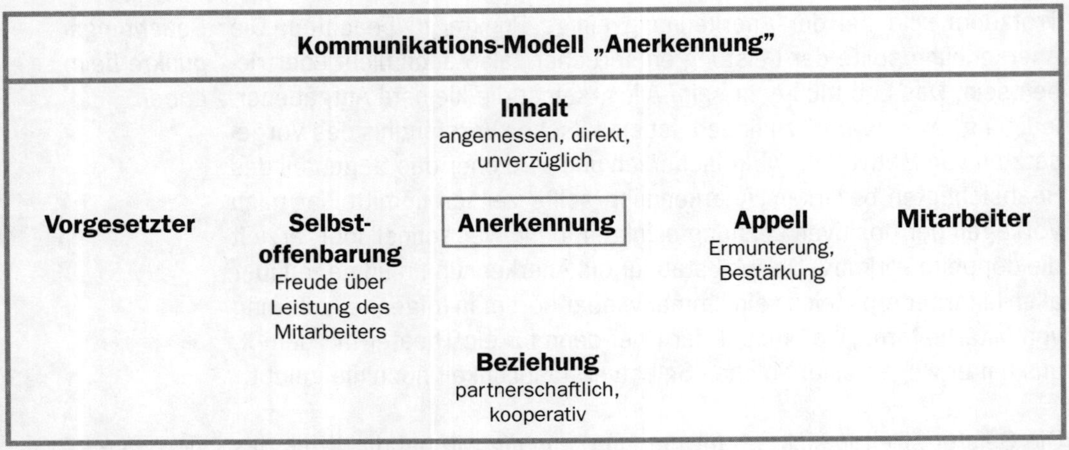

Abbildung 56: Kommunikationsmodell „Anerkennung"

III. Einfluß organisatorischer Gestaltungselemente auf die Aktivität der Mitarbeiter

Organisatorische Einbettung

Die Entfaltung der Mitarbeiter im Unternehmen ist – wie wir gesehen haben – in großem Umfang von dem Beziehungsgeflecht im personellen Umfeld abhängig. Ebenso bedeutend sind organisatorische Aspekte; denn die Möglichkeiten der Einbringung der Fähigkeiten und Talente wird weitgehend durch die organisatorische Einbettung des einzelnen im Betriebsganzen bestimmt. Innerhalb einer Organisation ist es wichtig, die Möglichkeiten der Selbstbestimmung zu erkennen und zu nutzen. So ist für die meisten Mitarbeiter die grundsätzliche Aufgabenstellung und auch das Arbeitsvolumen festgelegt und damit letztlich fremdbestimmt; jedoch ergeben sich innerhalb dieses Rahmens Gestaltungsfreiräume, wie man die eigene Arbeit organisiert.

Aufbauorganisation

Die Gestaltung der Aufbauorganisation des Unternehmens ist Aufgabe der Unternehmensleitung, Führungskräfte besitzen jedoch Einflußmöglichkeiten. Die Hierarchie des Unternehmens und die Regelung der Machtverhältnisse tangieren in hohem Maße den entfaltungsfreudigen Mitarbeiter. Es würde den Rahmen der Veröffentlichung sprengen, wollte man die Gestaltungsmöglichkeiten auf allen organisatorischen Ebenen ausführlich darstellen. Wir beschränken uns deshalb auf die Frage der Ausgestaltung der Arbeitsinhalte und die Flexibilisierungsmöglichkeiten im Rahmen schlanker Organisation.

Organisation der Zeit

Auch die durch Tarifverträge und betriebliche Reglements weitgehend zementierte Organisation der Zeit würde bei entsprechender Flexibilisierung zur Entfaltung der Mitarbeiter beitragen. Sicherlich wird der Idealfall für den Mitarbeiter, nämlich dann zu arbeiten, wenn man gut in Form ist, nur in den seltensten Fällen erreichbar sein.

Organisatorische Hilfsmittel

Organisationsmittel sind notwendig zur Sicherung der Ordnung. Hier ist der Mittelweg zu finden zwischen dem unbedingt notwendigen Regelungsbedarf und der freien Entfaltungsmöglichkeit der Mitarbeiter.

Wechselwirkung Führung und Organisation

Führung und Organisation müssen in ihrer wechselseitigen Beziehung gesehen werden. Wenn wir uns Gedanken über die Schaffung von optimalen Bedingungen zur Entfaltung der Mitarbeiterpotentiale machen, so müssen wir die Situation auf dem Führungs- und Organisationssektor verzahnt sehen. Nachstehendes Beispiel macht dies deutlich:

Beispiel

In einem mittelständischen Unternehmen der chemischen Industrie wurde das Prinzip der Delegation von Verantwortung bei der Einführung von Stellenbeschreibungen berücksichtigt. Einer der Werksleiter führt täglich die Produktionsbesprechung durch, in der alle Probleme bis ins Detail besprochen werden. So werden auch Entscheidungen getroffen, die – laut Stellenbeschreibung – in den Kompetenzbereich der Meister fallen. Die Meister nehmen aber an der Besprechung nicht teil.

1. Organisation der eigenen Arbeit

Arbeitsvolumen und -inhalte in der Zukunft

Versuchen wir zunächst die Frage zu beantworten, wie sich das Arbeitsvolumen und die Arbeitsinhalte in der Zukunft entwickeln werden:

- Arbeitszeitverkürzungen werden eher zu einer Rückverlagerung von Aufgaben auf die Führungskräfte führen, im besten Falle wird das bisherige Arbeitsvolumen gleich groß bleiben.
- Notwendige Kostensenkungen führen zu Personalreduzierungen und als Folge zu Mehrarbeit für die verbleibenden Mitarbeiter.
- Inhaltliche Verschiebungen werden sich durch Maßnahmen des Hierarchieabbaues und der Flexibilisierung ergeben.
- Rasant fortschreitende Entwicklung führt zu ständiger Wissens- und Erfahrungsanpassung.

Nachdem viele Führungskräfte bereits heute die arbeitsmäßige Überbelastung, die Hektik und den Streß beklagen, wie sollen sie dann noch größere Belastungen in der Zukunft verkraften?

Endliche Zeit

Nicht nur die dem Menschen gegebene Lebenszeit ist endlich, auch der Tag hat nur 24 Stunden. Unter Berücksichtigung der notwendigen Zeit zur physischen und psychischen Regenerierung und anderer Prioritäten (Familie, Freizeit etc.) kann die Arbeitszeit auf Dauer nicht beliebig erweitert werden. Die Frage kann nur lauten: Was können wir tun, um das Arbeitspensum rationell und mit hoher Qualität in einer begrenzten Zeit zu bewältigen?

Sehen wir uns zunächst einmal an, wie eine Führungskraft ihre Arbeitszeit verbringt:

Wie verbringt eine Führungskraft ihren Arbeitstag?
Leitung von/Teilnahme an Konferenzen
Steuerung der Mitarbeiter in Gesprächen
Abstimmungsgespräche mit dem Vorgesetzten
Erledigung fachlicher Aufgaben
Informationsaustausch
Nachdenken über Probleme der Zukunft
Pausen
Störungen
Weiterbildung
Tagungen/Messen
Geschäftsreisen

Abbildung 57: Wie verbringt eine Führungskraft ihren Arbeitstag?

Erledigung fachlicher Aufgaben

Die Erledigung der fachlichen Aufgaben nimmt einen breiten Raum im Tagesablauf ein. Folgende Möglichkeiten bestehen, um Zeit zu gewinnen:

Delegation

Prüfung, ob alle Möglichkeiten der Delegation genutzt wurden. Meist ist dies nicht der Fall. Nach dem Pareto-Prinzip werden 80 Prozent der Ergebnisse in 20 Prozent der Zeit erzielt, während der zeitliche Aufwand für die restlichen 20 Prozent der Ergebnisse 80 Prozent beträgt. Naheliegend ist, nun die Aufgaben zu bewerten und sich auf diejenigen vorrangig zu konzentrieren, die besonders wichtig und dringlich sind. Routinearbeiten sollten – sofern die Voraussetzung der Verlagerung vorhanden ist – konsequent delegiert werden. Wenn wir den Papierberg auf den Schreibtischen sehen, so sollte der Papierkorb als ergänzende Entlastungsmöglichkeit nicht unerwähnt bleiben.

Stapelbearbeitung

Rationalisierung der Arbeit durch Stapelbearbeitung (das heißt gleiche oder ähnliche Vorgänge sammeln und bearbeiten). Empfehlenswert ist, dafür einen Zeitblock einzuplanen. Sofern es sich vorwiegend um Routinearbeiten handelt, sollte die konzentrierte Bearbeitung nicht in den kreativsten Zeiten liegen.

Ziele

Denken und handeln in Zielen. Sofern man sich über die Ziele, die es zu erreichen gilt, im klaren ist, wird man den direkten Weg zum Ziel ohne Abschweifungen einschlagen.

Mut zum Nein

Der Mut zum Nein. Ein Übermaß an Hilfsbereitschaft gegenüber Kollegen oder Mitarbeitern führt vielfach zum Abweichen von der Zeitplanung und zur zusätzlichen Belastung. Auch die Wünsche von Vorgesetzten sollten nicht ungeprüft und automatisch mit höchster Priorität erfüllt werden. Oft fehlt Vorgesetzten das Gefühl für den Aufwand, wenn sie auf den Mitarbeiter mit der Anregung zukommen: „Es wäre doch interessant, mal zu untersuchen…“.

Schon allein der Hinweis durch den Mitarbeiter, daß der Aufwand für die Untersuchung erheblich sei, jedoch Daten zur Beantwortung eines Teils der Fragen vorhanden seien, führt vielfach zum Einlenken des Vorgesetzten. Auch Hinweise auf Prioritäten bringen zumindest einen zeitlichen Aufschub.

Besprechungen und Gespräche

Leerlauf bei Besprechungen

Sowohl die Teilnahme an als auch die Leitung von Besprechungen nimmt einen beachtlichen Teil des Arbeitstages ein. Die Erfahrung zeigt, daß hier aufgrund des Leerlaufs erhebliche zeitliche Einsparungen zu erzielen sind. Wir haben die Thematik „Besprechungen" bereits ausführlich behandelt.

Besprechungen auf den Prüfstand

Sinnvoll ist, die Besprechungen immer wieder auf den Prüfstand zu nehmen und als Leiter direkt Einfluß zu nehmen oder als Teilnehmer folgende Punkte zur Diskussion zu stellen: zeitliche Lage, Dauer, Häufigkeit, Teilnehmerkreis, Inhalt, Pausen, Vorbereitung, Durchführung und Nachbereitung.

Bei der Steuerung der Mitarbeiter sollte aufgrund der Thematik und des Gesprächsziels entschieden werden, ob man als Vorgesetzter dem Einzelgespräch den Vorzug gibt oder eine Besprechung mit mehreren Mitarbeitern sinnvoller ist. Das Einzelgespräch bietet sich bei spezieller Thematik, Kritik und Anerkennung, die Besprechung im größeren Rahmen bei Information und Problemlösung an. Für Abstimmungsgespräche mit dem Vorgesetzten gelten die gleichen Überlegungen.

Gesprächsvorbereitung

Aus der Sicht der Mitarbeiter ist es wichtig, daß sie die Themen und das Ziel der Besprechung rechtzeitig erfahren, um sich entsprechend vorbereiten zu können. Vorgesetzte sollten Gespräche mit ihren Mitarbeitern nicht einseitig festsetzen, sondern die Termine abstimmen.

Informationsgabe und -nahme

Informationsflut eindämmen

Bei der Information sollte man als Geber und Nehmer darauf achten, daß man die Informationsflut eindämmt. Auswahlkritierium muß sein, was ich bzw. andere wissen müssen. Bei nicht aktuell benötigten Informationen sollte man von einer Aufnahme absehen. Ratsam ist, so zu organisieren, daß man im Bedarfsfall ohne großen Aufwand Zugriff zu den Informationen hat. Durch entsprechende Gestaltung der Information und die Wahl des richtigen Informationsmittels kann ein weiterer Beitrag zur Rationalisierung der eigenen Arbeit und die der anderen geleistet werden.

Nachdenken und Probleme lösen

Störungsfreie Zeitblöcke

Die Suche nach Problemlösungen und das Nachdenken über die Zukunft beansprucht Denkvermögen und Kreativität in starkem Maße. Dem müssen wir Rechnung tragen, indem wir entsprechende störungsfreie Zeitblöcke gewinnen. Entspanntes und konzentriertes Nachdenken sollte in die kreativsten Tageszeiten gelegt werden. Hierzu ist es wichtig, seine eigenen Leistungshochs und Leistungstiefs und die sonstigen leistungsfördernden Bedingungen zu kennen. In den Forschungs- und Entwicklungsbereichen großer Unternehmen hat sich bewährt, den Entwicklungsingenieuren neben ihrer durch konkrete Aufgaben oder Projekte gebundenen Zeit etwa 15 Prozent als „Spielwiese" zur freien Verfügung zu geben. Versuchen wir, uns eine Spielwiese zum Nachdenken zu schaffen!

Pausen

Kurzpausen zum Abschalten

Bei konzentrierter Arbeit und Anspannung ist es wichtig, Entspannungsphasen einzubauen. Individuelle Kurzpausen sind sinnvoller als die im Rahmen der Ordnung des Betriebs festgelegten Kollektivpausen. Letztere haben allerdings den Vorteil, das Kommunikationsbedürfnis der Mitarbeiter zu befriedigen und sind relativ leicht auf Einhaltung zu kontrollieren. Auch bei Besprechungen sollte stündlich eine Kurzpause eingelegt werden.

Obwohl der Vorteil klar auf der Hand liegt, werden bei Besprechungen keine Pausen eingeplant und auch spontan keine Pausen eingelegt. Wichtig ist, in der Pause abzuschalten und sich ganz bewußt auf die Pausentätigkeit zu konzentrieren (zum Beispiel Kaffee nicht gedankenlos in sich hineinschütten, sondern genießen).

Störungen

Fast jeder beklagt sich über Störungen. Man empfindet es als störend, wenn man bei einer Tätigkeit unterbrochen wird. Man wird aus seinen Gedanken gerissen durch den Kollegen oder Mitarbeiter, der anruft oder den Kopf zur Tür hereinsteckt und auch noch fragt: „Störe ich?" Man gibt meist nach und führt ein Gespräch, da man sowieso bereits unterbrochen wurde und dann das Ganze hinter sich hat. Natürlich ist diese Verhaltensweise falsch, denn der Kollege oder Mitarbeiter wird sich in Zukunft wieder so verhalten. Es ist besonders ärgerlich, daß die Störungen sich gerade dann häufen, wenn man sein Leistungshoch hat. Die Erklärung ist: Andere sind in dieser Zeit ebenfalls besonders aktiv.

Egoismus der Störer

Eine weitere Ursache für Störungen ist der Egoismus der anderen, die gerade jetzt ihr Problem besprechen wollen, ob uns das paßt oder nicht. Hierzu gehört auch der Anruf der Sekretärin: „Sie sollen mal zum Chef kommen."

Grund für Störungen: Führungsverhalten

Eine Vielzahl von Störungen sind in unserem eigenen Führungsverhalten und im Arbeitsverhalten der Mitarbeiter begründet. Mitarbeiter, die Probleme mit dem selbständigen Arbeiten im Rahmen ihres Aufgabenbereiches haben, werden ständig das Vorzimmer ihres Vorgesetzten belagern. Wenn die Informationsflüsse nicht sinnvoll kanalisiert sind, wird laufend rückgefragt. Die gleiche Situation erleben wir, wenn Mitarbeiter ihre eigene Arbeit nicht organisieren können und Rückfragen beim Vorgesetzten nicht bündeln, sondern ihren Chef jeweils einzeln kontaktieren.

In manchen Unternehmen wurde – meist nicht mit durchschlagendem Erfolg – ein internes Telefonverbot in bestimmten Zeiten eingeführt. Schömbs/Hans empfehlen als bewährte Methode das störfreie Arbeiten mit **EIS**:*

- **E**inigen auf störfreie Phasen (mit Mitarbeitern und Kollegen)
- **I**ntervenieren bei Verstößen (nicht notwendige Störungen auf keinen Fall dulden)
- **S**pätestensfrage stellen (nicht alles wird sofort benötigt; so gewinnt man Zeit und kann die Arbeit einplanen)

Analyse der Tätigkeit

Einen Überblick über das „Was“ und „Wie“ der eigenen Tätigkeit gewinnt man am besten, indem man die täglichen Aktivitäten mit Zeitaufwand mehrere Wochen lang konsequent festhält. Nach dem Zusammenfassen ähnlicher bzw. gleicher Tätigkeiten beginnt die Analyse-Phase, in der man jeden Punkt auf Verbesserungsmöglichkeiten hin untersucht. Das Ziel muß sein, innerhalb eines auf Dauer vertretbaren Zeitrahmens die Akzente so zu setzen, daß die wesentlichen Aufgaben optimal erledigt werden und in einer streßreduzierten Arbeitsatmosphäre die Fähigkeiten voll zur Entfaltung kommen. Die Erfahrung zeigt, daß man sich immer wieder die selbst gesetzten Ziele vor Augen führen und prüfen sollte, inwieweit man sie erreicht hat. Mitunter stellt man fest, daß man in alte Rollenmuster zurückgefallen und im Grunde genommen fremd- statt selbstgesteuert ist.

Leistungsschwankungen

Der Mensch ist in seiner Leistungsfähigkeit Schwankungen unterworfen. Nachstehende Grafik zeigt die REFA-Normkurve:

---

* Nach: Schömbs, W./Hans, K. „Rationelle Arbeitstechniken für Chefs“, BBE-Verlag, Köln, 1975, Seite 56

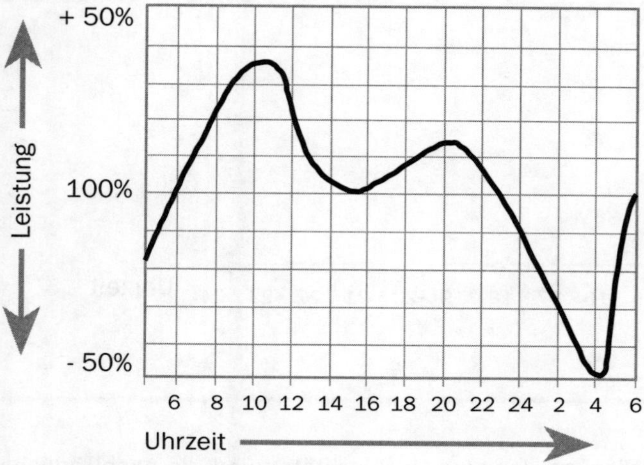

Abbildung 58: REFA-Normkurve

Aufgaben der Leistungskurve anpassen

Bevor man sich mit der Planung seiner Arbeit befaßt, sollte man wissen, wie der Kurvenverlauf der eigenen Leistungsfähigkeit ist. Die kompliziertesten und wichtigsten Tätigkeiten (A-Aufgaben) sollten für das Leistungshoch am Vormittag eingeplant werden, das Leistungstief am frühen Nachmittag kann mit sozialen Kontakten und Routinearbeiten (C-Aufgaben) ausgefüllt, und wichtigere Aufgaben (B-Aufgaben) können während des Nachmittagshochs erledigt werden.*

Selbst-Test:

Tragen Sie bitte Ihre persönliche Leistungskurve in das Schema ein. ►

* Nach: Seiwert, L. J. „Das 1 x 1 des Zeitmanagement",GABAL-Verlag, Bremen, 15. Aufl. 1992, Seite 32/33

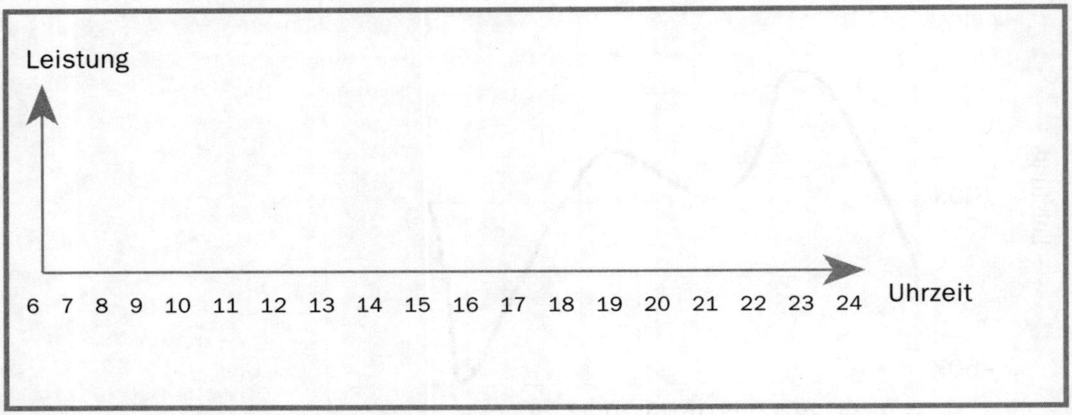

Planung und Kontrolle

Die realistische Planung der eigenen Aktivitäten und die nachträgliche Überprüfung der Ergebnisse ist Voraussetzung für eine rationelle und effiziente Arbeitsleistung. Als wertvolle Planungshilfsmittel sind die auf dem Markt erhältlichen Systeme empfehlenswert.

2. Ausgestaltung von Arbeitsinhalten

Weg mit der Monotonie

Ansatzpunkt ist die Überlegung, wie man der unter dem einseitigen Gesichtspunkt eines möglichst hohen Mengenausstoßes eingeführten Zerlegung von Arbeitsvorgängen entgegenwirken kann. Um vor allem der Monotonie am Arbeitsplatz zu begegnen und die Arbeit abwechslungsreicher und attraktiver zu machen, gibt es folgende Möglichkeiten:

- Job rotation (der Arbeitsplatzwechsel)
- Job enlargement (die vorwiegend quantitative Erweiterung von Arbeitsplätzen)
- Job enrichment (die qualitative Anreicherung von Arbeitsplätzen)
- Einrichtung von teilautonomen Teams

Weitere Voraussetzungen

Wenn die Arbeit attraktiv ist, sie den Fähigkeiten des einzelnen entspricht, das personelle Umfeld (Arbeitsklima) stimmt, die Arbeitsbedingungen (Räumlichkeiten, Sachmittel) gut sind und die Bezahlung angemessen ist, sind die Grundvoraussetzungen für die Entfaltung der Fähigkeiten der Mitarbeiter geschaffen.

Vorteile der Aktivierung der Mitarbeiter

- Verbesserung der Zusammenarbeit
- Mitdenken für andere
- Unterstützung anderer
- Reduzierung von Fehlern
- Verbesserung der Qualität
- Beiträge zur Kostenreduzierung
- Ideen und Vorschläge
- Reduzierung von Unfällen
- Verbesserung der Abläufe
- Besonderer Einsatz/ Anstrengungen
- Übernahme von Verantwortung
- Pfleglicher Umgang mit Sachmitteln

Abbildung 59: Vorteile der Aktivierung der Mitarbeiter

Vorgehensweise

Wie kann nun diese hohe Erwartungshaltung durch organisatorische Veränderungen erfüllt werden? Zunächst durch eine konsequente Delegation von Aufgaben und Befugnissen, die bis an die Basis gehen sollte. Es kann auf einzelne oder auf Teams/Arbeitsgruppen delegiert werden.

- ► Schaffung von Partizipationsmöglichkeiten für die Mitarbeiter; Einbindung des einzelnen oder der Gruppe (Kommunikation, Besprechungen)
- ► Sinnvolle Zusammenfassung von Einzelverrichtungen, die von einzelnen Mitarbeitern oder Gruppen wahrgenommen werden

Wenn die organisatorischen Voraussetzungen geschaffen sind, muß folgendes beachtet werden:

- ► Ziele der organisatorischen Änderung und der Erwartungen sind den Mitarbeitern zu erläutern
- ► Ängste und Befürchtungen sind zu nehmen, Vertrauen ist entgegenzubringen
- ► Notwendige Fähigkeiten sind zu vermitteln (Erhöhung der fachlichen und sozialen Kompetenz)
- ► Die Mitarbeiter sind sorgfältig auf die neue Aufgabenstellung vorzubereiten und zur Selbständigkeit zu entwickeln; Hilfestellung und Unterstützung ist zu gewähren

Verdeutlichen wir uns die konkreten Möglichkeiten anhand einiger Beispiele:

Beispiele

Warum kann der Hilfskraft Meier, die eine Fabrikhalle in Ordnung halten soll, nicht Selbständigkeit und Verantwortung übertragen werden? Wenn der Fertigungsleiter klar sagt, wo, was, wie gelagert wird und welchen Grad an Sauberkeit er warum erwartet, gibt er der Hilfskraft Spielraum. Sie kann nun „ihre" Halle so in Ordnung halten, wie sie es für richtig hält. Sie wird zwar weiterhin kontrolliert, erfährt jedoch eine erhebliche Aufwertung.

Der kaufmännische Auszubildende Schmidt kommt in eine Abteilung. Man hat schon eine Aufgabe parat, zu deren Erledigung die Angestellten nicht kamen oder die sie vor sich herschoben. Wer verübelt dem jungen Auszubildenden, daß er nicht gerade von der Aussicht begeistert ist, eine Woche lang Daten zusammenzutragen? Wie wäre wohl die Wirkung auf ihn, wenn man ihm erklären würde, warum die Aufgabe – so geisttötend sie sein mag – wichtig ist und ihm verspräche, daß er nach Erstellung der Statistik an der Analyse und der Problemlösung teilnehmen darf?

Oft sind Arbeiten auf den ersten Blick monoton. Das Erfassen von Fehlzeiten in der Personalabteilung ist sicherlich eine nicht allzu attraktive Tätigkeit. Wenn der dafür zuständigen Sachbearbeiterin die Auswertung übertragen wird und sie nach entsprechender Ausbildung in einfacheren Fällen selbständig Maßnahmen einleitet und bei komplexeren Vorgängen den Vorgesetzten berät, so wird die Aufgabe als wesentlich attraktiver empfunden.

Höhere Flexibilität

Mit Job rotation innerhalb einer Abteilung kann Interessen des Unternehmens bzw. der Abteilung und des Mitarbeiters gleichzeitig entsprochen werden. Für den Mitarbeiter wird die Arbeit abwechslungsreicher, die Abteilung wird flexibler. Bei Ausfall von Mitarbeitern oder bei Arbeitsspitzen kann wesentlich besser innerhalb der Abteilung ein Ausgleich geschaffen werden. Dadurch ergeben sich Vorteile in bezug auf die Termine und die Personalkosten (kein zusätzliches Personal für Belastungsspitzen vorhalten, Vermeidung von Mehrarbeit). Auch der Aspekt der Sicherheit muß berücksichtigt werden: Sofern nur jeweils ein Spezialist für eine bestimmte Aufgabe vorhanden ist, ist es ratsam, entweder einige „Generalisten“ auszubilden oder aber jeweils zwei Mitarbeiter wechselseitig einzuarbeiten (damit auch Regelung der Stellvertretung).

Perspektiven

Die Attraktivität eines Arbeitsplatzes hängt jedoch nicht nur von den augenblicklichen Aufgaben ab, sondern von den Perspektiven, die dem Mitarbeiter geboten werden. So muß einem neuen Mitarbeiter in einer noch kleinen Organisation klargemacht werden, daß im Augenblick jeder alles tut, der Ingenieur auch den Lötkolben in die Hand nimmt. Mit der Expansion der Organisation wird allerdings eine stärkere Strukturierung erforderlich, die entsprechende Aufstiegs- bzw. Verbesserungsmöglichkeiten beinhaltet.

Beispiel

In einem Unternehmen der Milchwirtschaft in den neuen Bundesländern war es üblich, daß im Falle einer Störung an einer der Abfüllanlagen die Instandhaltung benachrichtigt wurde. Kam der Spezialist, so ging der Anlagenführer – bis seine Anlage wieder funktionsfähig war – in die Kantine.

Wechselseitig lernen

Es ist sicherlich nicht sinnvoll, daß der Anlagenführer Reparaturen selbst ausführt, jedoch kann er im Zusammenhang mit Fehlersuche, Analyse und Störungsbeseitigung einiges lernen. In Zukunft wird er den Mitarbeitern der Instandhaltung Hinweise zur Fehlereinkreisung geben können. Er wird bei einer Schwachstelle an seiner Anlage behutsamer vorgehen und wird bei ersten Anzeichen einer Störung die Spezialisten vorzeitiger informieren.

Horizont erweitern

Neben einer Weiterbildung, um zusätzliche oder umfassendere Tätigkeiten wahrnehmen zu können, ist es sinnvoll, „horizonterweiterndes" Wissen zu vermitteln. Die Kenntnis von Zusammenhängen und Hintergründen ist eine Voraussetzung für Mitdenken und verantwortungsbewußtes Arbeiten.

So empfiehlt es sich, Mitarbeitern der Produktion fachliches Wissen zu vermitteln: Grundkenntnisse der Pneumatik, Hydraulik, Elektronik, Materialeigenschaften, Fertigungsverfahren sowie Qualitätsstandards und Einflußfaktoren auf die Qualität. Für das Zusammenarbeiten in Teams werden in vielen Unternehmen noch Kurse angeboten, die eine Erhöhung der Sozialkompetenz zum Ziel haben. Für die Entwicklung der Mitarbeiter an der Basis gilt, daß ihnen der Sinn der Aktion vermittelt wird und die Voraussetzungen für die Wissensaufnahme geschaffen werden.

Beispiel

Als Negativbeispiel sei folgender Vorgang angeführt: Ein renommierter Zulieferer der Automobilindustrie setzte für die Teams an der Basis ein umfangreiches Schulungsprogramm an. Die Mitarbeiter rätselten, warum sie nun geschult werden mußten. Sie vermuteten, daß sie noch mehr leisten sollten. Auch die Voraussetzungen waren nicht gegeben: Bei dem hohen Anteil an ausländischen Mitarbeitern mit Verständigungsproblemen wäre es sinnvoll gewesen, vorab Deutsch-Kurse durchzuführen. Im übrigen fanden die Schulungen vor der Spätschicht bzw. nach der Frühschicht statt: Die Aufnahmefähigkeit war sehr gering.

Bei der Konzipierung von teilautonomen Arbeitsgruppen ist grundsätzlich zu überlegen, welche Mitwirkungsrechte (Kompetenzen) die Gruppen erhalten sollen. Rohmert/Weg stellen im folgenden Schaubild (Abbildung 60) die Determinanten des Autonomiegrads von Gruppen dar: ►

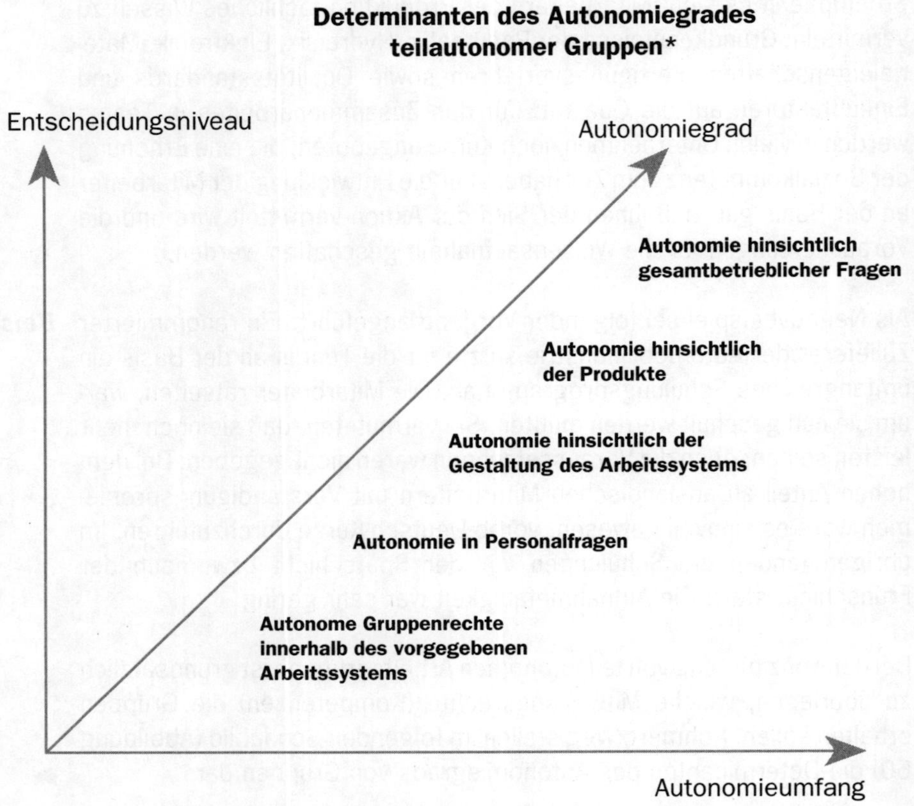

Abbildung 60: Determinanten des Autonomiegrades teilautonomer Gruppen

---

* Aus: Rohmert, W./Weg, F.J. „Organisation teilautonomer Gruppenarbeit. Betriebliche Projekte – Leitregeln zur Gestaltung", Carl Hanser Verlag, München/Wien, 1976, Seite 55

Autonome Gruppenrechte*

1. Autonome Gruppenrechte innerhalb des vorgegebenen Arbeitssystems
- Arbeitstempo bzw. -takt
- Pausenregelung
- Arbeitsaufteilung und -verteilung in der teilautonomen Gruppe
- Arbeitsplanung (zeitlich) in der teilautonomen Gruppe
- Festlegung der Arbeitszeit bei vorgegebener Gesamtarbeitszeit
- Produktkontrolle
- Arbeitsablauf: Überwachung und Entstörung

2. Autonomie hinsichtlich Personalfragen
- Wahl des Gruppensprechers / sonstiger Gruppenvertreter
- Urlaubsplanung
- Urlaubsgewährung
- freie Gruppenwahl und freier Gruppenwechsel
- Neueinstellung und Entlassung von Gruppenmitgliedern

3. Autonomie hinsichtlich der Gestaltung des Arbeitssystems
- Gestaltung der Arbeitsumweltbedingungen
- Arbeitsorganisatorische Regelungen innerhalb der teilautonomen Gruppe
- Organisatorische Regelungen zwischen teilautonomen Gruppen und Umsystem
- Bestimmung der Gesamtarbeitszeit
- Wahl der Produktionsmethoden
- Wahl der verwendeten Technologie
- Bestimmung der personellen Ausstattung der teilautonomen Gruppe
- Produktionsort

4. Autonomie hinsichtlich der Produkte
- Festlegung der Produktquantität
- Festlegung der Produktqualität
- Festlegung der Produktgestaltung
- Festlegung des Produktionsprogramms

* Aus: Rohmert/Weg, ebenda, Seite 56

5. Autonomie hinsichtlich gesamtbetrieblicher Fragen
- Budgetverantwortung
- (Teil-)Autonomie der teilautonomen Gruppe hinsichtlich gesamtbetrieblicher Prozesse und Strukturen
- Investitionsprogramm
- Finanzplan
- Gewinnverteilung und -verwendung

Abbildung 61: Autonome Gruppenrechte

Schrittweise Einführung

Die Übersicht (Abbildung 62) über mögliche Mitwirkungsrechte von teilautonomen Gruppen kann bei der Neuregelung der Kompetenzstrukturen hilfreich sein. Bei den einzelnen Gruppenrechten geht die Spannweite von der selbständigen Entscheidung über Mitentscheidung, Vetorecht, Beratungs- und Vorschlagsrecht bis hin zu Informationsrechten. Es empfiehlt sich, am Anfang mit geringeren Gruppenrechten zu beginnen und mit der Entwicklung und Reife der Gruppe die Kompetenzen auszuweiten. Da auf diesem Feld noch nicht allzu viele konkrete Erfahrungen vorliegen und unternehmens- sowie mitarbeiterspezifische Faktoren berücksichtigt werden müssen, bietet sich die Chance zum Experimentieren.

3. Flachere Hierarchie und flexible Organisation

Als Hauptursachen für die Probleme der Unternehmen werden angeführt: Die Unternehmen seien

- zu langsam
- zu wenig ideenreich
- zu teuer
- zu wenig marktorientiert

Was kann Organisation zur Verbesserung der Situation beitragen? Sehen wir uns die Realität an:

Beispiele

Ein Dienstleistungsunternehmen mit gut 1000 Mitarbeitern kommt auf fünf Hierarchiestufen (Vorstand/Geschäftsführung, Hauptabteilungs-/Bereichsleiter, Abteilungsleiter, Gruppenleiter, Sachbearbeiter); ein mittelständisches Produktionsunternehmen mit 1000 bis 2000 Beschäftigten bringt es auf sieben Ebenen (Vorstand/Geschäftsführung, Hauptabteilungsleiter, Betriebsleiter, Fertigungsleiter, Meister, Schichtmeister/Vorarbeiter, Werker).

Folgen der Überbetonung der Hierarchie

Die (zu) vielen Ebenen führen zu Verzögerungen und Unbeweglichkeit. Denken wir nur an die langen Dienstwege, die Informationen, Vorschläge und Entscheidungen durchlaufen müssen. Zu den langen Reaktionszeiten tritt ein ganz gravierender Punkt: die Realitätsferne der obersten Ebene. Sie ist zu weit vom Geschehen entfernt und erfährt eine durch die Hierarchiestufen gefilterte Realität. Umgekehrt ist festzustellen, daß die Informationsflüsse von oben nach unten vielfach zwischen der ersten/zweiten und der dritten Ebene gestört sind. Führungskräfte der dritten Ebene bezeichnen die ersten zwei Ebenen (erweiterte Geschäftsleitung) als „Wolke“, die über den Dingen schwebe und wenig informationsfreudig sei. Da die Macht in der Spitze liegt, werden in vielen Fällen auch Personalaufstockungen in den Bereichen vorgenommen, die der Unternehmensspitze und ihrer Erlebniswelt am nächsten sind, nämlich in den „unproduktiven“ Bereichen. Bürokratie erzeugt Bürokratie. Diese Erfahrung gilt nicht nur für staatliche Administrationen.

„Sahel-Zone“ der Innovation

Eine tief gestufte Hierarchie führt zu einer Überbetonung des Vertikalen. Sie verstärkt die Bildung von Kasten und fördert das Statusdenken. Der Abstand zwischen den Ebenen wird stärker betont als die Nähe. Die Interessen einer Funktion werden vom obersten Funktionsträger vertreten (Hauptabteilungs- bzw. Bereichsebene); die nachgelagerten Ebenen haben sich vorwiegend vertikal zu orientieren, und horizontale bereichsübergreifende Aktivitäten beschränken sich auf ein Minimum an Tagesfragen.

Die für Innovationen dringend notwendigen interfunktionalen bzw. interdisziplinären Kontakte auf den mittleren und unteren Hierarchieebenen unterbleiben, so daß man geneigt ist, im Schnittstellenbereich der Funktionen von einer „Sahel-Zone der Innovation“ zu sprechen.

Ansätze für die Organisation zur Überwindung der Probleme sind:

- Schaffung übersichtlicher, einfach zu handhabender, ergebnisverantwortlicher Unternehmenseinheiten (Profit Center). Dabei ist zu beachten, daß
  - diese Einheiten nach innen und außen sauber abgegrenzt sind,
  - die wesentlichen ergebnisbeeinflussenden Funktionen auf die Profit Center übertragen werden,
  - Vorteile zentraler Handhabung berücksichtigt werden (zum Beispiel Zentraleinkauf, Finanzen, Forschung/Entwicklung, Patentwesen, Öffentlichkeitsarbeit, Personal und Recht),
  - aufgrund der Regelung der Kompetenzen die Basis für eine gute Zusammenarbeit zwischen Zentrale und Profit Center gelegt wird,
  - durch eine entsprechende Größe der Profit Center und ihrer Organisationseinheiten sowohl in der Leitung als auch in den nachgelagerten Ebenen eine Professionalität der Leistungsträger gewährleistet ist.

- Reduzierung der Hierarchieebenen. Das bedeutet, daß
  - die Führungsspanne für die verbleibenden Ebenen größer wird,
  - die Führungskräfte stärker mit den nachgelagerten Ebenen, insbesondere der Basis, kommunizieren (lernen) müssen,
  - kurzfristig personelle Probleme aufgrund des Wegfalls von Führungspositionen zu lösen sind (Outplacement; innerbetriebliche Transfers, verbunden mit Qualifizierungsprogrammen, mit der Problematik von Motivationsdefiziten),
  - mittelfristig ein Umdenkprozeß über Karrieremöglichkeiten so erreicht wird, daß zum Beispiel die Leitung von Projekten, die Teilnahme an interessanten Aufgabenstellungen und Teamarbeit als genauso erstrebenswert angesehen werden wie die Führung von Mitarbeitern.

- Team-/Projektarbeit auf allen Ebenen. Dabei sollte jeweils geprüft werden,
  - ob eine Problemstellung rationeller (mit geringerem Zeit- und Kostenaufwand) in Einzelarbeit behandelt werden sollte,
  - ob die Komplexität und der Schwierigkeitsgrad des Problems für den Einsatz eines Teams sprechen,
  - ob die unterschiedlichen Blickwinkel der einzelnen Funktionen zur Erreichung einer Gesamtoptimierung im Team berücksichtigt werden sollten.

- Rationalisierung durch:
  - gezielteren Einsatz der Ressourcen (Personal, Räumlichkeiten, Sachmittel, Finanzen),
  - Beschränkung auf das Wichtigste (Bereinigungsprozesse durch Outsourcing bzw. Strategic Inhousing),
  - Denken und Handeln in Zielen.

- Marktorientierung. Alle Aktivitäten im Unternehmen sind auf den Markt auszurichten:
  - Kundennähe im Vertrieb
  - Entwicklung neuer Produkte (gemeinsam mit dem Kunden)
  - Hohes Qualitätsniveau, Reklamationsmanagement
  - Optimierung des Kundenservice
  - Partnerschaftliche Kooperation mit Lieferanten
  - Nutzung von Kooperationsmöglichkeiten mit Wettbewerbern

Konsequenzen der organisatorischen Maßnahmen

Die dargestellten organisatorischen Maßnahmen erfordern ein Umdenken und eine Neuorientierung. Grundlegende Veränderungsprozesse sind einzuleiten und durchzuführen. Ein hohes Maß an Verantwortung für die beschäftigten Menschen trifft Unternehmensleitung, Führungskräfte und Personalwesen. Diese sind aufgefordert, die für die Neuorientierung notwendige eigene Entwicklung und die für die Weiterentwicklung der Mitarbeiter erforderlichen Schritte zu unternehmen. Die durch die Massierung der Probleme notwendigen drängenden Aktionen werden zu erheblichen Personalreduzierungen führen, die nicht immer sozial verträglich durchgeführt werden können. Es muß versucht werden, die nicht gerade motivationsfördernden Einschnitte einigermaßen fair durchzuführen, den im Unternehmen verbleibenden Mitarbeitern Ängste zu nehmen und Sicherheit zu geben. Wir werden immer wieder Veränderungsprozesse im Unternehmen zu bewältigen haben, jedoch sollte eine verantwortungsbewußte Unternehmensleitung weitsichtig Entwicklungen erkennen und rechtzeitig Änderungen einleiten, um personellen „Kahlschlag“ zu vermeiden. Personalplanung und Personalentwicklung müssen – wie wir noch sehen werden – in Zukunft einen hohen Stellenwert erhalten.

4. Mehr Beweglichkeit in der Organisation der Zeit

Idealzustand

Machen wir uns zunächst einmal frei von den bestehenden Regelungen bezüglich der Arbeitszeit. Wie ist die Interessenlage? Der Arbeitnehmer würde sicherlich am liebsten dann arbeiten, wenn er Lust zur Verrichtung einer Arbeit hätte, die ihm Spaß macht. Der Arbeitgeber ist daran interessiert, daß in seinem Unternehmen die einzelnen Funktionen wahrgenommen werden und die Arbeitnehmer ihre Fähigkeiten einbringen. Bei der Betrachtung über Beruf und Freizeit haben wir festgestellt, daß ein wesentlicher Unterschied darin liegt, daß die betriebliche Arbeitszeit weitgehend fremdbestimmt, die Freizeit dagegen mehr oder weniger selbstbestimmt ist. Im Grunde geht es um drei Fragen:

Wie lange wird gearbeitet (Zeitdauer)?

Wann wird gearbeitet (Zeitpunkt)?

Wo wird gearbeitet (Arbeitsort)?

Beispiele für Interessenausgleich

Die Interessen von Arbeitgeber und Arbeitnehmer lassen sich bei einzelnen Tätigkeiten ohne weiteres verbinden: Beim Kreativ-Menschen, zum Beispiel einem Designer, ist völlig unerheblich, wie lange er arbeitet, wann er arbeitet (bei Tag oder in der Nacht) und wo er seine Ideen gewinnt (am Schreibtisch oder beim Waldspaziergang). Sicherlich werden in Zukunft mit der Weiterentwicklung der Kommunikationstechniken in vermehrtem Umfang Heimarbeitsplätze geschaffen. So wurden zum Beispiel bei IBM schon Hunderte von vernetzten Heimarbeitsplätzen eingerichtet. Die Mitarbeiter können ihre Arbeitszeit auf- und einteilen. Sie sind dadurch motivierter und produktiver.

Hindernisse einer Flexibilisierung

Haupthindernis einer weitgehenden Freigabe der Arbeitszeit ist die Tatsache, daß Anlagen immer teurer werden und aus diesem Grunde möglichst lange genutzt werden müssen. Außerdem erfordern die Abläufe sowie die Funktionsfähigkeit des Unternehmens die gleichzeitige Anwesenheit von Menschen.

Argumente gegen Flexibilisierung

Als weitere Argumente gegen eine Flexibilisierung der Arbeitszeit werden die gesetzlichen und tariflichen Rahmenbedingungen angeführt. Die Arbeitszeitordnung mit 48 Stunden in der 6-Tage-Woche bietet allerdings genügend Gestaltungsmöglichkeiten. Oft wird der Grundsatz der Gerechtigkeit als Argument verwandt: Es sei nicht gerecht, bei Angestellten der Verwaltung die „Gleitende Arbeitszeit" oder ähnliches einzuführen und im Betrieb die feste Arbeitszeit zu belassen.

Disziplinierung der Mitarbeiter

Die Vermutung liegt nahe, daß in vielen Unternehmen in alten Schablonen gedacht wird. Man ist nicht in der Lage, sich von den „Trampelpfaden" zu lösen und neue Wege zu beschreiten. Es wird so viel über Vertrauen im Unternehmen gesprochen, aber immer noch gibt es die Stempeluhren oder Zeiterfassungssysteme, die „natürlich nicht" der Kontrolle der Mitarbeiter dienen. Mit diesen Systemen wird versucht, eine Minderheit zu disziplinieren; der Mehrheit der Mitarbeiter wird damit letztendlich unlauteres Verhalten unterstellt. Man sollte zunächst die Motive der Minderheitsgruppe prüfen. Unter Umständen führen teilweise unattraktive Arbeit und schlechtes Betriebsklima zu negativen Verhaltensweisen, so daß zur Verbesserung der Situation ein anderer Ansatz gewählt werden müßte. Weiterhin ist es eine Tatsache, daß die Teilnehmer innerhalb von Gruppen „erzogen" werden. Das Instrument „Anwesenheitskontrolle" stellt lediglich die Anwesenheit fest, sagt aber nichts über die Intensität und Qualität der Arbeit aus.

Thesen bezüglich neuer Arbeitsformen und Arbeitszeiten*
► Das Auf und Ab der Nachfrage verlangt Auf- und Abbau der Leistungsstunden (bewegliche Betriebszeiten).
► Die zunehmenden Wünsche der Arbeitnehmer, Privat- und Berufsleben besser in Einklang zu bringen, bedingen Wahlzeit-Arbeit, also Arbeitszeiten bzw. Arbeitsphasen und Arbeitspausen in vielfältigster Art.
► Aus dem vermeintlichen Gegensatz – Arbeitnehmerbedürfnisse und betriebliche Erfordernisse – lassen sich mit Kreativität und Bereitschaft zur Flexibilisierung für beide Seiten befriedigende Ergebnisse herbeiführen.
► Sechs bis acht Millionen Arbeitnehmer in den westlichen Bundesländern müssen mehr arbeiten, als sie eigentlich möchten (Zwänge im System Arbeit blockieren die flexible Anpassung an die Wünsche der Menschen).
► Der tatsächliche Arbeitgeber in einer freien Marktwirtschaft ist der Verbraucher. Auch die Arbeitnehmer als Konsumenten entscheiden durch ihre Nachfrage über das Auf und Ab der Wirtschaft. Es muß ihnen in einem Aufklärungsprozeß vermittelt werden, daß bewegliche Arbeit zur Erhaltung der Wettbewerbsfähigkeit und Erhaltung der Arbeitsplätze notwendig ist.
► Betriebszeit und Arbeitszeit müssen nicht deckungsgleich sein.
► Die Realisierung neuer Formen und Zeiten der Arbeit ist längst möglich, sozial verträglich, relativ konfliktfrei zu organisieren und dringend notwendig.

Abbildung 62: Thesen bezüglich neuer Arbeitsformen und Arbeitszeiten

---

* Aus: Then, W. „Bei Reduzierung der Leistungspotentiale: Neue Arbeitsformen und Arbeitszeiten nutzen" in Personalführung 3/93, Seite 239

Anpassung durch Flexibilisierung

Es ist eigentlich unverständlich, daß Unternehmen weder im Eigeninteresse noch im Interesse der Mitarbeiter die Möglichkeiten der Flexibilisierung nutzen. Es ist, sofern man die Qualitäten seines Mitarbeiterstammes erkannt hat, sinnvoll, die Anpassung an die benötigten Kapazitäten über Flexibilisierung statt über Entlassungen und Neueinstellungen zu vollziehen. Auch die positive Wirkung auf die Motivation der Mitarbeiter sollte nicht vergessen werden, wenn man den Mitarbeitern Gestaltungsfreiheit bezüglich der Arbeitszeit gibt.

Kollektiv und individuell

Wir müssen uns von dem Gedanken lösen, eine einheitliche Regelung für ein ganzes Unternehmen in bezug auf die Arbeitszeit zu finden. Die Praxis zeigt, daß sinnvollerweise ein Gesamtrahmen durch Betriebsvereinbarung festgelegt wird (unter Berücksichtigung der gesetzlichen und tariflichen Vorschriften), innerhalb dessen auf Gruppen-/Teamebene abgestimmte, weitgehend individuelle Regelungen getroffen werden.

Wichtige Parameter

Einer der wesentlichsten Punkte ist die Ansprechbarkeit und Funktionsfähigkeit. Das wäre ein zentral in einer Betriebsvereinbarung zu fixierender Punkt, der in den einzelnen Organisationseinheiten bei den individuellen Regelungen zu berücksichtigen wäre. Angesichts immer härteren internationalen Wettbewerbs ist man schon erstaunt, wenn Unternehmen bereits am frühen Nachmittag, am Freitagnachmittag und in der Mittagszeit auf Anrufbeantworter schalten.

Beispiel

Hewlett-Packard (HP) hat ein weithin beachtetes Modell entwickelt. HP bleibt trotz der Arbeitszeitverkürzung bei der 40-Stunden-Woche. Die Zeitüberschüsse werden individuellen Zeitkonten gutgeschrieben. Der Mitarbeiter kann über seine Zeitguthaben wie folgt verfügen:

- Er kann im Rahmen der Gleitzeitregelung freie Stunden, halbe und ganze Tage in Anspruch nehmen.
- Er kann sich zusätzlichen Urlaub in Wochen, Monaten oder Sabbatjahren ansparen.

- Er kann während des gesamten Arbeitslebens Zeit ansparen, um vorzeitig oder abgestuft in den Ruhestand zu treten (er wäre bis zum offiziellen Pensionszeitpunkt in Vollzeit weiterbeschäftigt, aber von der Arbeitsleistung freigestellt).

Bei HP gilt für längere Abwesenheiten eine Ankündigungsfrist, die genauso lang ist wie die geplante Abwesenheit. Jährlich werden die Zeitguthaben bewertet, Rückstellungen gebildet und bilanziert. Die Zeitguthaben werden nicht verzinst, jedoch wird beim jeweiligen Abfeiern das aktuelle Gehalt zugrunde gelegt.*

Varianten der Flexibilisierung der Arbeitszeit

- Pausenregelungen innerhalb der Zeitmodelle (kollektiv oder individuell)
- Gleitende Arbeitszeit (mit Gleit- und Kernzeit)
- Teilzeitarbeit (verkürzte Arbeitszeit; verschiedene Variationen sind möglich: einheitlich täglich verkürzt, an bestimmten Wochentagen reduzierte Stundenzahl, Arbeit nur an bestimmten Wochentagen)
- Job-sharing (zwei Partner teilen sich eine Stelle; Arbeitszeit und -umfang werden vertraglich festgelegt oder autonom durch die Partner bestimmt)
- Jahresarbeitszeit (Vereinbarung eines jährlichen Zeitrahmens, innerhalb dessen Verkürzungen und Verlängerungen, zum Beispiel der Wochenarbeitszeit, ausgeglichen werden)
- Schichtarbeitszeit (Variationen rollierend oder fest im Zwei- bzw. Drei-Schichtbetrieb zur Erreichung höherer Betriebszeit; die längere oder kürzere Wochenarbeit wird in unterschiedlich langen Zeiträumen ausgeglichen)
- Sabbating/Langzeiturlaub (Mehrarbeit in bezug auf die arbeitsrechtlich verbindliche Normalarbeit – Vollzeit oder Teilzeit – wird in einem längeren Zeitraum abgebaut)

Abbildung 63: Varianten der Flexibilisierung der Arbeitszeit

---

* Mit freundlicher Genehmigung des Wilhelm Heyne Verlages GmbH & Co. KG., München nach: Haller, W. „Flexible Arbeitszeit", Heyne-Verlag, München, 1990, Seite 47/48

Lösungen gemeinsam erarbeiten

Die flexible Organisation der Zeit bringt – wie wir gesehen haben – dem Unternehmen und den Mitarbeitern Vorteile. Wichtig ist, unter Berücksichtigung der juristischen, technischen und organisatorischen Gegebenheiten die Realisierungsmöglichkeiten mit den Betroffenen und ihren Vertretern (Betriebsrat) zu diskutieren und einvernehmliche Lösungen zu finden.

5. Stellenbeschreibung und Funktionendiagramm als wichtige Organisationshilfen

Stellenbeschreibung

Die Stellenbeschreibung ist eine schriftliche Fixierung der Ziele, Aufgaben und Befugnisse einer Stelle und zeigt ihre organisatorische Eingliederung in die betriebliche Organisationsstruktur. Stellenbeschreibungen verfeinern die Globalaussagen, die durch das Organigramm getroffen werden, bauen also auf dieser Übersicht auf.

Vorteile der Stellenbeschreibung

... für das Unternehmen

- Das Unternehmen wird in seiner Gesamtorganisation transparent.
- Die Delegation von Verantwortung mit ihren Vorteilen wird durch Stellenbeschreibungen ermöglicht.
- Vermeidung von Mehrfachvergabe und sinnvolle Zuordnung von Aufgaben.
- Stellenbeschreibungen leisten einen positiven Beitrag zur Versachlichung der Beziehungen.
- Stellenbeschreibungen sind eine Grundlage für Personalplanung, Personalbeschaffung, Leistungsbeurteilung und eine systematische Personalentwicklung.

... für den Vorgesetzten

- Der Vorgesetzte wird von der Gesamtverantwortung für das, was im Bereich seiner Mitarbeiter geschieht, frei (Reduzierung auf die Führungsverantwortung).
- Dem Vorgesetzten wird bewußt, wo er nicht handeln und entscheiden darf.
- Der Mitarbeiter kann sich seiner Verantwortung nicht entziehen.
- Der Vorgesetzte erkennt Versuche der Rückdelegation und kann dieser wirksam entgegentreten.
- Die Stellenbeschreibung erleichtert dem Vorgesetzten die Einarbeitung, Steuerung und Entwicklung seiner Mitarbeiter.
- Die Stellenbeschreibung ist Grundlage für Zielvereinbarungen und Kontrolle.
- Die Stellenbeschreibung ist die Basis für die fachliche Beurteilung des Mitarbeiters und eine objektive Festlegung der daraus resultierenden Maßnahmen.
- Die Stellenbeschreibung ist eine wichtige Hilfe bei der optimalen Besetzung einer Stelle.

... für den Mitarbeiter

- ► Es wird festgelegt, welche Aufgaben der Mitarbeiter wahrzunehmen hat. Er weiß, was er tun muß und was er nicht darf.
- ► Durch klares Umreißen der Aufgabenstellung, der Kompetenzen und der daraus resultierenden Verantwortung wird Konfliktpotential reduziert.
- ► Die Stellenbeschreibung trägt zur Objektivierung der Leistungsbeurteilung bei.
- ► Die Stellenbeschreibung ist eine Basis für die Selbsteinschätzung des Mitarbeiters und seine Selbstkontrolle.
- ► Der Mitarbeiter erhält Handlungsfreiheit gegenüber seinem Vorgesetzten (Eingriffe werden vermieden) und seinen Kollegen (Übergriffe werden vermieden).
- ► Der Mitarbeiter wird sicherer in seinem Verhalten gegenüber allen Stellen im Unternehmen: Er weiß, von wem er Anweisungen, Beratung, Unterstützung und Informationen erhält und wem er sie geben muß.
- ► Die Stellenbeschreibung ist eine wichtige Basis für die Entwicklung des Mitarbeiters im Unternehmen.
- ► Die Stellenbeschreibung ist ein Hilfsmittel für die Gehaltseinstufung des Mitarbeiters.
- ► Die Stellenbeschreibung erhöht die Transparenz für Bewerber und neue Mitarbeiter.
- ► Durch Stellenbeschreibungen wird bei Vorgesetztenwechsel die Kontinuität gefördert.

Abbildung 64: Vorteile der Stellenbeschreibung

Abbildung 65 zeigt ein in der Praxis bewährtes Stellenbeschreibungsformular mit Anforderungsprofil:

Stellenbeschreibung **Blatt 1**

Stellenbezeichnung	
Firma / Standort	Name des Stelleninhabers
Unterstellung	
Überstellung	
Zielsetzung der Stelle	
Stellvertretung für Stelle	durch Stelle
Besondere Befugnisse	

►

Stellenbeschreibung **Blatt 2**

Wesentliche Einzelaufgaben
Der Stelleninhaber hat über die in der Stellenbeschreibung aufgeführten Aufgaben hinaus weitere Aufgaben zu übernehmen, die ihm vom Vorgesetzten übertragen werden und die wesensgemäß seinem Aufgabengebiet und seiner Ausbildung/Erfahrung entsprechen.

►

Stellenbeschreibung **Blatt 3**

In- und externe Kontakte/Zusammenarbeit (außerhalb des Führungsverhältnisses)		
Zusammenarbeit mit Stelle	Art und Zweck	Häufigkeit
Unterschrift Stelleninhaber	Unterschrift Vorgesetzter	Unterschrift nächsthöherer Vorgesetzter

►

Stellenbeschreibung **Blatt 4**

Anforderungsprofil	
01 Probleme erkennen und analysieren 02 Verantwortungsbewußtsein 03 Entscheidungsvermögen / Selbständigkeit 04 Organisatorische Fähigkeiten 05 Verhandlungsgeschick 06 Kooperationsfähigkeit 07 Belastbarkeit 08 Flexibilität 09 Wirtschaftliches Denken 10 Führungsqualifikation	**Schulbildung** ◯ Hauptschulabschluß ◯ Mittlere Reife ◯ Fachhochschulreife ◯ Allgemeine Hochschulreife
Spezialkenntnisse (zum Beispiel Sprachen)	**Berufsausbildung Fachrichtung** ◯ Lehre ◯ Fachschule ◯ Fachhochschule ◯ Hochschule (Diplom) ◯ Hochschule (Promotion) ◯ Sonstiges (Meister, Techniker)
Berufserfahrung (Jahre)	**Dauer der Einarbeitung**

Abbildung 65: Stellenbeschreibung

Erläuterung zur Stellenbeschreibung

Die **Kopfleiste** dient der Darstellung der Eingliederung der Stelle: **Stellenbezeichnung** (Leiter Controlling, Einkäufer etc.), **Unterstellung** (an welche Stelle der Stelleninhaber berichtet), **Überstellung** (welche Stellen dem Positionsinhaber direkt unterstellt sind).

Die **„Zielsetzung der Stelle"** gibt die Begründung, was mit der Stelle erreicht werden soll und warum sie geschaffen wurde. Es handelt sich um langfristige Zielsetzungen, die aus den Unternehmenszielen abgeleitet werden.

Unter der **„Stellvertretung"** sollte zusätzlich vermerkt werden, ob und welche Einschränkungen in den Funktionen und Befugnissen im Vertretungsfall gegeben sind.

„Besondere Befugnisse" beinhalten Unterschriftsberechtigungen (Prokura, Handlungsvollmacht), Vollmachten (Post, Bank), Investitionsentscheidungen etc.

Unter **„wesentlichen Einzelaufgaben"** werden die Aufgaben, geordnet nach Sachgebieten, mit Hinweis auf die Art der Verrichtung aufgeführt:

- Entscheidung (er/sie bestimmt, ordnet an, legt fest, genehmigt ...)
- Entscheidungsvorbereitung (er/sie berät, schlägt vor, empfiehlt, arbeitet aus...)
- Durchführung (er/sie fertigt aus, stellt bereit, holt ab...)

„In- und externe Kontakte" sollen außerhalb des Führungsverhältnisses des Stelleninhabers zum Vorgesetzten und zu den Mitarbeitern die Zusammenarbeit charakterisieren. Im Innenverhältnis sind die wichtigsten kommunikativen Beziehungen aufzuzeigen, im Außenverhältnis sind die berufsrelevanten Kontakte (Repräsentation, Prüfungsausschuß, Tarifkommission etc.) darzustellen.

Das **Anforderungsprofil** gibt Hinweise auf das für eine Wahrnehmung der Aufgaben erforderliche Wissen und Können, was insbesondere für die Stellenbesetzung und die Personalentwicklung relevant ist.

Argumente gegen Stellenbeschreibungen

Stellenbeschreibungen, deren Vorteile wir bereits kennengelernt haben, sind nicht unumstritten. Die Hauptargumente dagegen sind die starke hierarchische Orientierung, die Statik und mangelnde Flexibilität sowie der hohe Aufwand für Erstellung und Pflege der Stellenbeschreibung. Die Erfahrung zeigt, daß trotz der Bedenken gegen die Stellenbeschreibung die Vorteile überwiegen, vor allem dann, wenn bei der Erstellung und Handhabung die Bedenken weitgehend berücksichtigt werden.

Vorgehensweise bei der Einführung von Stellenbeschreibungen

- Stellenbeschreibungen sollten bis auf Sachbearbeiterebene herab erstellt werden. Sinnvoll ist, das Projekt entweder Ebene für Ebene oder sektoral (Funktionen, Standorte) durchzuführen.
- Projektverantwortlich zeichnet meist die Personal- und/oder die Organisationsabteilung.
- Bei der Aktion muß zunächst der Ist-Zustand der Stelle ermittelt werden. In der Praxis hat sich bewährt, die Wünsche und Vorschläge der Stelleninhaber aufzunehmen. Sofern man die richtigen Fragen stellt und die Stelleninhaber die Aktion mittragen, erhält man eine beachtliche Zahl von Vorschlägen zur Ausgestaltung der entsprechenden Position und zur Verbesserung der Abläufe.

Abbildung 66 zeigt einen Fragebogen zur Erfassung der Vorschläge der Stelleninhaber:

Fragebogen zur Stellenbeschreibung

- Könnten Sie wirkungsvoller arbeiten, wenn Sie einer anderen Stelle organisatorisch zugeordnet würden? Wenn ja, welcher?
- Erhalten Sie außer von Ihrem Vorgesetzten Anweisungen von anderen Stellen? Wenn ja, welche und woher?
- Sollten Regelungen geändert werden, damit Sie effizienter arbeiten können? Wenn ja, welche und wie?
- Welche der Ihnen unterstellten Stellen bräuchten Ihnen nicht direkt zu unterstehen, oder welche sollten Ihnen zusätzlich direkt unterstellt sein, damit Ihre Organisationseinheit wirkungsvoller arbeiten kann?
- Welchen Stellen, außer den Ihnen direkt unterstellten, geben Sie Weisungen? Welcher Art sind diese? Sollte etwas geändert werden?
- Sollte die bestehende Regelung der Stellvertretung geändert werden? Wenn ja, wie und warum?
- Sollten Ihre Befugnisse geändert werden, damit Sie effizienter arbeiten können? Wenn ja, was, wie und warum?
- Gibt es Tätigkeiten, die heute an anderer Stelle erledigt werden, jedoch nach Ihrer Auffassung zu Ihrem Aufgabenbereich gehören?
- In welchen Fällen sollte man Ihnen im Gegensatz zur bisherigen Praxis die Entscheidung überlassen oder die gegenseitige Beratung und Information verbessern?
- Welche der von Ihnen ausgeführten Tätigkeiten sollten zweckmäßigerweise an anderer Stelle erledigt werden?
- Welche zusätzlichen Anregungen, die Ihre Arbeit erleichtern würden, können Sie geben?

Abbildung 66: Fragebogen zur Stellenbeschreibung

- Der Erstentwurf der Stellenbeschreibung sollte vom Stelleninhaber selbst gemacht werden, denn er kennt seine Stelle am besten. Es gibt mehrere Möglichkeiten der Vorgehensweise durch die Projektverantwortlichen: Vollinterview, strukturierter Fragebogen mit Anleitung und Nachinterview, Delegation der Durchführung aufgrund des Fragebogens mit Anleitung auf die einzelnen Bereiche. Aus Rationalisierungsgründen wird jedoch empfohlen, vom zeitaufwendigen Vollinterview abzugehen.
- Die Stellenbeschreibungs-Entwürfe und die Verbesserungsvorschläge sollten unter Leitung der Projektverantwortlichen bereichsweise abgestimmt werden, bevor sie in Kraft gesetzt werden.
- Aufgrund ständiger Veränderungen im Unternehmen ist es notwendig, daß die Stellenbeschreibungen jährlich aktualisiert werden.

Rationalisierungsmöglichkeiten bei der Einführung von Stellenbeschreibungen

- Restriktive Festlegung der Positionen, für die eine Stellenbeschreibung angefertigt werden soll. Mit dem Denkansatz „Was haben die Stellen gemein?“ statt „Was unterscheidet sie?“, wird für mehrere Stellen nur ein Prototyp erforderlich (zum Beispiel für Meister, Einkäufer, Vertriebssachbearbeiter). In vielen Fällen können so 30 bis 40 Prozent der Stellenbeschreibungen eingespart werden.
- Bereits bei der Gestaltung des Stellenbeschreibungsformulars sollte geprüft werden, welche Informationen wichtig sind und worauf man verzichten kann.
- Bei den Einzelaufgaben sollte nicht jedes Detail erfaßt werden. 80 bis 90 Prozent der Aufgaben reichen, Perfektion ist zu aufwendig. Je mehr erfaßt wird, desto mehr ist zu aktualisieren. Im übrigen ordnet der Mensch, wenn er eine Grundorientierung hat, nicht geregelte Dinge automatisch zu.
- Die Erstellung der Entwürfe der Stellenbeschreibung durch den Stelleninhaber als eine weitere Rationalisierungsmöglichkeit haben wir bereits erwähnt.
- Um einen umfassenden „Papierkrieg“ zu vermeiden, empfiehlt sich, den Verteiler für die Stellenbeschreibungen übersichtlich zu halten: Jeder Stelleninhaber erhält seine Stellenbeschreibung, der Vorgesetzte zusätzlich die seiner Mitarbeiter. Darüber hinaus sollten die Stellenbeschreibungen bereichs-/abteilungsweise abgelegt und für Interessierte zugänglich sein. Zentral werden die Stellenbeschreibungen bei den Projektverantwortlichen aufbewahrt. Moderne Datentechnik ermöglicht einen rationellen Zugriff auf die gespeicherten Stellenbeschreibungen und erleichtert die Aktualisierung.
- Jede Stellenbeschreibung sollte, um mögliche arbeitsrechtliche Komplizierungen zu vermeiden, den Hinweis erhalten (siehe Seite 2 des Stellenbeschreibungsformulars), daß der Stelleninhaber über die aufgeführten Aufgaben hinaus weitere Aufgaben zu übernehmen hat, die ihm vom Vorgesetzten übertragen werden und die wesensgemäß seinem Aufgabengebiet und seiner Ausbildung/Erfahrung entsprechen.

Abbildung 67: Rationalisierungsmöglichkeiten bei der Einführung von Stellenbeschreibungen

Stellenbeschreibungen sind Orientierungshilfen in einem dynamischen Prozeß. Sie sollen zur Ordnung beitragen, aber Initiativen nicht ersticken. Die ursprünglich stark hierarchische Ausrichtung kann überwunden werden, indem der horizontalen Richtung (Interne Kontakte/Zusammenarbeit außerhalb des Führungsverhältnisses) mehr Bedeutung beigemessen wird. Auch bei der Beschreibung der wesentlichen Einzelaufgaben sollten Hinweise gegeben werden, wenn Entscheidungen im Rahmen eines Teams getroffen werden oder Beratung gemeinsam mit einem anderen Funktionsträger erfolgt.

Funktionendiagramm

Bei umfangreicheren Aufgabenstellungen – zum Beispiel Neu- und Umorganisationen – ist das Funktionendiagramm ein hilfreiches Instrument. Die Darstellung erleichtert Überlegungen, wie und durch welche Stellen eine komplexe Aufgabenstellung wahrgenommen werden soll. Nachstehende Skizze verdeutlicht den dreidimensionalen Aufbau des Diagramms:

Stellen / Aufgaben	Geschäftsführung	Bereichsleiter	Abteilungsleiter	Gruppenleiter
		F		

*Abbildung 68: Skizze Funktionendiagramm**

* Aus: Freilinger, Chr. „Stellenbeschreibungen und/oder Funktionendiagramme?" in: „Personalwirtschaft" 12/87, Seite 535

Erläuterung

Unter „Aufgaben" werden die Teilaufgaben aufgelistet. Es ist dabei zu beachten, daß eine zu starke Aufgliederung die Übersichtlichkeit vermindert. Unter „Stellen" werden die an der Aufgabe beteiligten Stellen aufgeführt, das heißt von der Geschäftsführung, die eine Grundsatzentscheidung trifft, bis zum Referenten, der die Aufgabe ausführt. „F" steht als dritte Dimension für die Funktion, das bedeutet, in welcher Form eine Stelle an der Aufgabenerfüllung beteiligt ist: E = Entscheidung, B = Beratung, D = Durchführung, I = wer zu informieren ist. Weitere Differenzierungen sind möglich, meist leidet jedoch die Übersichtlichkeit darunter.

Stellenbeschreibung und Funktionendiagramm

Die Entscheidung, ob Stellenbeschreibung oder Funktionendiagramm, ergibt sich aus der organisatorischen Zielsetzung. Das Funktionendiagramm zeigt, wer an einer globalen Aufgabenstellung mit welchen Befugnissen beteiligt ist. Diese Erkenntnis kann bei der Stellenbeschreibung nur durch den Vergleich der Stellenbeschreibungen der involvierten Positionen „mühsam" gewonnen werden. Beim Funktionendiagramm fehlen dagegen die organisatorische Eingliederung, das Ziel der Stelle, die Stellvertretung, die besonderen Befugnisse und das Anforderungsprofil. Die Möglichkeit, Funktionendiagramme als Grundlage für Stellenbeschreibungen zu nutzen, stößt in der Praxis aufgrund des hohen arbeitsmäßigen Aufwands auf wenig Gegenliebe.

Funktionendiagramm bei der Projektarbeit

Eine hervorragende Anwendungsmöglichkeit bietet das Funktionendiagramm im Zusammenhang mit der Projektarbeit. Als einfaches „Handwerkszeug" im Vergleich zur Netzplantechnik unterstützt das Funktionendiagramm eine rationelle und qualifizierte Arbeitsweise des Teams. Der Aufbau des Diagramms ist der gleiche wie im obigen Schema. Die Aufgaben sind in logischer Reihenfolge aufzuführen, bei den Stellen ist die jeweils kleinste Organisationseinheit anzugeben (oder der Name der betroffenen Person, sofern sie bereits bestimmt ist). Je nach Komplexität kann es sinnvoll sein, einen Zeitplan in Form eines Balkendiagramms (siehe Abbildung 69) sowie weitere Planübersichten bezüglich der Ressourcen Arbeitskräfte, Sachmittel/Investitionen und Finanzen zu entwikkeln.

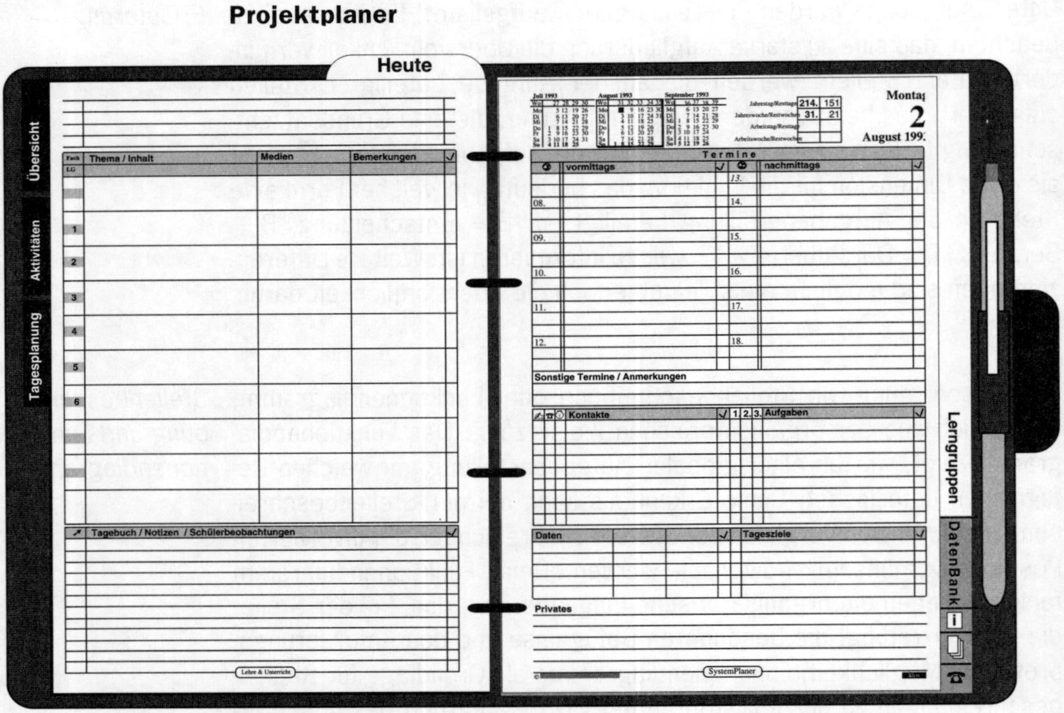

Abbildung 69: Projektplaner

IV. Personalwirtschaftliche Instrumente und ihre Wirkung auf die Aktivität der Mitarbeiter

Verantwortung des Personalwesens

Neben den bereits dargestellten Einflußbereichen auf die Entfaltung der Mitarbeiter, nämlich Führung und Organisation, gibt es einen dritten Einflußbereich, die Personalwirtschaft. Die vom Personalwesen initiierten, konzipierten und angewandten Instrumente tragen wesentlich zu einer optimalen Wirkung des Produktionsfaktors „menschliche Arbeitskraft" bei. Wichtiger noch als die Konzipierung der Instrumente ist ihre Anwendung. Hier liegt bei den Mitarbeitern des Personalwesens direkt oder indirekt – über die Einflußnahme auf die Führungskräfte – eine hohe Verantwortung. Das „Handling" von Systemen darf nicht dazu führen, daß die Mitarbeiter des Personalwesens zu „System-Fetischisten" mit kollektiver Blickrichtung werden. Die Hauptaufgabe des Personalwesens ist und bleibt der Service am Menschen. Betreuungsfunktion haben alle personalwirtschaftlichen Funktionen und alle Ebenen – vom Personalleiter bis zum Sachbearbeiter.

Personalplanung gibt Sicherheit

Die kostspielige Investition „Mensch" erfordert ein vorausschauendes und verantwortungsbewußtes Verhalten in quantitativer und qualitativer Hinsicht. Der einzelne Mitarbeiter muß ein hohes Maß an Sicherheit erhalten, daß das Unternehmen ihn und seine Fähigkeiten langfristig einplant. Eine Personalplanung, die auf den langfristigen Unternehmenszielen aufbaut, restriktiv in der Bemessung des Personals ist sowie die Entwicklung von Kopfzahlen und Kosten konsequent verfolgt, trägt in hohem Maße dem Sicherheitsbedürfnis des Mitarbeiters und seinen Wünschen nach Entwicklung Rechnung. Die Auswirkungen konjunktureller Abschwünge und struktureller Veränderungen könnten bei verantwortungsbewußter Personalplanung deutlich abgeschwächt werden.

Oft führen mangelnde Vorausschau und eine verfehlte Unternehmenspolitik zu „knallharten" Aktionen des Personalabbaues, die mit netten Vokabeln wie „schlank und rank", „abspecken", „sozial verträgliche Personalanpassung" etc. verbrämt werden.

Längerfristige Orientierung der Beschaffung

Personalbeschaffung, auf welcher Ebene auch immer, ist ein für das Unternehmen lebenswichtiger Vorgang, um die Funktionsfähigkeit sicherzustellen und einer Auszehrung durch Alterungsprozesse entgegenzuwirken. Im Rahmen der Personalbeschaffung ist es für Unternehmen und Bewerber wichtig, sich bezüglich der Fähigkeiten und ihrer Nutzung beidseitig längerfristig zu orientieren.

Chancen durch Personalentwicklung

Durch eine gezielte Personalentwicklung, die nicht nur die Mitarbeiter des Personalwesens, sondern ebenso die Führungskräfte fordert, sollen den Mitarbeitern klare Chancen (über die Zufälligkeiten hinaus) geboten werden, die sie mit Unterstützung der unternehmensseitig Verantwortlichen nutzen können.

Personalbeurteilung

Hilfestellung bei der Standortbestimmung des einzelnen und eine Voraussetzung für optimalen Personaleinsatz und Personalentwicklung bietet das Beurteilungswesen, das in Form des jährlichen Mitarbeitergesprächs in Verbindung mit der Zielvereinbarung und -bewertung sowie den Fördermaßnahmen eine wesentliche Steuerungsfunktion besitzt.

Motivierende Entgeltsysteme

Anreize zu besserer Leistung und leistungsorientierte Honorierung können sich nicht ausschließlich im immateriellen Bereich abspielen; sie bedürfen einer wirkungsvollen Ergänzung durch motivierende Entgeltsysteme.

Mitarbeiterzeitschrift

Information und Kommunikation wurden bereits ausführlich behandelt. Unter den personalwirtschaftlichen Instrumenten wird aufgrund der Bedeutung der Personalinformation ein zentrales Informationsinstrument vorgestellt: die Mitarbeiterzeitschrift.

Das betriebliche Verbesserungsvorschlagswesen wird im Rahmen der Aktivierung der Mitarbeiter als Innovationsinstrument einen erhöhten Stellenwert erhalten. Hier wird zu überlegen sein, wie ein System gestaltet und angewandt wird, um die Ideen und die Kreativität der Mitarbeiter zu fördern.

Verbesserungsvorschlagswesen

1. Transparente Personalplanung zur Orientierung und Sicherheit

„Personalplanung ist ein Instrument der Unternehmensführung, das die Aufgabe hat, die Ziele der Personalpolitik – verstanden als integrierter Bestandteil der Unternehmenspolitik – durch Vorausschau und Festlegung gewollter Maßnahmen in der Zukunft realisieren zu helfen.“*

Begriff Personalplanung

Die Personalplanung umfaßt:

- Personalbedarfsplanung (Wieviel Personal mit welcher Qualifikation wird wann und wo benötigt?)
- Personalbeschaffungs- bzw. -abbauplanung (Wie kann das erforderliche Personal gewonnen bzw. überzähliges Personal reduziert werden?)
- Personaleinsatzplanung (Wie kann das Personal gemäß seinen Fähigkeiten optimal eingesetzt werden?)
- Personalentwicklungsplanung (Wie kann das Personal systematisch gefördert werden, damit es seinen derzeitigen und zukünftigen Aufgaben gerecht wird und seinen Entwicklungsvorstellungen entsprochen wird?)
- Personalkostenplanung (Welche Kosten ergeben sich aus dem Personalbestand und den geplanten personellen Maßnahmen?)**

* Aus: Kador, F.-J. „Personalplanung“ , Personalenzyklopädie, Band III, Verlag Moderne Industrie, München, 1978, Seite 154

** Nach: Kador, F.-J. ebenda, Seite 155

Einen Überblick über die Teilbereiche der Personalplanung und ihre Zusammenhänge gibt die Darstellung des Personalplanungssystems in Abbildung 70:

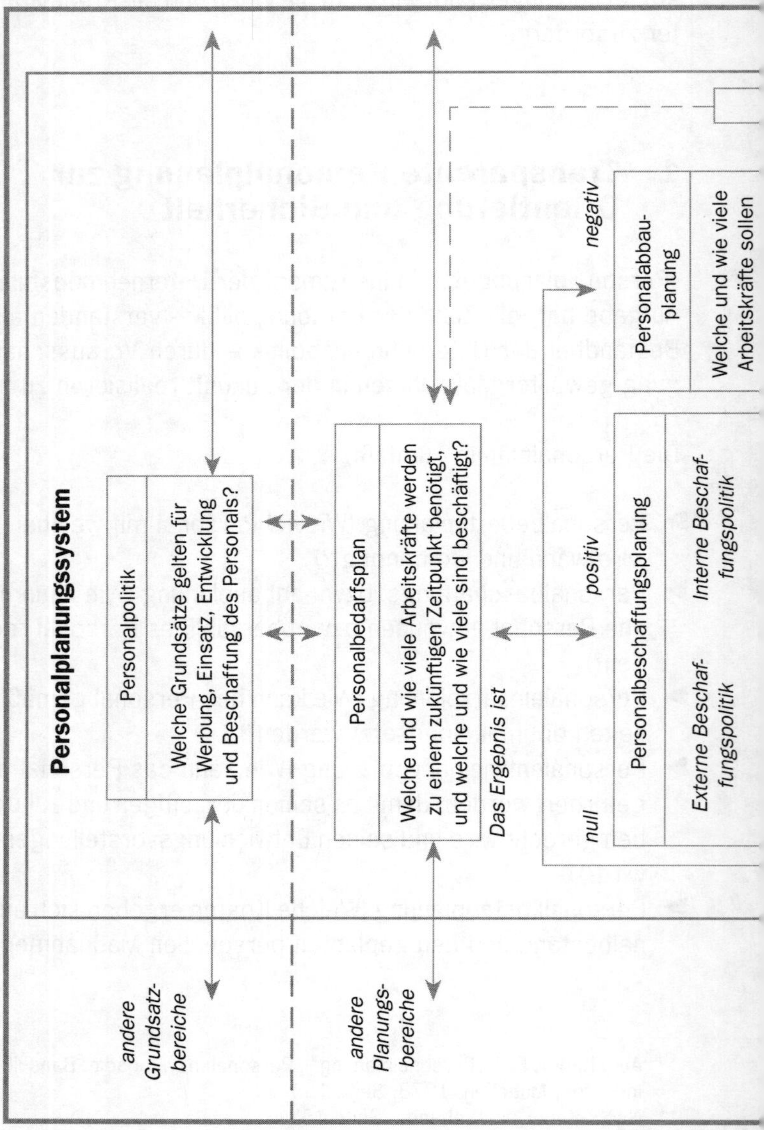

Abbildung 70: Personalplanungssystem Aus: Heeg, F. /Münch, J. „Personal- und Organisationsentwicklung", Klett-Verlag, Stuttgart/Dresden, 1993, Seite 346

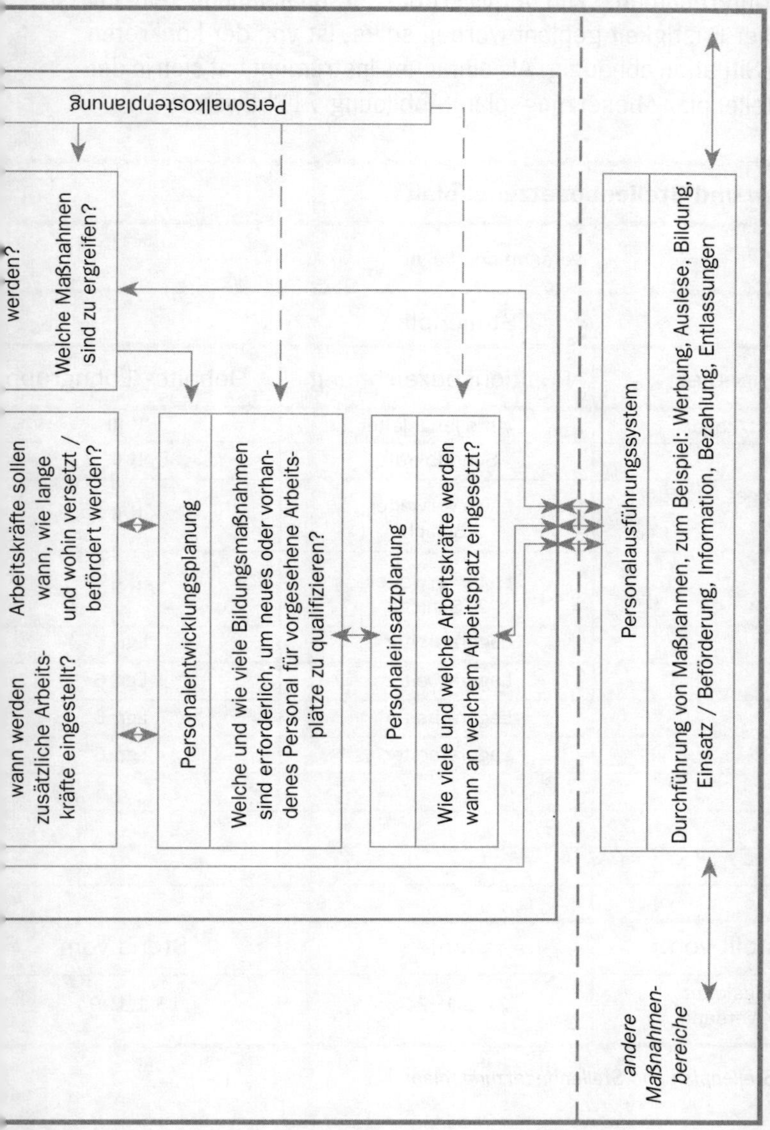

Voraussetzungen für qualifizierte Personalplanung

Wesentliche Voraussetzungen für eine qualifizierte Personalplanung sind Weitsicht der Unternehmensleitung, Vorhandensein von Unternehmenszielen, hoher Stellenwert der Personalplanung im Rahmen der Gesamtplanung des Unternehmens. Wie detailliert die Personalplanung sein soll und mit welcher Fristigkeit geplant werden sollte, ist von der konkreten betrieblichen Situation abhängig. Als einfaches Instrument hat sich in der Praxis der Stellenplan/-besetzungsplan (Abbildung 71) bewährt:

Stellenplan und Stellenbesetzungsplan		
Abteilung:	Versand und Lager	
	Stellenplan	
Sachgebiet	Positionsbezeichnung	Gehalts-/Lohngrupp
Versand/Lager	Abteilungsleiter	K III
	Schreibkraft	K II
Lager	Lagerverwalter 1.Schicht	K II
	Lagerverwalter 2. Schicht	K II
	Lagerarbeiter	Lgr. 6
	Lagerarbeiter	Lgr. 6
	Lagerarbeiter	Lgr. 6
	Lagerarbeiter	Lgr. 6
Ausgestellt von:	am:	Stand vom:
Abteilungsleiter Lager / Versand	22.1.1994	18.1.1994

Abbildung 71: Stellenplan und Stellenbesetzungsplan

Der Stellenplan (Soll) gibt Hinweise auf Struktur einzelner Organisationseinheiten, Anzahl der Stellen und qualitative Hinweise unter den Rubriken „Positionsbezeichnung" und „Gehalts-/Lohngruppe". Der Stellenbesetzungsplan (Ist) zeigt den aktuellen Stand der Besetzung, die Einstufung sowie unter „Bemerkungen" die zu veranlassenden Schritte.

Stellenbesetzungsplan		
Name	Gehalts-/Lohngruppe	Bemerkungen
Robert Plotzka	K III	
Marie Held	K II	Besetzung zum 1.4.94
Otto Raul	K II	
Heinrich Lehmann	K II	
Fritz Kunze	Lgr. 6	
Emanuel Ossigino	Lgr. 7	
Toni Wurster	Lgr. 6	
		bleibt 1994 unbesetzt
Blatt:	von insges. Blättern:	
1	1	

Nach: Hillengaß, H. /Nökel, R. „Vom Bewerber zum Mitarbeiter", Deutscher Industrie Verlag, Köln, 1972, Seite 13

Chancen vakanter Stellen nutzen

In der Praxis werden die im Rahmen der Planung genehmigten Stellen als nach oben und unten verbindlich angesehen. So wird eine vakante Stelle, die ja schließlich genehmigt wurde, vielfach automatisch neu besetzt. Diese Handhabung erinnert an den Umgang mit den Etats im Öffentlichen Dienst, wo schnell vor dem Jahresende noch freie Mittel „untergebracht" werden. Gespart wird meist nur aufgrund von Vorgaben im Rahmen der Gesamtplanung, was letztlich bedeutet, daß Personal in größerem Umfang in kürzester Zeit abgebaut wird. Die Chancen, die während des Planungszeitraumes vakant werdende Stellen bieten, werden einfach nicht genutzt. Die Gründe für dieses Verhalten sind vielfältig. Oft haben die verantwortlichen Vorgesetzten keine Zeit, sich Gedanken zu machen, vergessen dies ganz einfach, haben analytische bzw. organisatorische Defizite oder befürchten, daß der Stellenwert ihrer Position bei weniger Mitarbeitern sinken könnte.

Vor Wiederbesetzung einer offenen Stelle sollte geprüft werden:

- Ist die Stelle noch notwendig, oder kann sie eingespart werden?
- Können die Aufgaben auf andere Stellen verteilt werden?
- Kann die Vollzeit-Position in eine Teilzeit-Position umgewandelt werden?
- Kann die Stelle mit zusätzlichen Aufgaben quantitativ und/oder qualitativ angereichert und aufgewertet werden?
- Kann die Stelle durch Umschichtung von Routinearbeiten anderer Stellen vereinfacht werden?
- Ist die Besetzung der Stelle aufschiebbar?

Personalplanung und Statistik

In die Personalplanung sollten zur Erhöhung der Planungssicherheit statistische Daten der Vergangenheit einfließen:

- Stand und Entwicklung der Personalzahlen (Teilbestände, Strukturquoten, Bewegungen)
- Personalkosten (gesamt, nach Aufwandsarten, pro Kopf/Gruppe)
- Arbeits- und Fehlzeiten
- Leistungsdaten (zum Beispiel Umsatz bzw. Produktion pro Kopf, Relation Herstellungskosten und Personalaufwand, Zeitaufwand pro Produkt)

Personalplanung und Motivation

Durch die Personalplanung kann dem Mitarbeiter zwar auf lange Sicht keine absolute Garantie für eine bestimmte Tätigkeit gegeben werden, jedoch kann der Mitarbeiter wesentlich sicherer sein, daß er einen gleichwertigen Arbeitsplatz behält und seine Talente gefördert und genutzt werden. Halten wir uns vor Augen, daß die Motivation der Mitarbeiter wesentlich vom Grad der Sicherheit des Arbeitsplatzes im Unternehmen beeinflußt wird und die Maßnahmen zur Befriedigung der Bedürfnisse der Mitarbeiter nach Anerkennung und Entfaltung so lange nicht greifen, wie die Mitarbeiter existentielle Befürchtungen haben. Wenn dem Bedürfnis nach Sicherheit soweit wie möglich entsprochen wird, werden die in der Planung berücksichtigten personellen Maßnahmen der Förderung und Weiterentwicklung der Mitarbeiter äußerst positiv auf die motivationale Verfassung wirken.

2. Personalbeschaffung und Einarbeitung: Vom Bewerber zum Mitarbeiter

In- und externe Beschaffung

Personalbeschaffung wird immer dann notwendig, wenn neue Stellen geschaffen oder vorhandene vakant sind und besetzt werden sollen. Gründe für die Vakanz von Stellen können sein: Kündigung, Pensionierung, Todesfall, Erwerbsunfähigkeit oder Versetzung. Ein Teil der Beschaffungsvorgänge wird sich innerhalb des Unternehmens abspielen. So werden in konsequenter Umsetzung der Unternehmens-/Personalpolitik Mitarbeitern Entwicklungschancen eröffnet, oder es werden bei Personalüberhängen in Teilbereichen zur existentiellen Sicherung der betroffenen Mitarbeiter – verbunden mit Qualifizierungsmaßnahmen – personelle Transfers durchgeführt. Selbst bei Nutzung aller innerbetrieblichen Besetzungsmöglichkeiten ist ein Unternehmen auf die externe Beschaffung von Mitarbeitern angewiesen.

Vorgehensweise bei der Personalbeschaffung
Wen suche ich? Festlegung aufgrund von: ► Stellenbeschreibung ► Anforderungsprofil ► Organisationsüberprüfung der Stelle ► Einbeziehung der Zukunftsaspekte Wann suche ich? Festlegung aufgrund von: ► Personalplanung ► Zeitpunkt der Stellenvakanz ► Beschaffungs-, Kündigungs- und Einarbeitungsdauer ► Entscheidung, ob in- oder externe Besetzung Wo suche ich? Festlegung des Beschaffungsweges unter Berücksichtigung der Effizienz und der Kosten

Abbildung 72: Vorgehensweise bei der Personalbeschaffung

Beschaffungs- und Einarbeitungsphase

Es würde die Zielsetzung der Veröffentlichung sprengen, wollte man die einzelnen Beschaffungswege darstellen. Wichtig ist, daß sich ein Unternehmen aufgrund der Personal-Bedarfsplanung Zugang zu den einzelnen Arbeits-Teilmärkten verschafft sowie längerfristig Kontakte aufbaut und pflegt (Personalmarketing). Im Brennpunkt unserer Betrachtung sollen zwei wesentliche Problemkreise stehen:

- die Phase der persönlichen Kontakte zwischen Bewerbern und Unternehmen bis zum Vertragsschluß (Beschaffungsphase)
- die Phase von Beginn des Anstellungsverhältnisses bis zur Integration des neuen Mitarbeiters (Einarbeitungsphase)

Unternehmensinteresse

Ein Unternehmen hat das Interesse, zum Zeitpunkt des Bedarfs einen eingearbeiteten, qualifizierten Mitarbeiter zur Verfügung zu haben, der sich in seine Arbeitsumgebung einpaßt und Entwicklungspotential besitzt. Wenn zum Zeitpunkt der Installierung einer neuen Stelle oder beim Weggang eines Mitarbeiters die Stelle nicht nur besetzt, sondern der neue Mitarbeiter auch noch eingearbeitet sein soll, ist das Vorhandensein einer Personalplanung äußerst hilfreich. Personalplanung hat jedoch auch ihre Grenzen. Ohne weiteres ist der Personalbedarf bei neuen Positionen im Falle von unternehmensseitigen Kündigungen oder Pensionierungen planbar. Wesentliche Teile der Fluktuation lassen sich nur global planen. Gerade in kleineren Unternehmen sagt es jedoch wenig aus, daß man bei einer Fluktuationsquote von fünf Prozent bei 100 Sachbearbeitern mit fünf Personalabgängen pro Jahr rechnen muß. Die Ungewißheit, wann innerhalb des Jahres die fünf Abgänge zu verzeichnen sind, ließe sich noch ertragen, jedoch ist der qualitative Aspekt einschneidender: Wie soll man sich auf die Fluktuation vorbereiten, wenn man nicht weiß, ob Mitarbeiter aus dem Vertrieb, aus dem Personalwesen oder aus dem Controlling das Unternehmen verlassen?

Gefahren bei der Stellenbesetzung

Da die Fachabteilungen den Ersatz dringend benötigen, wird man alles tun, um die Stelle zeitnah zu besetzen und damit wenigstens die Dauer der Vakanz gering zu halten. Die Gefahr besteht, daß bedingt durch die Dringlichkeit die Qualität der Besetzung leidet, die Wahrscheinlichkeit der Fehlbesetzung steigt oder zumindest der längerfristige Aspekt bei der Einstellung völlig untergeht.

Interessen des Bewerbers

Der Bewerber möchte seine Vorstellungen in bezug auf die Position, die Bedingungen und die Entwicklungsmöglichkeiten verwirklichen. Für ihn ist das Risiko des Berufseinstiegs oder des Stellenwechsels relativ hoch. Macht er – aus welchen Gründen auch immer – ein oder zwei Fehlgriffe bei der Wahl seines Arbeitgebers, so rückt seine berufliche Karriere in weite Ferne. In vielen Fällen liegt das Scheitern nicht in der Person des Kandidaten, sondern ist darin begründet, daß seine Interessen und Vorstellungen und die betriebliche Realität nicht übereinstimmen.

Personalleiter als „ehrlicher Makler"

Fehlbesetzungen zu vermeiden, die für Unternehmen und Mitarbeiter nachteilig sind, ist eine verantwortungsvolle Aufgabe des Personalleiters bzw. seiner Referenten. Obwohl das Personalwesen die Interessen des Unternehmens zu vertreten hat, fällt ihm die Aufgabe zu, als „ehrlicher Makler" ebenso die Interessen des Bewerbers zu berücksichtigen. Gerade unter längerfristigem Aspekt ist es wichtig, eine breite Übereinstimmung der beiderseitigen Interessenlagen zu erreichen. Während sich versierte Bewerber in Vorstellungsgesprächen durch gezielte Fragen und ihren Erfahrungs-Background ein realistisches Bild von der Lage des Unternehmens, der Aufgabenstellung und den Problemen machen, tut sich der Neuling im „Bewerbungsgeschäft" sehr schwer. Aus diesem Grunde soll die gesamte Bewerbungsproblematik am Beispiel des Jungakademikers, der sich auf seinen Start ins Berufsleben vorbereitet, dargestellt werden.

Bewerbung des Jungakademikers

In vielen Fällen verfaßt der Jungakademiker zum Berufseinstieg seine erste Bewerbung. Versteht er es, seine Wünsche und Vorstellungen darzulegen? Läuft er nicht Gefahr, ein Idealbild seiner Vorstellungen über seinen beruflichen Werdegang aufzuzeigen, der von der betrieblichen Realität weit entfernt ist? In dieser Situation ist das Einfühlungsvermögen der betrieblichen Entscheidungsträger in das Denken des Jungakademikers eminent wichtig. Die Gesprächspartner von seiten des Unternehmens sollten darauf achten, daß sie keine überzogene Darstellung des Unternehmens, der Tätigkeit und der Anforderungen geben. Ebenso schädlich wäre ein Vorspiegeln von nicht vorhandenen Fähigkeiten durch den Bewerber. Instruktiv ist für den Bewerber eine realistische Darstellung des Selbstverständnisses des Unternehmens, der Aufgaben, der Probleme und der Arbeitssituation. Hier sind Unternehmensleitlinien, Führungsgrundsätze und Stellenbeschreibungen mit Anforderungsprofil ebenso nützlich wie die Schaffung von Einblick in das zu erwartende personelle Umfeld. Es ist anzuraten, mehrere Gespräche mit dem Bewerber zu führen, und zwar Fachabteilung und Personalwesen gemeinsam. Der Bewerber erhält bei mehrmaligen Kontakten sicherlich auch die Möglichkeit, seine zukünftigen Kollegen kennenzulernen.

Oft fehlen Perspektiven

Ein häufig zu beobachtender Fehler der Vertreter des Unternehmens ist, daß sie zu vordergründig die Position mit den aktuellen Aufgaben und Problemen sehen. Das Aufzeigen von Perspektiven, das heißt die Diskussion der Wünsche des Jungakademikers und die Möglichkeiten des Unternehmens wird vernachlässigt.

Berufliche Vorstellungen des Jungakademikers

Wenden wir uns der Frage zu, wodurch die beruflichen Vorstellungen eines jungen Menschen maßgeblich geprägt werden. Weitgehend geschieht dies im Erziehungsprozeß, indem die Erwachsenen seines Umfelds ihre Erfahrungen vermitteln. Dabei fließen eigene gute und schlechte Erfahrungen der Ratgebenden ebenso ein wie Einstellungen aufgrund von Mißerfolgen und Enttäuschungen.

Auch die Statusbedürfnisse können beim Älteren andere sein als beim Jungen und einen anderen Stellenwert haben. Bildungsinstitutionen erzeugen mitunter aus Gründen der Selbstdarstellung ein elitäres Denken beim Jungakademiker, das in der Praxis zu ernsten Schwierigkeiten führen kann, denn der junge Mitarbeiter steht mit seiner Leistung auf dem Prüfstand und wird in den seltensten Fällen „Vorschußlorbeeren" erhalten. Hilfreich zum Kennenlernen der Praxis sind Ferienjobs, Praktika und Exkursionen. Man sollte sich jedoch darüber im klaren sein, daß dies nur begrenzte Informationsmöglichkeiten sind, die zur Prägung eines realistischen Bildes der beruflichen Praxis nicht ausreichen. Die Unternehmen können somit davon ausgehen, daß die Vorbereitung des Jungakademikers auf die Praxis wenig intensiv und unzureichend ist. Diese Aussage bezieht sich auf die Arbeit selbst, auf die organisatorischen und zwischenmenschlichen Zusammenhänge sowie die Philosophie und das Denken in der Arbeitswelt.

Der erste Arbeitstag

An seinem ersten Arbeitstag sollte man den Neuen nicht mit großen Vorstellungsrunden überfordern. Ein Teil der Vorstellungen kann auch in den ersten Wochen, verbunden mit Sachgesprächen, erfolgen. Hilfreich für die Einarbeitung ist nachstehender Einführungsplan (Abbildung 73), der sich in der Praxis bewährt hat, selbst wenn er zeitlich nicht immer wie geplant eingehalten werden kann.

Abbildung 73: Einführungsplan ►

Einführungsplan

	Name des Mitarbeiters		**Einführungsplan**			
			Termin		Abgeschlossen	
Art der Einführung des neuen Mitarbeiters		Durchführung	von	bis	am	Kurz-zeichen
Grundinformation						
Firmengeschichte; Bedeutung und Größe der Firma						
Organisation und Ordnung des Gesamtbetriebes						
Marktstellung, Produkt- und Leistungspalette; Eigenheiten des Unternehmens						
Soziale Leistungen und Einrichtungen						
Art und Umfang interner und externer Information						
Firmenpate						
Betriebsbesichtigung						
Einstellungsuntersuchung						
Einarbeitung						
Information über Abteilungsorganisation						
Einführung in die Abteilung						
Einführung am Arbeitsplatz						
Bekanntmachen mit Arbeitsrichtlinien und -grundsätzen						
Unterrichtung über Sicherheitsbestimmungen						
Zusätzliche Maßnahmen						
Unterschrift des eingearbeiteten neuen Mitarbeiters		Hauptverant-wortlicher	Einarb. abge-schlossen		Unterschrift	

Firmenpate

In vielen Unternehmen ist es üblich, daß sich ein Firmenpate oder Betreuer des neuen Mitarbeiters in der Einarbeitungsphase annimmt. Meist wird ein Kollege mit dieser Aufgabe betraut, der bei einfachen Fragen hilfreich zur Seite steht: „Wo gibt es was?" – „Wo finde ich wen?" – „Wer ist für was zuständig?" Der Betreuer berät den Neuen insbesondere bei Problemen zwischenmenschlicher Art, schafft ihm Kontakte und fördert seine Integration.

Trainee mit Verantwortung

Sofern im Unternehmen ein Trainee-Programm für den Jungakademiker vorgesehen ist, sollte er von Anfang an – entsprechend dem Stand seiner Einarbeitung – Verantwortung tragen. Es kann nicht sinnvoll sein, den Jungakademiker, der nach Studium und Promotion 30 bis 32 Jahre alt ist, „unverbindlich" noch ein oder zwei Jahre durch einzelne Abteilungen laufen zu lassen. Neben der Übernahme von Verantwortung sollte sich der Jungakademiker so schnell wie möglich an Zeitdruck und Arbeitstempo der Wirtschaft gewöhnen.

Probezeit ist nicht Einarbeitungszeit

Probezeit und Einarbeitungszeit können nicht gleichgesetzt werden. Aufgrund tariflicher Festlegung ist die Probezeit in den meisten Fällen zu kurz und die Einarbeitung am Ende der Probezeit bei weitem noch nicht abgeschlossen. Meist läßt sich in der Probezeit nur feststellen, ob der neue Mitarbeiter in die Gruppe paßt, wie groß sein Arbeitseinsatz ist, wie er Probleme angeht und ob er systematisch arbeiten kann. Der Vorgesetzte sollte in der Anfangsphase vom Mitarbeiter nicht zuviel erwarten und ihn damit überfordern. Auch der Jungakademiker sollte sich in der Probezeit nicht selbst unter zu starken Leistungsdruck setzen. Vorschnelles Handeln und der Situation nicht angemessene Vorschläge sind oft die Folge. Sie bringen mehr Probleme als Nutzen.

Neuer und sein Vorgesetzter

Die Aufgaben und die Qualitäten einer Führungskraft sind besonders in der Einstiegsphase eines Mitarbeiters relevant. Ganz nüchtern betrachtet muß das Ziel sein, daß der Neue, für den man ab dem ersten Tag seiner Anwesenheit volles Gehalt zahlt, möglichst schnell „sein Geld wert ist". Ein enger Kontakt zwischen Vorgesetztem und Mitarbeiter ist dringend erforderlich. Junge Mitarbeiter müssen gesteuert und entwikkelt werden. Es genügt nicht, dem Mitarbeiter die Stellenbeschreibung in die Hand zu drücken. Damit ist zwar der Orientierungs- und Handlungsrahmen festgelegt, doch es bedarf erheblicher Zeit und beiderseitiger Anstrengungen, bis sich der Neue „freigeschwommen" hat. Entwicklungsprozesse brauchen Zeit. Eine Überforderung des neuen Mitarbeiters hat demotivierende Wirkung und führt zu Frustrationen mit Folgen, die von Verunsicherung und Angst, der Aufgabe nicht gewachsen zu sein, bis hin zur Flucht vor der Aufgabe, der Kündigung, reichen. Enge Zusammenarbeit bedeutet aber auch intensivere Kontrolle. Diese sollte so gestaltet sein, daß sie vom Mitarbeiter nicht als Zweifel an seinen Fähigkeiten, sondern als Hilfestellung empfunden wird. Die engere Führung sollte parallel zu den Leistungs- und Einarbeitungsfortschritten gelockert werden.

Neuer und die Gruppe

Ob der Einstieg des Neuen in die Praxis gelingt, hängt wesentlich davon ab, ob er von seinem personellen Umfeld, der Gruppe, angenommen wird. Vorgesetzter und Betreuer haben hier große Einflußmöglichkeiten, die Integration zu fördern, können sie jedoch auch erschweren. So schildert ein Vorgesetzter in der guten Absicht, dem neuen Mitarbeiter den Weg zu ebnen, die Kollegen: „Der Müller ist unproblematisch, bei Meier müssen Sie vorsichtig sein, und Schröder ist ein schwieriger Mensch." Diese Typisierung führt zu Vorurteilen, die eine Zusammenarbeit zusätzlich belasten. Erschwert wird eine Integration weiterhin, wenn der Vorgesetzte den Neuen mit „Vorschußlorbeeren" einführt.

Motivkonflikte

Wichtig ist, wie sich der neue Mitarbeiter auf die Gruppe einstellt und inwieweit er die Gruppennormen akzeptiert. Es kann bei ihm durchaus zu Motivkonflikten kommen. Der Neue hat die feste Absicht, möglichst schnell eine exzellente Leistung zu erbringen, positiv durch Vorschläge auf sich aufmerksam zu machen. Die Gruppe dagegen hat sich auf ein bestimmtes Leistungspensum eingependelt und will keine Beunruhigung und Störung des eingefahrenen Ablaufs. Die Situation kann sich so zuspitzen, daß sich der Jungakademiker zwischen engagiertem Einsatz oder der Akzeptanz durch die Gruppe entscheiden muß. Ratsam ist, daß der Neue – zusätzlich zu der Hilfestellung durch den Vorgesetzten und den Betreuer – seine „Sensoren" einschaltet. Es hat sich bewährt, sich als Neuer einen guten Einblick in die Gruppensituation zu verschaffen, indem man die Gruppenbeziehungen – wie bereits beim Thema „Gruppenarbeit" dargestellt – analysiert.

Auch Führungskräfte wechseln

Nachdem wir die Situation des Berufseinsteigers am Beispiel des Jungakademikers beschrieben haben, sollten wir uns mit der Situation der Führungskräfte befassen. Auch Führungskräfte wechseln das Unternehmen. Sie gehören zu der eingangs angeführten Gruppe der „Bewerbungs-Routiniers". Bei ihnen liegt die Problematik eindeutig in der Phase der Einarbeitung.

Zugzwang bei der Einarbeitung

Führungskräfte kommen in vielen Fällen – ohne daß auf die Einarbeitungszeit Rücksicht genommen wird – in Zugzwang. Die Unternehmensleitung hat den Neuen eingestellt, um dringende Probleme zu lösen. Selbst bei großer Dringlichkeit der Probleme sollte man sich überlegen, ob man den neuen Besen sofort kehren läßt. Denn, was ist besser: Sorgfalt oder risikovolle Schnellschüsse? In vielen Fällen ist es sinnvoller, nach Analyse der Gegebenheiten Kurskorrekturen einzuleiten statt friktionsträchtige Kehrtwendungen vorzunehmen.

Blinder Aktivismus

Was Managern vielfach schwerfällt, ist das Lernen und Aufnehmen. Gewohnt zu agieren und zu entscheiden, tun sie sich in der passiven Rolle besonders schwer. Oft artet die erste Zeit , die ja vorwiegend der Einarbeitung und Information dienen sollte, in blinden Aktivismus aus. Man führt neue Dinge ein – oft Altes aus früheren Unternehmen –, auch wenn das Bisherige genauso gut ist. Die Reaktion im Unternehmen ist entsprechend. Unsere neue Führungskraft bemerkt nicht, daß sie sich bereits auf dem Prüfstand befindet.

Mitarbeiter warten auf Signale

Mitarbeiter haben gute Sensoren. Sie merken schnell, was echt und was aufgesetzt ist. Wie oft erlebt man den neuen Vorgesetzten als sich unterkühlt gebenden, nur sachorientierten Manager. Er unterdrückt seine Gefühle und Empfindungen. Die Mitarbeiter warten jedoch auf die persönliche Ansprache. Der Neue ist Lernender, er kennt weder die Leute noch die Firmeninterna. Das ist doch ganz natürlich. Warum will er sich nicht helfen lassen? Im Normalfall warten die Mitarbeiter nur auf ein Signal von ihm. In den meisten Fällen sind die Mitarbeiter lediglich abwartend, sie stehen nicht in Opposition zu ihrem Vorgesetzten. Wer sollte nun den ersten Schritt machen: der Vorgesetzte oder die Mitarbeiter? Von den Mitarbeitern kann dies sicherlich nicht erwartet werden. Sie laufen Gefahr der Anbiederung. Mit Menschen umgehen zu können, also auch den ersten Schritt zur Zusammenarbeit zu machen, ist Aufgabe des Vorgesetzten. Durch diesen ersten Schritt als Initialzündung können wechselseitige Vorurteile vermieden oder abgebaut werden.

Druck erzeugt Gegendruck

Gefährlich für den neuen Vorgesetzten ist es, wenn er „naßforsch" Probleme und Mitarbeiter angeht. Der behauptete Ist-Zustand ist änderungsbedürftig, man ändert über die Köpfe der Insider hinweg und macht Druck auf die reservierten Mitarbeiter. Das Gesetz „Druck erzeugt Gegendruck" tritt in Kraft: Die Mitarbeiter rücken zusammen und machen Front gegen ihren Vorgesetzten. Wenn der Vorgesetzte auf fester Frequenz ohne Feinabstimmung sendet, muß er sich nicht wundern, wenn seine Sendung bei den Mitarbeitern nicht ankommt, vor allen Dingen dann nicht, wenn den Mitarbeitern die Frequenz nicht bekannt ist. Umgekehrt gilt natürlich das gleiche.

Zusammenfassend einige Regeln, die dazu beitragen sollen, daß der Vorgesetzte sich schnell integriert und mit seinem Team erfolgreich wird:

- Schaffen von Vertrauen durch natürliches Auftreten des Vorgesetzten
- Aufnehmen und nicht Werten in der Anfangsphase
- Mitarbeiter nicht als Marionetten behandeln, sondern auf ihrer Individualität aufbauen
- Achtung der Persönlichkeit, des Wissens und Könnens der Mitarbeiter
- Gleiche Frequenz herstellen für eine störungsfreie Kommunikation
- Kommunikation als Voraussetzung für das Erkennen von Zusammenhängen sowie für eine faire Einschätzung und Wertung
- Schaffen einer tragfähigen Brücke für die zukünftige Zusammenarbeit
- Beiderseitiges Bewußtwerden, daß man sich braucht: Der Vorgesetzte scheitert als Alleinunterhalter, das Orchester braucht einen Dirigenten

Steuerungsfunktion des Personalwesens

Aufgabe des zuständigen Personalleiters oder Personalreferenten ist es, die Einarbeitung neuer Mitarbeiter nach Absprache mit der Fachabteilung mit Hilfe des Einarbeitungsplans festzulegen. Im Zusammenspiel mit dem Vorgesetzten der Fachabteilung, dem Betreuer/Paten und dem neuen Mitarbeiter kontrolliert er die Einarbeitungsfortschritte. Als Neutraler (ehrlicher Makler) wird er vor allem dann steuernd eingreifen, wenn er den Eindruck gewinnt, daß aus abteilungs- bzw. gruppenspezifischen Gründen die Integration des neuen Mitarbeiters gefährdet ist.

3. Mitarbeiterbeurteilung zur Standortbestimmung

Sinn und Voraussetzungen

Ein System der Mitarbeiterbeurteilung ist ein wesentliches Instrument für eine objektive und faire Behandlung der Mitarbeiter im Unternehmen. Sie trägt bei zu einer objektiven, sachlichen Zusammenarbeit im Führungsverhältnis, ermöglicht die Entwicklung von Mitarbeitern gemäß ihren Talenten und Wünschen, sichert eine optimale Wahrnehmung der Aufgaben der einzelnen Positionen und gibt Hinweise und Impulse für die Entgeltgestaltung. Orientierung und Meßlatte für die Beurteilung sind im fachlichen Bereich die Stellenbeschreibung und im Bereich des Verhaltens Unternehmensleitlinien, Führungsgrundsätze oder sonstige Verhaltensregeln.

Vorteile des Beurteilungssystems

Zunächst stellt sich die Frage, warum für die Durchführung von Beurteilungen ein System benötigt wird. Genügt es denn nicht, daß der Vorgesetzte sich mit seinem Mitarbeiter zusammensetzt und ihn bezüglich seiner Leistung und seines Verhaltens beurteilt? Ein Beurteilungsystem soll einen Beitrag zur Objektivierung leisten, indem der Beurteiler zu einer differenzierten statt pauschalen Betrachtung veranlaßt wird. Außerdem werden durch Bewertungshilfen weitgehend unterschiedliche Ansätze einzelner Beurteiler vermieden. Durch die Dokumentation der Beurteilungsergebnisse wird eine Standortbestimmung und gezielte Weiterentwicklung erst ermöglicht. Ferner stellt die systematische Beurteilung sicher, daß jeder Vorgesetzte seine Mitarbeiter regelmäßig beurteilt und sich so mit ihnen befaßt.

Beurteiler selbst auf dem Prüfstand

Die Beurteilung ist grundsätzlich vom direkten Vorgesetzten durchzuführen. Es ist eine nicht delegierbare Aufgabe des direkten Vorgesetzten. Daß Beurteilungen als Revisionsinstanz noch über den Schreibtisch des nächsthöheren Vorgesetzten laufen, bedeutet keine Aufweichung dieses Prinzips. Der nächsthöhere Vorgesetzte wird die Einhaltung der Beurteilungsprinzipien durch den Beurteiler prüfen – zum Beispiel ob der Beurteiler generell zu hart oder zu weich beurteilt – und im Beschwerdefall als „Schiedsrichter“ fungieren.

Er erhält durch den Einblick in die von seinen ihm unterstellten Vorgesetzten vorgenommenen Beurteilungen wertvolle Hinweise auf deren Führungsqualitäten und den Gesamtzustand seines Verantwortungsbereichs.

Keine Geheimbeurteilungen

Beurteilungen sind mit dem beurteilten Mitarbeiter durchzusprechen. Geheimbeurteilungen sind mit partnerschaftlichem Miteinander und kooperativer Führung unvereinbar. In der Diskussion mit Führungskräften über Beurteilung stellt man immer wieder fest, daß diese die passivere Rolle als von ihrem Vorgesetzten Beurteilte lieber einnehmen als die aktive Rolle im Rahmen der Beurteilung ihrer Mitarbeiter. Der Grund mag einerseits in der Unsicherheit beim Handling des Systems und kommunikativen Schwierigkeiten liegen, andererseits aber auch in eigener Verunsicherung durch mangelndes Feedback des Vorgesetzten.

Bevor wir uns anhand eines Musterbeispiels eines Beurteilungssystems mit der Einführung und Durchführung von Beurteilungen befassen, wollen wir uns Fragen der Subjektivität und Objektivität im Rahmen des Miteinanders von Menschen zuwenden.

Wahrnehmungsfähigkeit

Zunächst müssen wir feststellen, daß die Wahrnehmungsfähigkeit des Menschen relativ eingeschränkt ist. Typisches Beispiel ist die Reihe von Zeugen, die völlig unterschiedliche Angaben zum Vorgang eines Verkehrsunfalls machen. Keiner lügt, die Fülle des Geschehens in kürzester Zeit führt zu selektiver Wahrnehmung. Bei einfachen Vorgängen dagegen – oft in Seminaren getestet – malt die Phantasie einfachste Tatbestände aus und verzerrt auch hier die Realität. Im Unternehmen finden wir gerade in bezug auf die unterschiedliche und eingeschränkte Wahrnehmung ein nicht zu unterschätzendes Konfliktpotential: Zwei Mitarbeiter streiten sich: „Das habe ich Ihnen gesagt." – „Das war so gewesen...".

Vorurteil und erster Eindruck

„Vor-Urteile“, also vorschnelle Einschätzungen und Bewertungen anderer Menschen, sind wenig objektiv. Sie sind ein großes Handicap für eine sachliche Beurteilung. Wenn ein Vorgesetzter einen positiven Eindruck von seinem neuen Mitarbeiter hat, so hat dieser einen Sympathievorschuß, der beim Vorgesetzten selbst bei negativem Abweichen des Mitarbeiters lange anhält. Umgekehrt wird ein Mitarbeiter größte Probleme haben, das negative Vorurteil des Vorgesetzten zu beseitigen. Er befindet sich in einem Teufelskreis, da der Vorgesetzte selektiv das aufnimmt, was in das negative Mosaikbild über seinen Mitarbeiter paßt. So will der Vorgesetzte nicht wahrhaben, daß der schwach eingeschätzte Mitarbeiter eine hervorragende Leistung erbracht hat.

Unvollständiges Bild

Ein Problem ist, daß in den meisten Fällen Vorgesetzter und Mitarbeiter im Arbeitsprozeß nicht ständig beisammen sind. Somit wird der Vorgesetzte kein vollständiges Bild von Leistung und Verhalten seines Mitarbeiters erhalten. Das Bild wird abhängig sein von der Anzahl, der Dauer und der zeitlichen Lage der Kontakte. Hinzu kommt, daß ein zeitlich unmittelbar vor der Beurteilung liegendes positives oder negatives Ereignis einen tieferen Eindruck hinterläßt als zeitlich entfernteres Geschehen. Ein in der Psychologie bekanntes Phänomen ist der sogenannte Halo-Effekt: Ein diffuser Eindruck oder ein Einzelereignis werden unbewußt auf das Gesamtbild übertragen.

Beurteilertypen

Neben schwankenden Stimmungen, die sicherlich gerade im relativen Vergleich einzelner Beurteilungen zueinander zu Verzerrungen führen, unterscheiden wir aufgrund der generellen Einstellung grob drei Beurteilertypen:

- Der strenge Beurteiler
- Der nachsichtige Beurteiler
- Der vorsichtige Beurteiler

Verteilungskurve

Mitarbeiterbeurteilungen wird die Gaußsche Normalverteilungskurve zugrunde gelegt. Das heißt, daß sich bei einer genügend großen Zahl von Beurteilungen um eine breite Mittelgruppe eine Reihe guter und schwächerer Mitarbeiter schart, während extrem schlechte und extrem gute Mitarbeiter relativ selten vorkommen:

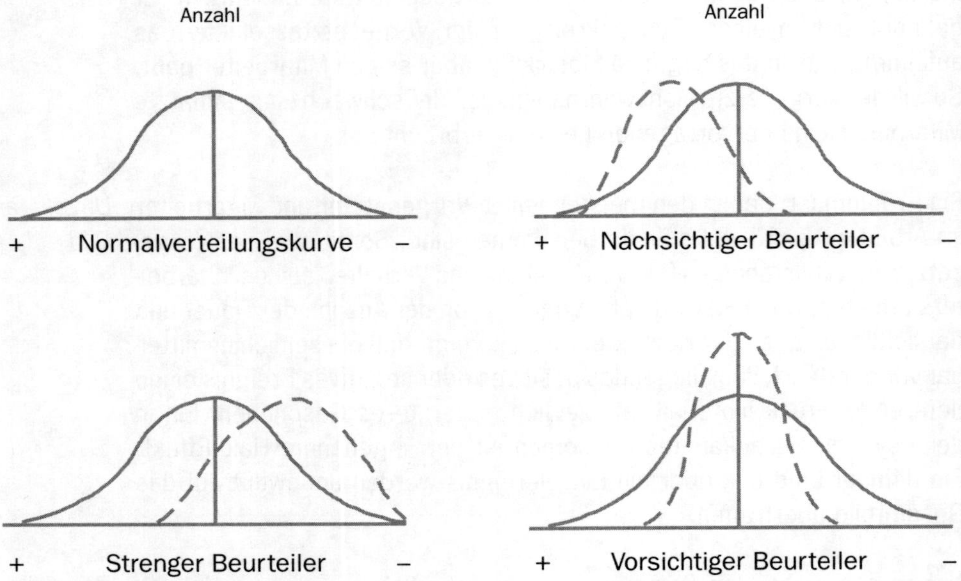

Abbildung 74: Beurteilertypen

Es würde den Rahmen sprengen, wollte man alle Verfahren ausgiebig darstellen: summarische und analytische Verfahren, führungs- und entgeltbezogene Systeme, regelmäßige oder sporadische Beurteilungen (aus besonderem Anlaß). Bei nachstehendem Musterbeispiel (Abbildung 75) handelt es sich um ein analytisches, führungsbezogenes System:

Abbildung 75: Formular „Beurteilung" ▶

			Mitarbeitergespräch: Beurteilung
Pers.Nr.	Name: Vorname:	Geb.Datum:	Firmeneintritt: Position seit:
Org. Einheit:	Stellenbezeichnung:		Beurteilungszeitraum:

	Beurteilungsmerkmale	A	B	C	D	E
1	Qualität der Leistung / Erreichen von Zielen					
2	Quantität der Leistung (Arbeitsvolumen/Arbeitstempo)					
3	Berufliches Können (Wissen und Erfahrung)					
4	Verantwortungsbereitschaft					
5	Selbständigkeit / Entscheidungsfähigkeit / Durchsetzungsvermögen					
6	Initiative / Aktivität					
7	Kommunikation / Kooperation / Teamfähigkeit					
8	Flexibilität (bezogen auf Aufgaben und Weiterentwicklung der Person)					
9	Kostenbewußtsein / Wirtschaftlichkeitsdenken					
10	Einstellung zur Arbeit / zum Unternehmen					
11	Organisation / Mitarbeitereinsatz / Delegation von Verantwortung					
12	Sozialkompetenz (Motivation, Kommunikation, Teamleitung)					

1-10 Leistung und Verhalten als Mitarbeiter 11-12 zusätzlich für Führungskräfte

	Bewertung
A	Weit über die normalen Anforderungen hinausgehend (Anforderungen werden weit übertroffen)
B	Normale Anforderungen werden deutlich übertroffen
C	Anforderungen werden voll erfüllt
D	Anforderungen werden meist erfüllt
E	Anforderungen werden kaum erfüllt

Bemerkungen (insbesondere, wenn kein Konsens erzielt wird):

Datum/Unterschrift Beurteilter: Beurteiler: nächsth. Vorgesetzter: Personalabteilung:

Streng Vertraulich! Bitte handschriftlich ausfüllen

Erläuterung zum Beurteilungs-formular

Beim vorliegenden Beurteilungsmuster werden Mitarbeiter ohne Führungsverantwortung bezüglich ihrer Leistung und ihres Verhaltens nach zehn Kriterien beurteilt, während bei Führungskräften zusätzlich zwei Kriterien hinzukommen. Werden zu wenig Beurteilungsmerkmale gewählt, so leidet die Aussagefähigkeit, bei zu vielen Kriterien gibt es Überschneidungen. Die Bewertung erfolgt nach fünf Stufen (A bis E). Die Bedeutung des jeweiligen Buchstabens ist beschrieben. Sofern ein Beurteiler etwas stärker differenzieren will, so kann er jeweils ein Kreuz zwischen zwei Bewertungsstufen machen. Auf ein Punktwertsystem wurde bewußt verzichtet, da die Ermittlung einer Gesamtpunktzahl eine Wichtung der einzelnen Kriterien mit ihren Fehlerquellen voraussetzen würde. Im vorliegenden System können die einzelnen Bewertungskreuze verbunden werden, so daß sich ein übersichtliches Profil ergibt. Sofern kein Konsens erzielt wird oder Beurteiler bzw. Beurteilter es für sinnvoll halten, werden ergänzende Erklärungen in der Rubrik „Bemerkungen" eingetragen.

Beurteilungs-vorgang

In den vor der Systemeinführung durchgeführten Trainingsveranstaltungen (Vorstellung des Systems, Übung von Beurteilungsgesprächen) wird immer wieder die Frage des Procedere gestellt. Das Personalwesen sendet die Unterlagen an die jeweiligen Vorgesetzten mit Terminsetzung. Man sollte den Beurteilern freistellen, ob sie die Beurteilung vor dem Gespräch mit dem Mitarbeiter ausfüllen, im Gespräch mit dem Mitarbeiter Punkt für Punkt diskutieren und die Bewertung durchführen oder aber mit Zustimmung des Mitarbeiters diesen ebenfalls vor dem Gespräch einen Beurteilungsbogen ausfüllen lassen (Selbstbeurteilung) und Abweichungen diskutieren.

Zielverein-barungs-gespräch

Es hat sich als sinnvoll erwiesen,

- Zielvereinbarungen und Zielabgleich,
- Beurteilung der Mitarbeiter,
- Festlegung der Förderungsmaßnahmen

in einem jährlichen Mitarbeitergespräch (Steuerungsgespräch) durchzuführen. Das Führen mit Zielen und den Zielvereinbarungsprozeß haben wir bereits dargestellt. In nachstehendem Formular (Abbildung 76) wird einerseits die Zielvereinbarung mit Termin fixiert, andererseits der Zielerreichungsgrad festgelegt.

	Stelle: Name:		Zeitraum:	**Mitarbeitergespräch: Zielvereinbarung/-erreichung**
Lfd. Nr.:	Zielvereinbarung:		Termin:	Zielerreichungsgrad:

Datum/Unterschrift: (akzeptiert)	Stelleninhaber:	Vorgesetzter:	Stelleninhaber: zur Kenntnis genommen/ akzeptiert	Vorgesetzter:

Abbildung 76: Formular „Zielvereinbarung"

Aus den beiden Teilen Zielabgleich und Beurteilung werden die Förderungsmaßnahmen abgeleitet (siehe Abbildung 77), die wir im folgenden Kapitel über Personalentwicklung noch ausführlich behandeln werden.

			Mitarbeitergespräch: Förderungsmaßnahmen	
Pers.Nr.:	Name: Vorname:	Geb. Datum:	Firmeneintritt:	Position seit:
Org.Einheit:	Stellenbezeichnung:		Gesprächspartner:	

Beurteilung der Entwicklungsmöglichkeiten

Der Mitarbeiter entspricht den Anforderungen der vorgenannten Stelle

☐ **voll**

- ☐ Fortbildung zur Abrundung der Qualifikation:

☐ **noch nicht genügend**

- ☐ kann sich verbessern durch persönliche Anstrengung
- ☐ kann sich verbessern durch Weiterbildung zur Erhöhung seiner Qualifikation:

☐ **nicht und kann sich auch nicht verbessern**

- ☐ sollte umgesetzt werden und könnte eingesetzt werden als:

Der Mitarbeiter entspricht den Anforderungen der vorgenannten Stelle und

☐ **ist befähigt** ☐ **wünscht**

neue Aufgaben zu übernehmen

☐	in etwa ______ Jahren	
☐	hat Eignung für folgende Aufgabengebiete/Funktionen:	
☐	unter folgenden Voraussetzungen:	
	☐	Einarbeitung (Gebiete, geschätzte Dauer):
	☐	Bildungsmaßnahmen:

Maßnahmen zur Förderung

Maßnahmen/Zeitpunkt	**Entwicklungs-/Schulungsziel**

Sonstige Hinweise, Empfehlungen, Wünsche:

Datum/Unterschrift	Beurteilter:	Beurteiler:	nächsth. Vorgesetzter:	Personalabteilung:

Streng vertraulich! Bitte handschriftlich ausfüllen!

Abbildung 77: Formular „Förderungsmaßnahmen“

Einladung und Einstimmung des Mitarbeiters

Die Einladung zum jährlichen Mitarbeiter- bzw. Steuerungsgespräch sollte schriftlich unter Angabe von Gesprächsziel, Ort und Termin rechtzeitig erfolgen. Es sollte, zumindest beim Start mit dem neuen Führungsinstrument, darauf hingewiesen werden, daß

- sich der Vorgesetzte in einem offenen Gespräch mit dem Mitarbeiter darüber unterhalten will, was für den Erfolg des Mitarbeiters und die gemeinsame Arbeit von Bedeutung war,
- die Ziele und Ergebnisse des vergangenen Zeitraums betrachtet werden sollen und gemeinsam festgelegt werden soll, was man gemeinsam in der Zukunft erreichen will,
- Vorgesetzter und Mitarbeiter die Möglichkeiten der Förderung bzw. Weiterentwicklung besprechen werden.

Folgende Checkliste (Abbildung 78), die der Mitarbeiter zusammen mit der Einladung zur Einstimmung und Vorbereitung auf das Gespräch erhält, hat sich in der Praxis bewährt.

Checkliste zur Vorbereitung des Mitarbeiters auf das Mitarbeitergespräch

- Was hat sich im Aufgabengebiet im Laufe des letzten Planungszeitraumes geändert?
- Welchen Zielen wurde Priorität eingeräumt, welche wurden nachrangig behandelt?
- Wie ist der Zielerreichungsgrad?
- Was war für den Erfolg der Tätigkeit förderlich, was hinderlich?
- Welche Fähigkeiten konnten voll, welche weniger eingesetzt werden?
- Welche Ziele für den nächsten Planungszeitraum sind besonders wichtig?
- Welche Maßnahmen des letzten Planungszeitraumes zur beruflichen Weiterbildung brachten welchen Erfolg?
- Was sollte im nächsten Planungszeitraum zur Weiterentwicklung konkret getan werden?
- Was ist positiv, was negativ in der derzeitigen Position?
- Welches sind die Wünsche und Interessen bezüglich der beruflichen Weiterentwicklung?

Abbildung 78: Checkliste zur Vorbereitung des Mitarbeiters auf das Mitarbeitergespräch

Zeitpunkt

Die Mitarbeiter-/Steuerungsgespräche werden meist jährlich vor oder mit der Planung für das Folgejahr durchgeführt, so daß die sich ergebenden konkreten Schritte noch bei der Planung berücksichtigt werden können. Bei Neueintritten sollte das Mitarbeitergespräch nach sechs Monaten erfolgen und als Schwerpunkt den Stand der Einarbeitung bzw. der Integration behandeln.

4. Personalentwicklung zur gezielteren Identifikation, Förderung und Nutzung der Mitarbeiterpotentiale

Personalentwicklung als Funktion

Personalentwicklung (PE) ist eine bedeutende und umfassende Funktion im Unternehmen. Wie wir im Verlauf unserer Erörterungen dargestellt haben, beziehen sich das Erkennen, das Entwickeln und das Nutzen der Mitarbeiterpotentiale auf die Felder Führung, Organisation und Personalwirtschaft. Die Personalwirtschaft kann die für eine systematische Handhabung notwendigen Instrumente zur Verfügung stellen und Unternehmensleitung und Führungskräfte unterstützen. Die Funktion Personalentwicklung versucht, die Wünsche, Interessen und Vorstellungen der Mitarbeiter mit den Möglichkeiten und Interessen des Unternehmens zusammenzubringen. Dies hört sich recht einfach an, jedoch verbergen sich hinter dieser einfachen Aufgabendefinition äußerst komplizierte und komplexe Tatbestände.

Schwierigkeiten der Personalentwicklung

- Unter-/Überschätzung seiner Fähigkeiten durch den Mitarbeiter
- Auseinanderklaffen von Wunschvorstellungen und Fähigkeiten des Mitarbeiters
- Fehlendes Vorstellungsvermögen des Mitarbeiters über die Möglichkeiten der Nutzung seiner Fähigkeiten im Unternehmen
- Diskrepanz von Können und Wollen des Mitarbeiters
- Erkennen der Wünsche, Interessen, Vorstellungen und Fähigkeiten des Mitarbeiters durch das Unternehmen
- Gewinnung von konkreten Vorstellungen der Unternehmensleitung über die zukünftige Entwicklung des Unternehmens (Unternehmensziele)
- Erkenntnisse über die sich aus den Unternehmenszielen ergebenden Konsequenzen hinsichtlich Quantität und Qualifikation der Mitarbeiter
- Zusammenbringen von Mitarbeiter- und Unternehmensinteressen (inhaltlich und zeitlich)

- Bei fehlender Deckungsgleichheit der Interessen offene und faire Diskussion und gemeinsame Suche nach Alternativen
- Konkrete Formulierung des Entwicklungsziels
- Festlegung effizienter und wirtschaftlicher Maßnahmen zur gezielten Entwicklung des Mitarbeiters
- Kontrolle der Leistungsfortschritte des Mitarbeiters aufgrund der Förderungsmaßnahmen

Abbildung 79: Schwierigkeiten der Personalentwicklung

PE in mittelständischen Unternehmen

In der Praxis sehen wir unterschiedliche Ausprägungsformen der Personalentwicklung. Wir finden – insbesondere mittelständische – Unternehmen, die keine systematische Personalentwicklung betreiben oder dabei lediglich rudimentäre Ansätze aufweisen. Die Aus- und Weiterbildung, angesiedelt auf der Referentenebene, bemüht sich, eine solide Ausbildung sicherzustellen, einige pauschale Weiterbildungsprogramme durchzuführen (Führungskräfteschulung, Kostenrechnung, PC-Schulung etc.) sowie einige individuelle Seminarwünsche zu befriedigen. Orientierungspunkt ist meist die jährliche Personalplanung.

PE in Großunternehmen

Bei Großunternehmen besteht die Gefahr des Eigenlebens der Personalentwicklung: Bürokratien bauen sich auf, Konzepte werden entwickelt, die aufgrund ihrer Realitätsferne ungeeignet sind und zu Akzeptanz- und Kooperationsdefiziten mit den Fachabteilungen führen. Ohne Unterstützung durch Unternehmensleitung, Führungskräfte und auch das Personalwesen driftet die Personalentwicklung immer mehr in die Isolation ab. Mitunter glaubt man, sich nicht in einem Wirtschaftsunternehmen, sondern an einer pädagogischen Hochschule oder im Lehrerkollegium einer Berufsschule zu befinden.

Das folgende Funktionendiagramm (Abbildung 80) zeigt anschaulich, daß Personalentwicklung nicht ausschließliche Angelegenheit eines PE-Referenten sein kann, sondern viele Funktionsträger dafür verantwortlich sind.

Funktionendiagramm „Personalentwicklung"

Tätigkeiten/Aufgaben	GF	FK	PL	Ref. PE	MA	BR
PE-Konzept	E	B	B	B		ME
Instrumente der PE (Stellenbeschreibung, Anforderungsprofil, Beurteilungswesen)	E	M	B	B		ME
Ziele der PE	E	B	B	B		
Grundinformationen (Unternehmensziele)	I					
Ermittlung des PE-Bedarfs		E	E	B/D		
Ermittlung des Bildungspotentials		E	E	B/D	B	
PE-Maßnahmen „on the job"		E	E	ME	I/B	
PE-Maßnahmen „off the job"		E	E	B		
Bildungsbudgets	E	B	B	B		
Organisation und Durchführung von Bildungsmaßnahmen				D		
Kontakte zum Bildungsmarkt				I		
Auswahl von Bildungsträgern			E	B		
Kontrolle der Bildungsmaßnahmen		M	K	K		

(GF = Geschäftsführung, FK = Führungskraft, PL = Personalleiter, Ref. = Referent, MA = Mitarbeiter, BR = Betriebsrat, E = Entscheidung, B = Beratung, D = Durchführung, M = Mitwirkung/Initiative, ME = Mitentscheidung, I = Information, K = Kontrolle)

Abbildung 80: Funktionendiagramm „Personalentwicklung"

Die Verantwortung für die Personalentwicklung sollte wie folgt geregelt sein:

Unternehmensleitung

- Grundsatzentscheidung über Ziele und Umfang der PE
- Rechtzeitige Information über Planziele, Entwicklungstendenzen, beschlossene Maßnahmen
- Genehmigung des erforderlichen Personals, der Räumlichkeiten und Sachmittel sowie der finanziellen Mittel
- Offenes Bekenntnis zur PE und dauerhafte Unterstützung

Führungskräfte

- Erkennen der Mitarbeiterförderung als wichtige Führungsaufgabe
- Erkennen der Bildungs- und Förderungsnotwendigkeit und -würdigkeit der Mitarbeiter
- Umsetzung von „on the job" Maßnahmen
- Das Umsetzen erlernten Wissens der Mitarbeiter am Arbeitsplatz unterstützen und die Fortschritte kontrollieren
- Unterstützung der Bildungsarbeit durch enge Zusammenarbeit mit der PE

Personalwesen/Personalentwicklung

- Unterstützen der Führungskräfte mit Informationen aus dem Personalbereich, Bereitstellen von Systemen: Zielvereinbarung/ Beurteilung/ Förderung sowie Stellenbeschreibungen/ Anforderungsprofile
- Ermitteln und Analysieren des Bildungsbedarfs in Zusammenarbeit mit den Fachabteilungen
- Beraten und Unterstützen der Führungskräfte in allen Fragen der PE
- Aufbau und Führen einer PE-Kartei

- Planen, Organisieren und Durchführen betrieblicher Bildungsmaßnahmen
- Auswahl und Aufbau betrieblicher Referenten
- Auswahl externer Bildungsangebote und Referenten sowie Kontaktpflege
- Unterstützung beim Lerntransfer und bei der Erfolgskontrolle durchgeführter Bildungsmaßnahmen
- Budgeterstellung und -kontrolle
- Zusammenarbeit mit dem Betriebsrat

Mitarbeiter

- Wahrnehmung von Bildungsangeboten und aktive Mitarbeit
- Umsetzung vermittelten Wissens in die Praxis
- Sich aus eigener Initiative Wissen aneignen

Betriebsrat

- Bildungsaufgaben aktiv unterstützen und mittragen

Drei Bereiche der PE

Die Personalentwicklung ist in drei Bereichen tätig:

- **Berufsvorbereitung:** Ausbildung, Einarbeitung von Anlernkräften, Volontären, Praktikanten; Einführung von Absolventen

- **Berufsbegleitung:** Anpassungsqualifikation; Aufstiegsqualifikation; Ergänzungsqualifikation

- **Berufsveränderung:** Umschulung; Rehabilitation

Grundlagen und Informationen für die PE

Personalentwicklung muß mittel- und längerfristig gesehen und betrieben werden. Entwicklungsprozesse brauchen Zeit. Dies wird oft in der Praxis vergessen. Sachinvestitionen werden von langer Hand geplant, mit der Anpassungsqualifikation wird oft zu spät begonnen. Im Hauruck-Verfahren wird Versäumtes nachgeholt. Anlaufschwierigkeiten, Terminverzögerungen und Qualitätseinbrüche sind die Folge. Wenn ein Unternehmen die Personalentwicklung systematischer betreiben will, so sollten folgende Grundlagen bzw. Informationen zur Ermittlung des Bildungsbedarfs vorhanden sein:

Voraussetzungen für die Ermittlung des Bildungsbedarfs

- Strategische und operative Unternehmensziele
- Quantitative und qualitative Personalbedarfsplanung
- Stellenplan und Stellenbesetzungsplan
- Personalstatistiken (insbesondere Struktur und Fluktuation)
- Organigramme, Funktionendiagramme, Stellenbeschreibungen mit Anforderungsprofilen
- System der Zielvereinbarung und des -abgleichs, Personalbeurteilung inklusive Auswertung
- Externe Entwicklungen (Wettbewerb und Markt, Technik, Staat und Gesellschaft)
- Trends auf dem Arbeitsmarkt

Abbildung 81: Voraussetzungen für die Ermittlung des Bildungsbedarfs

Mitarbeiter-relevante Veränderungen

Wandel und Veränderungsprozesse haben sich im Vergleich zur Vergangenheit beschleunigt. So wird es notwendig, sich in der Zukunft abzeichnende Entwicklungen möglichst frühzeitig zu erkennen, um im Unternehmen noch rechtzeitig entsprechend reagieren zu können. Dabei sollte nicht vergessen werden, daß die auf den Menschen zukommenden Anpassungen meist zeitintensiv sind, zum Beispiel Änderung von Verhaltensweisen oder fachliche Neuorientierung. Projekte mit erheblicher Auswirkung auf die Mitarbeiter sind zum Beispiel:

- Verbesserung des Kundenservice
- Intensivierung der Kontakte bzw. der Zusammenarbeit mit Kunden und Lieferanten
- Vergrößerung/Verkleinerung der Fertigungstiefe oder Fertigungsbreite
- Kooperationen (Joint Venture, Fusionierung etc.)
- Verlagerung von Unternehmensfunktionen zu Dienstleistern
- Reorganisation des Unternehmens
- Standortverlagerung
- Betätigung in neuen Geschäftsfeldern
- Änderung der Vertriebswege

Auswirkungen auf die Mitarbeiter

So können die Auswirkungen auf die Menschen in einem erheblichen Wissensneubedarf, in wesentlicher verhaltensmäßiger Neuorientierung, in einer deutlichen Veränderung der Arbeitsinhalte (Zunahme an Verantwortung, Anreicherung der Tätigkeit, Veränderung vom Spezialisten zum Generalisten oder umgekehrt) sowie in Identifikationsproblemen mit dem Neuen (Produkten, Unternehmensprinzipien und -zielen) liegen.

Einflußfaktoren auf den PE-Bedarf

Der Personalentwicklungsbedarf ergibt sich aus den Zukunftsabsichten des Unternehmens und dem sich daraus ergebenden quantitativen und qualitativen Personalbedarf und der Beurteilung der derzeitigen Leistungen der Mitarbeiter. Hinzu treten in der Person der Mitarbeiter liegende Einflußfaktoren wie Altersstruktur, Fluktuation, Potential und Bildungswille.

Das Wissen unterliegt einem immer schnelleren Alterungsprozeß (siehe Abbildung 82), der durch ständige Erneuerung kompensiert werden muß. Hier sind in erster Linie die Mitarbeiter selbst aufgerufen.

Veralterung des Wissens*

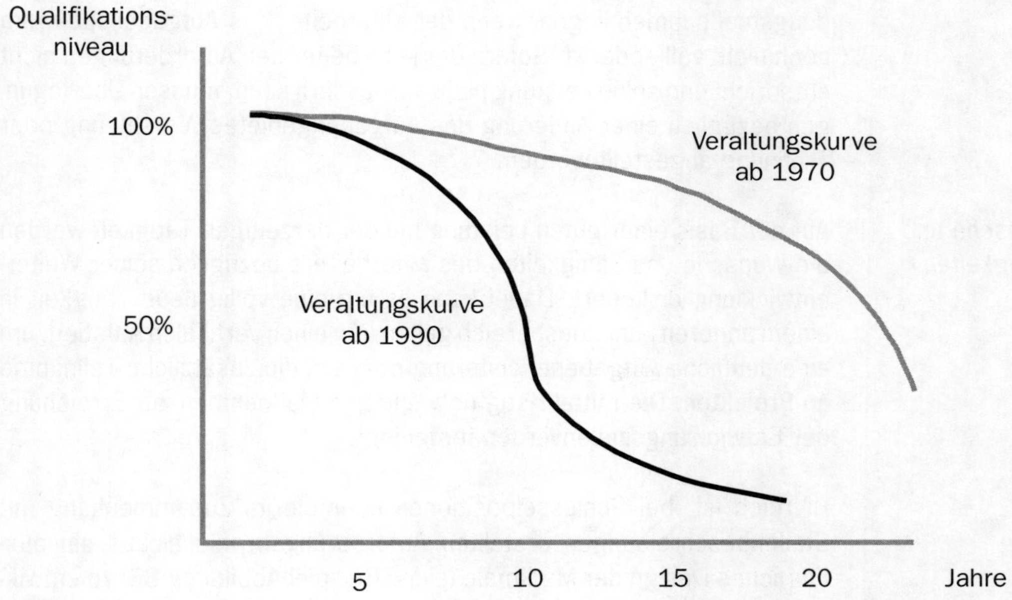

Abbildung 82: Veralterung des Wissens

Jährliches Mitarbeitergespräch

Die wesentlichen Impulse erhält die PE durch das jährliche Mitarbeitergespräch. Nach der Feststellung des Zielerreichungsgrades und der Leistungsbeurteilung werden die konkreten Förderungsmaßnahmen (siehe Formular „Förderungsmaßnahmen") zwischen Vorgesetztem, Mitarbeiter und – sofern es um grundsätzlichere Probleme geht – mit der Personalentwicklung (Personalwesen) besprochen.

* Aus: Hungenberg, H. „Die Aufgaben der Zentrale", ZFO 6/92

Konsequenzen aus der Beurteilung

Zunächst wird festgestellt, ob der Mitarbeiter den Anforderungen seiner derzeitigen Stelle voll gerecht wird. Falls ja, ist zu überlegen, welche Maßnahmen zur Abrundung der Qualifikation sinnvoll erscheinen. Sollte der Mitarbeiter den Anforderungen noch nicht genügend entsprechen, kann der Akzent auf stärkerem Bemühen und größerem Einsatz – sicherlich auch mit Unterstützung des Vorgesetzten – oder in Weiterbildungsmaßnahmen liegen, wenn der Mitarbeiter das Aufgabenspektrum noch nicht voll abdeckt. Sofern der Mitarbeiter den Anforderungen nicht entspricht und seine Leistung nicht verbessern kann, müssen Überlegungen bezüglich einer Änderung des Aufgabengebietes, Versetzung oder Trennung angestellt werden.

Wünsche und Fähigkeiten

Auf der Basis einer guten Leistung bei der derzeitigen Tätigkeit werden die Wünsche und Fähigkeiten des Mitarbeiters bezüglich seiner Weiterentwicklung diskutiert. Dabei kann es um eine völlig neue Tätigkeit in einem anderen Funktionsbereich gehen, um einen vertikalen Aufstieg, um eine deutliche Aufgabenerweiterung oder um die zusätzliche Teilnahme an Projekten. Die mittelfristig notwendigen Maßnahmen zur Erreichung der Entwicklungsziele werden festgelegt.

Hilfreich ist, bei Schlüsselpositionen über die im Zusammenhang mit Stellenbeschreibungen erstellten Anforderungsprofile hinaus ein ausführliches Design der Merkmale (siehe Beispiel Abbildung 83) zu entwikkeln, dem die Einschätzung der einzelnen Kandidaten gegenübergestellt wird. Die Einschätzung der überfachlichen Fähigkeiten sollte – vor allem, wenn es sich um Nachwuchskräfte handelt – von mehreren erfahrenen Führungskräften, die die Kandidaten kennen, vorgenommen werden.

*Abbildung 83: Management-Potential-Analyse Design** ►

* Aus: Jochmann, W. „Die Management-Potential-Analyse in der Praxis“ in: „Strategien der Personalentwicklung“, Gabler-Verlag, Wiesbaden, 1989, Seite 292

Management-Potential-Analyse Design

Kriterien	1	2	3	4	5	6	7
Organisation und Planung							
Entscheidungsverhalten							
Akzeptanz als Führer							
Kooperationsbereitschaft							
Überzeugungskraft							
Durchsetzungsvermögen							
Rhetorik							
Einfühlungsvermögen							
Interessenspektrum							
Logik und Schlußfolgern							
Gedächtnis							
Analysevermögen							
Beharrlichkeit und Ausdauer							
Streßresistenz							
Tatkraft und Energie							
Stellenwert der Arbeit							
Leistungsmotivation							
Kontaktbereitschaft							
Cleverness							
Emotionale Stabilität							
Aufgeschlossenheit							
Kreativität							
Konservativismus							
Bedürfnis nach Anerkennung							
Zufriedenheit							

Zukünftige Anforderungen

Lean Management und Business Reengineering führen zu stärkerer Prozeßorientierung und Abflachung der betrieblichen Hierarchie, somit zu einer deutlichen Abnahme von Führungspositionen. Gefragt sein wird für die Schlüsselkräfte eines Unternehmens – unabhängig davon, ob ihnen im herkömmlichen Sinne Mitarbeiter unterstellt sind und wie viele – hohe Fachkompetenz, Kommunikations-, Team- und Kooperationsfähigkeit, hierarchieunabhängiges und prozeßorientiertes Denken und Handeln, Initiative und Gestaltungsvermögen, analytisches und logisches Denkvermögen, aber auch Begeisterungsfähigkeit, Kreativität und Intuition.

Abbildung 84 zeigt die Zusammenhänge der Personalentwicklung auf:

Abbildung 84: Konzept Personalentwicklung ►

Konzept Personalentwicklung*

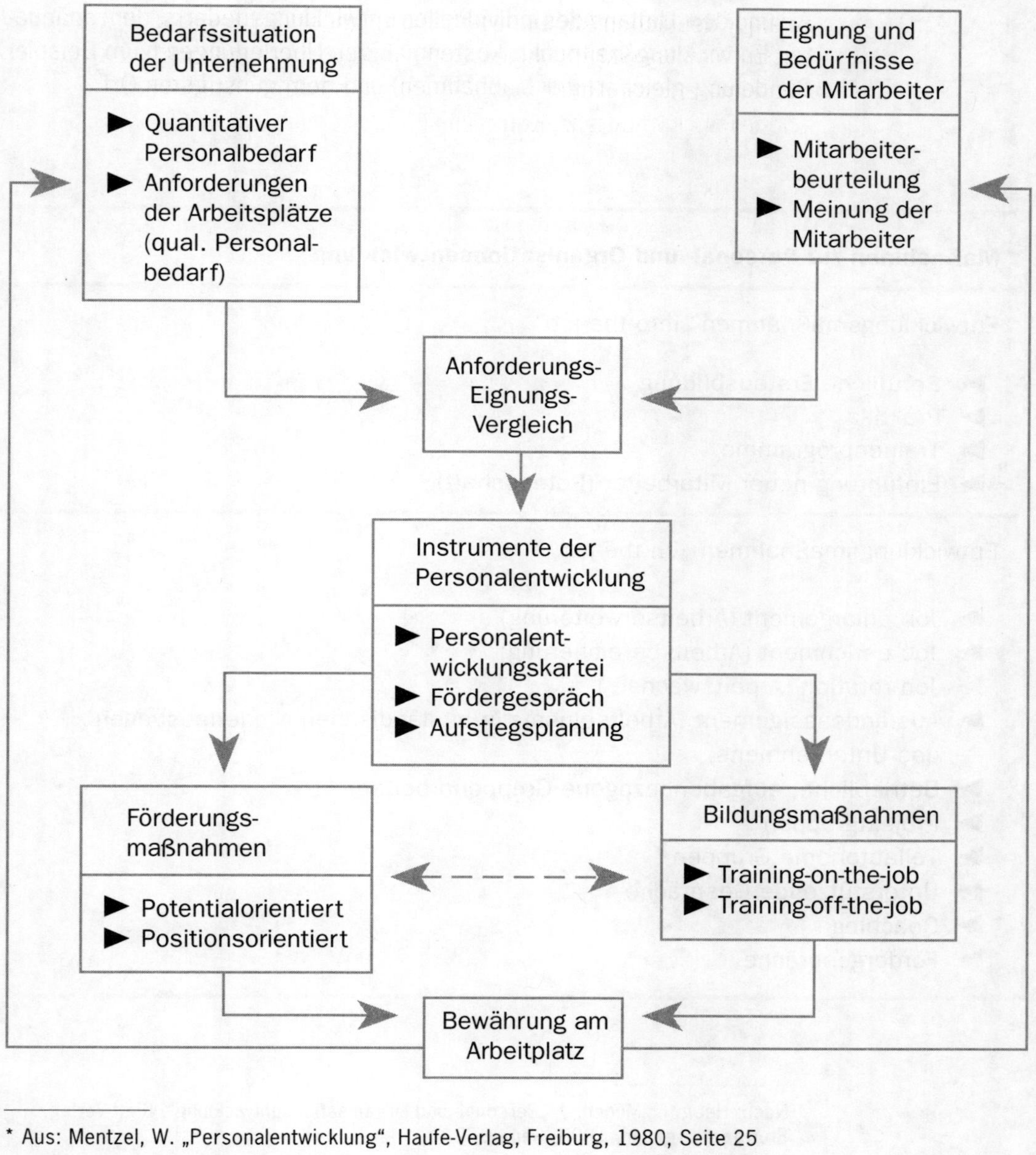

* Aus: Mentzel, W. „Personalentwicklung", Haufe-Verlag, Freiburg, 1980, Seite 25

Zur Deckung des individuellen PE-Bedarfs müssen entsprechende Maßnahmen eingeleitet werden. Diese sind im wesentlichen abhängig von der Art und dem Umfang des individuellen Entwicklungsbedarfs, dem adäquaten Entwicklungszeitpunkt, kostenmäßigen Überlegungen (zum Beispiel Bündelung gleichartiger Maßnahmen) und dem günstigsten Ort.

Maßnahmen zur Personal- und Organisationsentwicklung*
Entwicklungsmaßnahmen „into the job" ▶ Berufliche Erstausbildung ▶ Praktika ▶ Traineeprogramme ▶ Einführung neuer Mitarbeiter (Patenschaft)
Entwicklungsmaßnahmen „on the job" ▶ Job enlargement (Arbeitserweiterung) ▶ Job enrichment (Arbeitsbereicherung) ▶ Job rotation (Arbeitswechsel) ▶ Auslandsassignment (Arbeitseinsatz in ausländischen Niederlassungen des Unternehmens) ▶ Betriebliche, aufgabenbezogene Gruppenarbeiten ▶ Projektgruppen ▶ Teilautonome Gruppen ▶ Unterstützende Gespräche ▶ Coaching ▶ Fördergespräche

▶

* Nach: Heeg, F./Münch, J. „Personal- und Organisationsentwicklung", Klett-Verlag, Stuttgart/Dresden, 1993, Seite 360

Entwicklungsmaßnahmen „near the job“
► Betriebliche Lern- und Problemlösungsgruppen ► Qualitätszirkel ► Werkstattzirkel ► Lernstatt (Lernen in der Werkstatt)
Entwicklungsmaßnahmen „off the job“ ► Fortbildung (anerkannte Abschlüsse) ► Seminare intern/extern ► Workshops ► Übungsfirmen ► Assessment Center ► Förderkreise ► Erfahrungsaustauschgruppen

Abbildung 85: Maßnahmen zur Personal- und Organisationsentwicklung

5. Stärkere Anreize durch motivierende Entgeltsysteme

Begriff „Entgelt"

Als Entgelt verstehen wir alle geldlichen und geldwerten Leistungen eines Unternehmens an die Mitarbeiter, sofern sie im Zusammenhang mit der erbrachten Arbeitsleistung stehen. Dazu gehören den Mitarbeitern regelmäßig in kürzeren Zeitabständen zufließende Leistungen (Lohn, Gehalt) oder regelmäßige in größeren Zeitabschnitten gewährte Leistungen (Weihnachtsgratifikation, Urlaubsgeld), Einmalzahlungen (Prämien für Verbesserungsvorschläge) sowie das gesamte Bündel sonstiger Sozialleistungen.

Lage der Unternehmen

Wenn wir uns Gedanken über die Gestaltung von Entgeltsystemen machen wollen, müssen wir die Situation der Unternehmen in unsere Überlegungen einbeziehen:

- Die Unternehmen haben bereits ihre spezifische Entgeltstruktur.
- Es gibt keinen Spielraum für eine Erhöhung der Personalkosten.
- Die Personalkosten sind relativ fix, „zementiert" durch Gesetz, Tarifvertrag, Betriebsvereinbarung und betriebliche Übung.

Anpassung der Personalkosten an Beschäftigung

Zur Erhöhung der Chancen im internationalen Wettbewerb wird eine Reduzierung von Lohnkosten und Lohnnebenkosten angestrebt. Mittelfristig betrachtet ist vermutlich lediglich eine Streckung von Erhöhungen (Lohn, Gehalt) und ein partielles Einfrieren der Nebenkosten möglich. Lediglich unter dem Druck von Personalentlassungen und Standortverlagerungen kann das Besitzstandsdenken durchbrochen werden.

Bei dem hohen Anteil der Personalkosten an den Herstellkosten haben die Unternehmen im wesentlichen nur folgende Möglichkeiten zur Anpassung der Personalkosten an die Beschäftigungslage:

- Personalabbau/-aufbau
- Überstundenaufbau/-abbau
- Kurzarbeit

Wir sollten in unsere Überlegungen zur motivierenden Entgeltgestaltung den Aspekt größerer Flexibilität bei Beschäftigungsschwankungen einbeziehen.

Materielle und immaterielle Gratifikation

Wie kann man Mitarbeiter motivieren? Neben den bereits behandelten Möglichkeiten auf den Gebieten Führung und Organisation spielt sicherlich der materielle Aspekt eine wichtige Rolle. Ein Mitarbeiter, der eine interessante Tätigkeit hat und dessen personelles Umfeld „stimmt", wird sicherlich einen Einbruch in seinem motivationalen Zustand erleiden, wenn er erfährt, daß er im Vergleich zu Kollegen innerhalb und außerhalb des Unternehmens unterbezahlt ist. Umgekehrt wird er hoch motiviert über eine Sonderzahlung für eine besondere Leistung sein.

Gerechtigkeit durch Leistungsprinzip

Gibt es den „gerechten Lohn"? Die Antworten, welcher Teil am Erfolg des Unternehmens auf den Faktor Arbeit entfallen sollte, sind weltanschaulich geprägt. Wir können nur eine relative Gerechtigkeit verwirklichen, indem wir einzelneTätigkeiten (im Rahmen einer summarischen oder analytischen Bewertung) und die Leistungen der Mitarbeiter (im Rahmen einer Leistungsbeurteilung) vergleichen. Aufgabe des Personalwesens ist es, mittels Übersichten und der Strukturierung von Verdiensten die Voraussetzungen für eine relative Gerechtigkeit zu schaffen und bei Fehlentwicklungen Korrekturen einzuleiten. In diesem Zusammenhang ist es unbedingt notwendig, daß Vergleiche der Firmenwerte mit externen Werten angestellt werden. Hier bieten sich käuflich zu erwerbende Gehaltserhebungen, Verdiensterhebungen der Statistischen Landesämter bzw. des Statistischen Bundesamtes, Veröffentlichungen in Fachzeitschriften oder Verbandsstatistiken an. Auch der direkte Lohn- und Gehaltsvergleich mit ähnlich strukturierten Unternehmen ist sinnvoll.

Maßstab in unserem Wirtschaftssystem im Vergleich der Unternehmen untereinander und der Mitarbeiter kann nur das Leistungsprinzip sein. Nur durch Leistung werden die Erfolge erzielt, die die beste Garantie für eine existentielle Absicherung sind.

Anforderungen an die Systeme

Motivierende Entgeltsysteme sollten leistungsadäquat sein, das heißt die Leistungen müssen honoriert werden. Außerdem muß der einzelne Mitarbeiter möglichst den Zusammenhang von Leistung und Honorierung nachvollziehen können. Das bedeutet eine Transparenz des Systems, aber auch ein enger zeitlicher Zusammenhang zwischen Leistungserbringung und Vergütung. Die Motivation der Mitarbeiter ist also höher, wenn sie wissen, daß sich ihre Bemühungen zeitnah auszahlen und sie die Höhe der Vergütung aufgrund der Kenntnis des Systems abschätzen können.

Gruppenprämien

Da die Bedeutung der Teams bzw. Arbeitsgruppen immer stärker zunimmt, stellt sich in erhöhtem Maße die Frage einer motivationsfördernden Vergütung. Es ist zu überlegen, ob man eine Prämienentlohnung für die gesamte Gruppe einführt und wie die Prämie auf die einzelnen Gruppenmitglieder verteilt wird. Sicherlich sind hier die unterschiedlichsten Varianten möglich:

- ▶ Jeder erhält den gleichen Prämienbetrag (unabhängig von der Wertigkeit seiner Arbeit und seiner persönlichen Leistung, also Sozialprinzip).
- ▶ Der für die Gruppe errechnete Prämienbetrag wird auf der Basis der Stundenlöhne umgelegt.
- ▶ Der Prämienbetrag wird der Gruppe zur Verfügung gestellt, die die Aufteilung vornimmt.

Anreize im administrativen Bereich

Auch in den administrativen Bereichen lassen sich durchaus leistungsorientiertere Systeme als das Monatsgehalt realisieren. Wichtig ist, die den Erfolg widerspiegelnden und von den einzelnen Organisationseinheiten beeinflußbaren Parameter zu wählen und eine korrekte Leistungserfassung sicherzustellen.

Incentives für Führungskräfte

Bei Unternehmen, die mit den Führungskräften jährliche Zielvereinbarungen treffen, bietet sich eine erfolgsabhängige Bezahlung an. So könnte die erfolgsabhängige, variable Komponente durchschnittlich 20 Prozent des Monatsgehalts betragen, in die beispielsweise zu je einem Drittel das Unternehmensergebnis, das Ergebnis einer Geschäftseinheit (Profit Center) und der Zielerreichungsgrad einfließen.

Erfolgsbeteiligung

Eine weitere Möglichkeit der variablen Vergütung ist die Erfolgsbeteiligung, die in den letzten Jahrzehnten an Bedeutung verloren hat. Die Gründe sind in den engeren Verteilungsspielräumen zu sehen. Es wäre durchaus im Rahmen des Umbruchs und der Neuorientierung der Unternehmen sinnvoll, vorhandene Leistungen, zum Beispiel freiwillige Sozialleistungen und – mit Zustimmung der Tarifpartner – Einmalzahlungen umzuschichten und ein Erfolgsbeteiligungssystem damit materiell auszustatten. Bei der Erfolgsbeteiligung sind folgende Festlegungen zu treffen:

- ► Definition des Begriffes Erfolg (Produktion zu Verrechnungspreis, Umsatz, Umsatz minus einzelne Kostenblöcke, Wertschöpfung, Gewinn)
- ► Festlegung des Anteils am Erfolg, der auf die Belegschaft entfallen soll
- ► Verteilung des auf die Gesamtbelegschaft entfallenden Erfolgsanteils auf die einzelnen Mitarbeiter (Leistungsprinzip, Sozialprinzip oder Mischformen)
- ► Entscheidung über den Zeitpunkt der Auszahlung (jährliche Zahlung; mehrmalige Auszahlung pro Jahr als Vorschuß und jährliche Endabrechnung; teilweise Auszahlung und teilweise Anlage im Unternehmen mit besonderen Konditionen für die Mitarbeiter und zur Verbesserung der Kapitalbasis des Unternehmens)

Durch Umschichtung zur Erfolgsbeteiligung

Ein Erfolgsbeteiligungssystem für die Arbeitnehmer kann, sofern es den betriebsspezifischen Zuschnitt erhält, die Motivation der Mitarbeiter erhöhen, durch Umschichtung teilweise überholter sozialer Leistungen zu einer höheren Effizienz der Mittel führen, zur Flexibilisierung des Kostenblocks „Personalkosten“ in nicht unerheblichem Umfang beitragen und damit manche unsoziale Aktion verhindern.

6. Institutionalisierte Personalinformation: Die Mitarbeiterzeitschrift

Grundinformationen fehlen

Wie wir bereits festgestellt haben, fehlen den Mitarbeitern trotz allgemeiner Informationsflut oft die richtigen Informationen. Vor allem ist ein Defizit an Grundinformationen feststellbar. Mitarbeiter wissen zu wenig über das Geschehen im Unternehmen, die wirtschaftliche Lage, besondere Probleme, die Unternehmensziele und den Unternehmenserfolg.

Vorteile der Grundinformation

Grundinformationen sind die Voraussetzung für die Verbesserung des Interesses der Mitarbeiter am Unternehmen, die Förderung des Zugehörigkeitsgefühls, die Identifikation mit der eigenen Tätigkeit, den Produkten, der Abteilung und letztendlich mit dem Unternehmen selbst sowie für die Steigerung der Aktivitäten im Unternehmen.

Widerstände gegen Mitarbeiterzeitschrift

In kleineren und mittleren Unternehmen werden die Informationsprobleme oft übersehen. Als Führungskraft ist man selbst gut informiert und schließt von sich auf die Mitarbeiter, oder man geht davon aus, daß bei der flachen Hierarchie die Information von der Spitze zur Basis kein Problem sein kann. Das Problem ist, daß die Informationen oft nicht systematisch, sondern eher zufällig erfolgen, unvollständig sind und nur einen Teil der Mitarbeiter zu unterschiedlichen Zeitpunkten erreichen. Selbst wenn Informationsprobleme erkannt sind, scheuen sich Unternehmensleitungen, diese Lücke durch eine Mitarbeiterzeitschrift zu schließen. Als Gründe werden genannt: Kosten, zusätzliche Arbeit und fehlendes Know-how.

Aufwand und Nutzen

Für eine einfach gestaltete Mitarbeiterzeitschrift DIN A 4 mit einem Umfang von vier bis sechs Seiten kommt bei einer Auflage von 1000 Exemplaren und viermaligem jährlichen Erscheinen ein Betrag zustande, der sich maximal pro Kopf im Bereich eines Stundenlohns für einen Facharbeiter bewegt. Oft ist das Problem, daß der Aufwand errechnet werden kann, der Nutzen jedoch nicht meßbar ist. Wägen wir doch einmal gegeneinander ab: den Stundenlohn gegen stärkeres Engagement, zielorientierten Einsatz, einige gute Ideen, gute Zusammenarbeit und positive Äußerungen der Mitarbeiter über ihr Unternehmen in der Öffentlichkeit.

Redaktion

Es ist empfehlenswert, die Personalinformation im Personalwesen oder bei kleineren Unternehmen im Verwaltungsbereich anzusiedeln. Es sollte ein kleines Redaktionsteam zusammengestellt werden, das aus Vertretern der einzelnen Funktionsbereiche besteht. Diese schlagen Themen vor, schreiben selbst oder veranlassen das Schreiben von Beiträgen. Bei der Auswahl der Teilnehmer für das Redaktionsteam sollte man sich nicht unbedingt hierarchisch orientieren, sondern engagierte Mitarbeiter auswählen, die einen guten Schreibstil haben und denen die Zusatzaufgabe Spaß macht. In der Praxis hat sich bewährt – zumindest in der Konzeptions- und Anlaufphase –, bei der Gestaltung und redaktionellen Bearbeitung externe Unterstützung zu suchen.

Adressaten

Die Mitarbeiterzeitschrift sollten die Mitarbeiter und Firmenrentner sowie deren Familien, Bewerber/Interessenten sowie Geschäftsfreunde erhalten. Wenn sich ein Unternehmen für eine Mischform von Kunden- und Mitarbeiterzeitschrift, die sich in der Praxis durchaus bewährt hat, entscheidet, müssen die Informationen entsprechend sorgfältig ausgewählt und aufbereitet werden.

Erscheinen und Verteilung

Mindestens viermal pro Jahr sollte die Mitarbeiterzeitschrift erscheinen, damit ein Mindestmaß an Aktualität erreicht wird. Als Termine bieten sich die vier Jahreszeiten an. Die Verteilung der Zeitschrift in der Firma ist im Vergleich zum Postversand oberflächlich betrachtet günstiger, jedoch kommt die Zeitschrift selten in die Familie, da sie während der Arbeitszeit gelesen und danach meist weggeworfen wird. Wenn die Versandkosten gespart werden sollen, dann sollte die Verteilung im Unternehmen zum Feierabend erfolgen.

Zielsetzungen einer Mitarbeiterzeitschrift
► Zusammenhalt der einzelnen Organisationseinheiten verbessern ► Geschehen im Unternehmen transparenter machen ► Wir-Gefühl der Mitarbeiter stärken ► Identifikation der Mitarbeiter mit ihrer Arbeit, den Produkten, der Abteilung und dem Unternehmen erhöhen ► Aktivität und Initiative der Mitarbeiter verbessern ► Mitarbeitern Orientierungshilfe bieten ► Unternehmensphilosophie vermitteln ► Spannungen (Vorurteile) zwischen einzelnen Funktionsbereichen abbauen ► Betriebliches Zeitgeschehen dokumentieren ► Imagebildung nach außen verbessern (Corporate Identity) ► Arbeitnehmer im Sinne des Betriebsverfassungsgesetzes unterrichten

Abbildung 86: Zielsetzungen einer Mitarbeiterzeitschrift

Name der Zeitschrift

Für den Namen der Mitarbeiterzeitschrift gibt es verschiedene Möglichkeiten:

- der Firmenname („Wir von XY")
- das Hauptprodukt („Der Motor")
- die Betätigung („Der Kontakt", „Gute Sicht")
- allgemeine Aussagen (Mitteilungsblatt, Mitarbeiterinformation, Information der ..., Nachrichten der ...)

So könnte der Titel für die Mitarbeiterzeitschrift einer mittelständischen Unternehmensgruppe auf dem Bausektor wie folgt lauten:

Wir von XY-Bau – Zeitschrift für die Mitarbeiter der XY-Gruppe"

Bei diesem Titel würde die Firma/Unternehmensgruppe genannt, das Wir-Gefühl angesprochen und Berufsethos assoziiert (Wir vom Bau).

Themen einer Mitarbeiterzeitschrift
► Bericht zur Geschäftslage ► Darstellung der Organisation ► Vorstellung einzelner Organisationseinheiten ► Neue Aktivitäten (Firmen, Kooperationen) ► Neue Produkte, Projekte ► Neue Verfahren, neue Materialien ► Wirtschaftspolitik (insbesondere branchenbezogen) ► Unternehmensrelevante Gesetze und Verordnungen ► Tarifpolitik ► Umweltschutz ► Unfallverhütung (Branchenvergleiche, Darstellung einzelner Unfälle) ► Personalstatistiken ► Betriebliches Verbesserungsvorschlagswesen ► Personalien (Firmeneintritte, Pensionierungen, Ernennungen, Jubilare, Heiraten, Geburten, Todesfälle) ► Betriebssport ► Interessante Hobbys einzelner Mitarbeiter/Pensionäre ► Bericht des Betriebsrats ► Lebenshilfe (Urlaubs- und Gesundheitstips, Sozialversicherung u. ä.)

Abbildung 87: Themen einer Mitarbeiterzeitschrift

Wichtig ist, daß die Unternehmensleitung dem Redaktionsteam angemessene Entfaltungsmöglichkeiten einräumt. Ständige Zensur würde Kreativität und Freude an der Gestaltung zum Erliegen bringen. Eine gut gestaltete, aktuelle und informative Mitarbeiterzeitschrift schließt eine weithin vorhandene Lücke in der betrieblichen Informationspolitik.

7. Betriebliches Verbesserungsvorschlagswesen als Innovationsinstrument

Zukunft gehört dem BVW

Das Betriebliche Verbesserungsvorschlagswesen (BVW) spiegelt – wie wir bei der Darstellung des gegenwärtigen Zustandes der Unternehmen bereits festgestellt haben – den Allgemeinzustand wider: Ideen und Vorschläge der Mitarbeiter kommen bei weitem nicht in dem Umfang, wie dies möglich wäre. Ständige Änderungsprozesse und permanentes Streben nach Verbesserungen bieten dem Instrument BVW ungeahnte Zukunftschancen, erfordern aber statt bürokratischer Systeme einfachere Organisation und flexibles Handling.

Warum ein System des BVW

Der Installierung eines BVW-Systems liegen folgende Überlegungen zugrunde:

- Vorschläge sollen objektiv bewertet werden.
- Vorschläge müssen fachlich kompetent begutachtet werden, und die Einführung muß im Unternehmensinteresse, unabhängig von Einzelinteressen erfolgen.
- Die Anonymität der Vorschläge soll sicherstellen, daß der Einreicher gerecht behandelt wird und weder von Vorgesetztenseite noch von der Arbeitsgruppe Nachteile erfährt.
- Die Phasen der Begutachtung und Einführung in den Fachbereichen sollen beschleunigt werden.

Einflußfaktoren

Zunächst ist wichtig, die Einflußfaktoren auf die Aktivität der Mitarbeiter im BVW zu kennen und im Wissen um die Zusammenhänge ideenfördernde Schritte zu unternehmen. Einflußfaktoren sind:

- die Problemsituation des Unternehmens (zum Beispiel Konkurrenzdruck, Kostenprobleme, strategische Lücke im Produktbereich, Technologie-Defizit)
- die Unternehmensziele
- die Organisation des Unternehmens (Zentralisationsgrad, Hierarchie, Arbeitsteilung, Einzel- oder Gruppenarbeit)

- Führungsstil im Unternehmen und personelles Umfeld
- Gestaltung des BVW-Systems (Organisation, Anreize, Hilfestellung)
- Fähigkeiten und Verhalten der Mitarbeiter

  - **Fähigkeitsbarrieren**: Kreativitätsmangel (Kritik- und Einfallslosigkeit) und Artikulationsschwierigkeiten
  - **Willensbarrieren**: geringe Identifikation mit der Tätigkeit, Mißtrauen gegen Führungskräfte, Interessengegensatz zwischen Arbeitgeber und Arbeitnehmern, Änderungswiderstand/Beharrungsvermögen
  - **Risikobarrieren**: Furcht vor materiellen und immateriellen Nachteilen durch Verbesserungsvorschläge (VV) (Einkommensreduktionen, Mißgunst von Kollegen oder Führungskräften, die Vorschläge als Kritik an ihrer Person auffassen)*

Organe des BVW

Die Organe des BVW bestehen aus dem Sachbearbeiter und dem Prüfungsausschuß.

Sachbearbeiter

Aufgaben des Sachbearbeiters:

- Entgegennehmen, registrieren und den Eingang von VV bestätigen
- VV mit Kennummer versehen und für vertrauliche anonyme Bearbeitung sorgen
- Stellungnahmen von Fachabteilungen und Gutachtern einholen
- VV mit Stellungnahmen dem Prüfungsausschuß vorlegen, Sitzungen des Prüfungsausschusses vorbereiten, Protokoll führen und die Beschlüsse ausführen (Abwicklung des VV und Überwachung der Einführung)
- Steuerung von Aktionen (Werbung etc.), Führen von Statistiken
- Kontakte zu externen BVW-Gremien

* Nach: Thom, N. „Ein Longseller mit weiteren Erfolgsaussichten" in: „Personalführung" 3/93, Seite 284

Prüfungsausschuß Der Prüfungsausschuß besteht aus Mitgliedern, die von der Unternehmensleitung benannt werden, und Vertretern des Betriebsrats. Der Prüfungsausschuß entscheidet, ob es sich um einen VV im Sinne der Satzung handelt, prüft die Verwertbarkeit im Betrieb und legt die Vergütung fest (je nach Kompetenz müssen höhere Beträge von der Unternehmensleitung genehmigt werden). Wenn VV patentfähig oder als Gebrauchsmuster schutzfähig ist, so wird der VV zur weiteren Bearbeitung an die für das Patentwesen zuständige Stelle weitergereicht.

Bewertung Die Bewertung der VV wird nachstehend anhand des Systems eines mittelständischen Industrieunternehmens dargestellt:

Übersicht zur Klassifizierung von Vorschlägen

Klassifizierung	Grundwert	Korrekturfaktor
a. brauchbare Verbesserung, jedoch keine Verwendung im Unternehmen möglich	3 x Ecklohn (LGr. 7) oder Sachwert	–
b. Verbesserung geringfügig, jedoch persönliches Bemühen des Einreichers	6 x Ecklohn oder Sachwert	–
c. VV, deren Wirtschaftlichkeit nicht unmittelbar erfaßbar bzw. nachweisbar ist, die aber verwertet werden	Bewertung (mind. 10 x Ecklohn)	ja
d. VV mit Wirtschaftlichkeitsrechnung, die verwertet werden	Berechnung (mind. 10 x Ecklohn)	ja
e. VV, die voraussichtlich als Patent oder Gebrauchsmuster verwertet werden	Bewertung/ Berechnung oder Patentregelung	ja

Abbildung 88: Übersicht zur Klassifizierung von Vorschlägen

Für bewertete und berechnete Vorschläge gilt eine Faktorentabelle, die der Stellung des Einreichers Rechnung trägt und berücksichtigt, ob der VV aus dem eigenen oder aus einem fremden Arbeitsbereich kommt.

Faktorentabelle

Ziffer	Stellung des Einreichers	Arbeitsbereich (Faktor)	
		eigener	fremder
1	Auszubildende/Jugendliche	1,5	1,8
2	Lohngr. 1 - 4	1,3	1,6
3	LGr. 5 - 6; GehGr. K1, T1	1,1	1,4
4	LGr. 7 - 8; GehGr K2, T2, M1	0,9	1,2
5	LGr. 9 - 12; GehGr. K/T3 - 4, M2	0,7	0,9
6	GehGr. K5 - 6, T5, M3 - 4	0,4	0,6
7	GehGr. K7, T6 - 7, M5	0,2	0,4
8	Außertarifliche Mitarbeiter	0,0	0,3

Abbildung 89: Faktorentabelle

Berechnung

Bei VV, bei denen eine Wirtschaftlichkeitsrechnung möglich ist, ermittelt man die Gesamteinsparung des ersten Jahres und zieht davon den Einführungsaufwand (Investitionskosten, Arbeitsaufwand) ab. Dieser Betrag wird mit einem Grundprämien-Prozentsatz (meist – je nach System – 20 bis 30 Prozent) multipliziert. Diese Summe wird mit dem Korrektur-/Bewertungsfaktor gewichtet und ergibt den Endbetrag der Vorschlagsprämie.

Bewertung

VV, bei denen die Einsparung nicht berechenbar ist, werden nach Punkten bewertet: ►

Punktbewertung	Punktwerte			
	gering	mittel	hoch	sehr hoch
a. Beurteilung der Vorschlagsinhalte	**5**	**15**	**25**	**35**
Arbeitserleichterung/Sicherheit				
Rationalisierung				
Qualitätsverbesserung				
Werterhaltung (Gebäude, Anlagen, Sachmittel)				
Organisationsverbesserung				
Einsparung (Material, Energie)				

b. Wesen des Vorschlags	**Punktwerte**
Dem Unternehmen bekanntes Verfahren	**5**
Neues Gedankengut für das Unternehmen	**10**
Völlig neuartige Lösung	**15**
c. Anwendungsgebiet	
Nur für speziellen Zweck	**5**
Eingeschränkte Anwendung	**10**
Große Anwendungsbreite	**15**
d. Aufwand für die Realisierung	
Sehr groß	**5**
Mittlere Kosten	**10**
Gering – sofort anwendbar	**15**

Bewertungsformel:

Summe der Punkte x Bewertungsfaktor = Prämienpunkte
Prämienpunkte x DM/Punkt (0,5 Ecklohn) = Prämie in DM

Abbildung 90: Punktbewertung

Schritte zur Verbesserung

Was muß getan werden, um ein System des BVW auf die neuen Anforderungen auszurichten und es zu einem erfolgreichen Instrument der Innovation zu machen?

- ► Leistungen schnell honorieren (wer schnell gibt, gibt doppelt)
- ► VV verwirklichen (der Mitarbeiter will das Ergebnis seiner Bemühungen realisiert sehen)
- ► Gute materielle Ausstattung des BVW
- ► Ständige Aktionen (Wettbewerbe, Sonderpreise, Ansprache einzelner Zielgruppen, Unterstützung der Vorschlagenden vor Ort)
- ► Der organisatorischen Entwicklung (Teams an der Basis, Projektgruppen) durch unbürokratische Handhabung Rechnung tragen: dezentrale Honorierung von Gruppenvorschlägen (vor Ort) und sofortige Einführung kleinerer Vorschläge

V. Sinn, Freude und Freiheit als zentrale Bezugspunkte der Aktivierung und Motivation

Sinn, Freude und Freiheit als „Meta-Points"

Wir haben bei den bisherigen Ausführungen über Führung, Organisation und Personalwirtschaft die Wirkung einzelner Maßnahmen in bezug auf die Aktivierung der Mitarbeiter kennengelernt. Es wurde erkannt, daß die Maßnahmen auf den einzelnen Feldern abgestimmt sein müssen, um eine optimale positive Wirkung zu erzielen. Wie ein roter Faden begleiten uns dabei die Gedanken: Welche Fähigkeiten stecken in uns und unseren Mitarbeitern, und wie können wir sie identifizieren? Wie können die Talente entwickelt und zur Entfaltung gebracht werden, und welche Voraussetzungen müssen geschaffen werden, damit die Potentiale bestmöglich genutzt werden? Über allem stehen die „Meta-Points" Sinn, Freude und Freiheit als Antriebskräfte. Je mehr diesen Antriebskräften im Unternehmen entsprochen wird, desto stärker wird der Einsatz der Mitarbeiter im Rahmen ihrer Fähigkeiten sein.

Arbeit Sinn geben

Wenn wir den Sinn der Arbeit vermitteln wollen, müssen wir von einem positiven Menschenbild ausgehen. Das bedeutet, daß wir nicht nur für uns selbst in Anspruch nehmen, positiv zur Arbeit zu stehen, sondern dies auch anderen zubilligen. Wenn wir einmal selbstkritisch zurückdenken, so erinnern wir uns sicher an Situationen, in denen wir trotz grundsätzlich positiver Einstellung zur Arbeit vor bestimmten Tätigkeiten am liebsten davongelaufen wären. Wir können die These vertreten, daß in vielen Fällen die Attraktivität einer bestimmten Arbeit davon abhängt, ob die Arbeit Sinn macht oder unsinnig ist. Aus Filmen kennen wir die Szenen, in denen der „Schleifer" den Soldaten zur Strafe ein Loch schaufeln läßt. Die gleiche Tätigkeit verrichtet ein Arbeiter im Straßenbau im Rahmen der Reparatur einer Versorgungsleitung und empfindet diese Aufgabe bestimmt nicht als Schikane.

Attraktivität der Arbeit durch Sinngebung

Oft ist auch der Sinn einer Anweisung nicht erkennbar. Selbst mittlere Führungskräfte wundern sich über die Entscheidung „von oben", die sie nicht nachvollziehen können, jedoch loyal „nach unten" vertreten sollen. Im Entscheidungsprozeß werden die Mitarbeiter weder im vorbereitenden Stadium beratend eingebunden, noch wird die Entscheidung begründet. Die Unternehmensleitung ist enttäuscht, daß die Mitarbeiter nicht wie erwartet mitziehen. Sinnvermittlung wird vielfach zumindest „im Prinzip" bei den Führungskräften eingesehen. An der Basis scheint man darauf verzichten zu können. Hängt das möglicherweise mit der Einstellung zum Menschen zusammen?

Orientierung durch Sinngebung

Sinn vermitteln heißt auch Orientierung geben. Wenn Mitarbeiter die Ziele kennen oder sogar in die Zielfindung eingebunden sind, werden sie an Stellen, an denen sie sich entscheiden müssen, zielsicher den richtigen Weg einschlagen. Nicht nur das Kennen der Ziele ist wichtig, sondern auch inwieweit Ziele bzw. Teilziele erreicht wurden. Erfolg bestärkt im nachhinein, daß Anstrengungen Sinn machten.

Widersprüche

In einer Aufgabe kann für sich gesehen Sinn liegen. Ein Unternehmen appelliert an die Sparsamkeit der Mitarbeiter, da die Lage im Unternehmen sehr angespannt sei. Gleichzeitig werden für die Leitenden Angestellten größere Firmen-Pkws angeschafft. Der Personalleiter erhält die Aufgabe, mit dem Betriebsrat über die Erhöhung der Kantinenpreise zu verhandeln. Gleichzeitig werden die Vorstandbüros „großzügig" renoviert und die Kasinoräume für die obersten Führungsebenen neu ausgestattet. Singebung muß mit Vorbildwirkung verbunden werden und darf nicht widersprüchlich sein.

Mißachtung und Nichtbeachtung frustrieren

Sinn hat auch mit Achtung des Menschen zu tun. Mitarbeiter wollen wissen, daß sie und warum sie gebraucht werden. Sicherlich trägt nicht zur Motivation der Mitarbeiter bei, wenn ein Vorstand in jeder Betriebsversammlung den Mitarbeitern zu verstehen gibt, daß sie zu wenig intensiv arbeiten und man auf einen Teil von ihnen verzichten könne. Viele Mitarbeiter fragen sich nach dem Sinn ihres Arbeitens, wenn sie den Eindruck gewinnen, daß ihre Leistung weder beachtet noch anerkannt wird.

Auch negative Signale auf der Ebene von Gruppen oder einzelnen Mitarbeitern wie „Wir sind die Wichtigsten und Größten, ihr dagegen seid die 'Underdogs'", führen mit der Zeit zu Frustrationen und zu Zweifeln am Sinn der eigenen Tätigkeit und Existenzberechtigung im Unternehmen.

Sinngebung bezüglich Produkt und Qualität

Sinngebung bezieht sich auch auf die Produkte bzw. Dienstleistungen des Unternehmens. Der Mitarbeiter muß einen Bezug zur Leistungserstellung haben. Kaum vorstellbar ist, daß ein Mitarbeiter in der Forschung eines wehrtechnischen Unternehmens kreativ sein kann und gleichzeitig innerlich gegen die Produkte ist. Ein gewisser Stolz auf die Produkte ergibt sich eher, wenn das Unternehmen hochwertige und keine billigen, technisch anspruchslosen Produkte herstellt. Sinngebung ist in bezug auf die Qualität von besonderer Bedeutung. Nur wenn die Mitarbeiter wissen, was sie für welchen Zweck herstellen, wird der Sinn von Anweisungen bezüglich hoher Produktqualität verständlich. Gerade bei der Herstellung von Zulieferteilen, die in ein größeres Ganzes eingehen, besteht die Notwendigkeit gezielter Information der Mitarbeiter. Auch bei der Fließbandtätigkeit ist es wichtig, den Mitarbeitern den Sinn und die Bedeutung ihrer Teilverrichtungen sowie Gesamtzusammenhänge aufzuzeigen.

Sinngebung und Unternehmen

Mancher Mitarbeiter, der in einem Unternehmen tätig ist, das chancenlos seit Jahren um die Existenz kämpft, wird nach dem Sinn seines besonderen Einsatzes fragen. Ebenso wird die Motivation sicherlich nicht besser, wenn Teile der Öffentlichkeit ständig die Produkte, das Unternehmen und die darin beschäftigten Menschen angreifen und damit die Existenz bedrohen.

Freude an der Arbeit

Eng verbunden mit dem Begriff der Sinngebung ist die Freude an der Arbeit. Mitunter fragt man sich allerdings, ob Mitarbeitern ihr Beruf Spaß macht: Da stehen im Kaufhaus drei Verkäuferinnen sich unterhaltend herum, der Kunde wird einfach übersehen. Auch in vielen Filialen unserer Großbanken fühlt man sich als Kunde eher als Störenfried. In der Werbung werden zwar Kunde und Service groß herausgestellt, von einer positiven Ausstrahlung motivierter Mitarbeiter ist jedoch nichts festzustellen.

Wann haben Mitarbeiter Freude und Spaß an der Arbeit? Die pauschale Antwort kann nur sein: wenn die Betriebsarbeit weitgehend Merkmale der Freizeitarbeit aufweist.

Wann Arbeit Spaß macht

Menschen sind positiv auf die Arbeit eingestimmt, wenn sie den erwünschten Beruf oder die Tätigkeit ausüben können und die Praxis den Wünschen und Vorstellungen entspricht. Auch etwas zu gestalten oder mit anderen im Team zu erarbeiten, wird positiv gesehen. Spaß macht Arbeit, wenn die Mitarbeiter weder unter- noch überfordert sind, die Arbeit interessant und fordernd ist und die Mitarbeiter Erfolge haben. Auch die Feststellung, daß man Lernfortschritte gemacht und sich weiterentwickelt hat, bereitet Freude. Obwohl im Laufe der Jahre vieles zur Routine wird, gehen viele Menschen nicht mit Widerwillen, sondern gern zur Arbeit. Positive Signale aus dem personellen Umfeld, ein lobender Vorgesetzter, eine Arbeitsgruppe, in die man voll integriert ist, ja auch ein zufriedener Kunde, tragen dazu bei, daß Arbeit Spaß macht.

Freiheit in Verantwortung

Im menschlichen Wesen ist der Drang nach Freiheit tief verankert. Wir müssen die Geschichte der Menschheit nicht allzu sehr strapazieren, um den Kampf von Völkern und Bevölkerungsgruppen für die Freiheit nachvollziehen zu können. Im Laufe seiner Entwicklung lernt der Mensch, daß Freiheit nicht grenzenlos sein kann. Wenn Freiheit – im Staat und gleichermaßen im Unternehmen – nicht in ihrer sozialen Bindung gesehen wird, geht sie im Chaos unter. Um dies zu vermeiden, setzt die Ordnung ein, die Regeln für das Zusammenleben setzt.

Was ist Freiheit?

Das Bedürfnis nach Freiheit ist bei den Menschen unterschiedlich ausgeprägt. Es ist abhängig vom individuellen Anspruchsniveau und dem Grad der Befriedigung dieses Bedürfnisses. Freiheit ist zu verstehen als:

- Freiheit der Gedanken, der Phantasie und deren Äußerung
- Freiheit des Handelns (Tun und Unterlassen) in Raum und Zeit

Freiheit wird eingeschränkt durch:

- Staat, Kommunen und Behörden (Gesetze, Verordnungen)
- Organisationen (Richtlinien, Satzungen)
- einzelne Menschen durch Machtausübung gegenüber anderen
- den einzelnen selbst, indem innere Ängste und Befürchtungen jegliche Initiative und Entfaltung lähmen

Freiheit motiviert

In einem Klima der Bürokratisierung und totalen Regelung wird der Mensch sich zwar geborgen und sicher fühlen; als „Gewohnheitstier" wird er sich mit der Zeit in dem Netz von Verordnungen, Regelungen, Gängelung und Bevormundung abfinden. Voraussetzung für die Entfaltung der im Menschen vorhandenen Fähigkeiten ist jedoch die Freiheit.

Die Freiheit des Mitarbeiters im Unternehmen bezieht sich auf die vier Gebiete:

- Tätigkeitsfeld
- Personelles Umfeld
- Materielle Bedingungen
- Arbeitszeit

Freiheit im Tätigkeitsfeld

Freiheit in der Tätigkeit wird durch die Delegation von Verantwortung, die Möglichkeiten der Partizipation (auch funktions- bzw. bereichsüberschreitend) und die Vereinbarung von Zielen ebenso positiv beeinflußt wie durch die sinnvolle Gestaltung der Arbeit und eine Reduzierung der Fremdbestimmtheit.

Freiheit im personellen Umfeld

Dem Drang der Mitarbeiter nach Freiheit kann durch organisatorische Maßnahmen entsprochen werden. Die positive Wirkung kann wesentlich verstärkt, aber auch zunichte gemacht werden durch die Gestaltung der Zusammenarbeit im personellen Umfeld. Der Vorgesetzte kann bei hierarchischen Ängsten der Mitarbeiter, aus denen Hemmungen und Blockaden resultieren, viel zu deren Befreiung beitragen:

Offenes und vertrauensvolles Verhältnis zu den Mitarbeitern herstellen, sie zu Ideen und Vorschlägen ermuntern, sie in die Problemstellungen einbeziehen und gut informieren, sie fördern und aufbauen, sie ermutigen und auch Hilfestellung anbieten. Auch die Reaktionen der Arbeitsgruppe eines Mitarbeiters auf dessen Entfaltungsbestrebungen können fördernd oder einschränkend sein. Es sei nochmals betont, daß der Vorgesetzte größten Einfluß auf die Freiheit des Mitarbeiters hat. Enge Führung mit wenig persönlichem Spielraum und viel Kontrolle, „kleinkarierter" Perfektionismus, Vorstellungen von der Allmacht der Organisation und Glaube an die Utopie einer menschlichen Perfektion per Knopfdruck lassen die Mitarbeiter verkümmern und ersticken jegliche Initiative und Kreativität.

Freiheit durch materielle Bedingungen

Freiheit durch materielle Bedingungen bedeutet, daß die Mitarbeiter existentiell abgesichert sind und ihnen dadurch ein gewisser Druck genommen wird. Existentielle Bedürfnisse der Mitarbeiter sind: Sicherung eines vernünftigen Lebensstandards, Absicherung gegen Notfälle und Altersvorsorge. Im wesentlichen wird ein Unternehmen seinen Beitrag durch die Sicherung der Arbeitsplätze, die Zahlung angemessener Löhne und Gehälter sowie eventuell eine zusätzliche betriebliche Altersversorgung leisten.

Freiheit in der Zeit

Durch die Tarifpolitik wurde dem Bedürfnis nach mehr Freizeit Rechnung getragen (Arbeitszeitverkürzung, Urlaubsverlängerung). Der motivierende Ansatz liegt darin, daß den Mitarbeitern im Rahmen der betrieblichen Möglichkeiten Einfluß auf die Gestaltung der Arbeitszeit gegeben wird. Die freie Gestaltungsmöglichkeit wie bei der Freizeitarbeit ist mit Sicherheit im Betrieb nicht realisierbar, jedoch liegt auf diesem Gebiet noch vieles brach. Auch der räumliche Aspekt sei hier im Zusammenhang mit der Zeit angeführt. Wenn ein Mitarbeiter weitgehend bestimmen kann, wo er seine Arbeitsleistung erbringt (zum Beispiel vernetzte Heimarbeitsplätze), so wird er auch Freiräume bezüglich der Zeit und der persönlichen Arbeitseinteilung erhalten.

C. Erfolgreiche Umsetzung der Maßnahmen

I. Unternehmensleitlinien entwickeln und umsetzen

Unternehmensphilosophie

Die Offensive zur Aktivierung der Mitarbeiterpotentiale beinhaltet ein Bündel von Maßnahmen und Einzelaktivitäten. Diese müssen sich nach den Wertvorstellungen des Unternehmens, der Unternehmensphilosophie, ausrichten. „Unternehmensphilosophie umfaßt und beschreibt den geistigen Hintergrund und die daraus resultierende Gestaltung aller Handlungen der in einem Unternehmen tätigen Menschen nach innen und außen."*

Unternehmensphilosophie ist eine Idealvorstellung und muß der Kompaß für die Mitarbeiter sein. Ideales wird man nie erreichen – man wird es anstreben. Die gelebte Realität im Unternehmen bezeichnen wir als Unternehmenskultur. Sie gilt es, durch Unternehmensleitlinien oder -grundsätze zu überdenken, neu zu gestalten und zu konkretisieren.

CI-Projekte

Im letzten Jahrzehnt haben sich zahlreiche Unternehmen bewußt mit ihrem Erscheinungsbild befaßt. Sie versuchten über Befragungen zu ergründen, wie ihr Unternehmensbild innen und außen gesehen wird. Mit PR-Maßnahmen und einer neuen Werbelinie wurde die neue Corporate Identity (CI) nach außen dargestellt. Da sich im Unternehmen vielfach – abgesehen von der Vereinheitlichung des Firmenlogo und der Hausfarbe – relativ wenig änderte, entsprach der Schein nach außen nicht dem Sein im Unternehmen; das Realbild entsprach nicht dem Wunschbild, das Bild nach außen war nicht authentisch.

Dreh- und Angelpunkt einer erfolgreichen Neuorientierung des Handelns und Verhaltens der Mitarbeiter sind Unternehmensleitlinien, die auf folgende Fragen Antwort geben sollen:

---

* Aus: Rückle, H. „Unternehmensphilosophie" in: „Lexikon der Public Relations", Verlag Moderne Industrie, München, 1993, Seite 505

Fragenkatalog zur Erstellung von Unternehmensleitlinien

- Wer sind wir (Bedeutung)?
- Wo kommen wir her (Tradition)?
- Was wollen wir (Vision)?
- Haben wir Stärken, und was sind die Ursachen?
- Welches sind unsere Ziele?
- Wie wollen wir unsere Beziehungen zu den einzelnen Umwelten gestalten (sozial-ökonomische Rolle)?
- Wodurch wollen wir uns von anderen Unternehmen (insbesondere der Branche) unterscheiden?
- Was bedeuten uns unsere Kunden?
- Was bedeuten uns unsere Führungskräfte und Mitarbeiter?
- Welches Bild von uns wollen wir der Öffentlichkeit vermitteln?

Abbildung 91: Fragenkatalog zur Erstellung von Unternehmensleitlinien

Falscher Weg

Anhand dieses Fragenkatalogs lassen sich Unternehmensleitlinien relativ einfach erarbeiten. In vielen Unternehmen wird der Fehler begangen, durch einige „Egg-Heads" im Unternehmen eine entscheidungs- und druckreife Vorlage der Leitlinien entwerfen zu lassen, die dann von der Unternehmensleitung verabschiedet und in einem feierlichen Akt, gekrönt von einer Rede des Unternehmensleiters, eingeführt wird. Nicht beachtet wird die Tatsache, daß die Teilnahme an Prozessen zu Motivation, Akzeptanz und Identifikation führt.

Akzeptanz durch breite Diskussion

Wirkungsvoller ist es, durch ein heterogen zusammengesetztes Projektteam einen Grobentwurf der Unternehmensleitlinien erarbeiten zu lassen und diesen auf allen Ebenen – auch zwischen den Ebenen – bis hin zur Basis diskutieren zu lassen. Die Mitarbeiter bringen oft interessante Gedanken ein, die zur Revision ursprünglicher Vorstellungen führen.

Hier kann aus der Intelligenz und Erfahrung der Mitarbeiter geschöpft werden, die aus anderer Perspektive, mit pragmatischem Ansatz, die Unternehmensleitlinien unter die Lupe nehmen. Dabei stehen Fragen der Umsetzung im Vordergrund, insbesondere, was die Unternehmensleitlinien für das eigene Handeln und Verhalten bedeuten.

Visionen mit Realitätsbezug

In den Gesprächen auf den unterschiedlichsten Ebenen muß klar zum Ausdruck gebracht werden, daß die Unternehmensleitlinien für einen mittel- bis längerfristigen Zeitraum Gültigkeit besitzen sollen. Deshalb sollte nicht ein unbefriedigender Ist-Zustand beschrieben werden, sondern ein realistischer Soll-Zustand, der angestrebt werden und erreichbar sein muß. Selbst bei großem Vertrauen in die eigenen unternehmerischen Fähigkeiten und die Qualifikation der Mitarbeiter sollte ein Unternehmen, das sich heute „um den Kirchturm herum" betätigt, nicht in den Unternehmensleitlinien festschreiben, daß es morgen die gesamte Menschheit mit seinen Produkten „beglücken" wird.

Teilziele aufzeigen

Empfehlenswert ist es, bei den Diskussionen mit den Mitarbeitern nicht nur über das große Ziel zu sprechen, sondern im Rahmen der Vision über die für die Mitarbeiter greifbaren Teilziele zu reden. Deren Erreichen motiviert und ermutigt zur Annahme weiterer Herausforderungen. So entgeht man der Gefahr, daß die Unternehmensleitlinien als Phantasterei abgelehnt werden.

Neuorientierung ist keine Kritik am Erreichten

Von den Mitarbeitern ist oft zu hören: „Wir sind ja bereit, Dinge zu ändern und zu verbessern, aber zählt denn das, was wir bisher getan haben, überhaupt nicht, haben wir in der Vergangenheit alles falsch gemacht?" Der Stolz auf das Erreichte, ja auf das Unternehmen selbst, muß erhalten bleiben. Dennoch muß man den Mitarbeitern begreiflich machen, daß die Unternehmen immer schnelleren und tiefgreifenderen Veränderungsprozessen unterworfen sind. Das bedeutet jedoch nicht, daß die Erfahrung nicht mehr benötigt wird. Ganz im Gegenteil: Erfahrung ist für eine gute Zukunft erforderlich. Verharren in der Vergangenheit bedeutet jedoch, daß die Zukunft verspielt wird.

„Halo-Effekt“

Oft tritt bei den Mitarbeitern ein „Halo-Effekt“ auf. Sie können sich mit einer Aussage der Unternehmensleitlinien nicht anfreunden, da sie nicht der Realität entspricht und lehnen deshalb das Ganze ab.
Ein bedeutender Zulieferer für die Automobilindustrie stellt in den Unternehmensleitlinien besonders die Harmonie zwischen Familie und Unternehmen heraus. Tatsache aber ist, daß die Mitarbeiter über lange Zeit bis an ihre Belastungsgrenze beschäftigt waren. Die Reaktion war eine totale Ablehnung der Unternehmensleitlinien mit der Bemerkung: „Die da oben wollen uns wohl auf den Arm nehmen; was die da schreiben, stimmt doch nicht.“ Niemand hatte den Mitarbeitern verständlich gemacht, daß der derzeit unbefriedigende Zustand von der Unternehmensleitung gesehen und man gemeinsam Lösungen suchen wird.

Inhalt von Unternehmensleitlinien

Der Vergleich einzelner praktischer Beispiele von Unternehmensleitlinien bzw. -grundsätzen zeigt, daß es Unterschiede bei den thematischen Punkten und bei der Ausführlichkeit der Darstellung gibt. Manche Unternehmen entwickeln aus den Leitlinien gleichzeitig die Unternehmensziele oder beschreiben die wesentlichen Grundzüge ihres Führungskonzeptes.

Sinn und Auftrag

In den meisten Ausführungen wird zunächst der Sinn der Unternehmensleitlinien erläutert. Danach findet man Ausführungen zum Thema „Wer sind wir?“ – also einen historischen Abriß der Entwicklung des Unternehmens. Daran schließen sich pauschale Aussagen über den Auftrag des Unternehmens und seine Maximen an. Eine Spezialbank spricht von ihrem sozialen Auftrag, ein anderes Institut vom Dienst am Menschen, ein Industrieunternehmen formuliert die Grundlagen des Denkens und Handelns oder den XY-Weg. Der sorgfältige Umgang mit den Ressourcen (Mensch, Kapital, Zeit und Rohstoffe) ist ebenso zu finden wie die Sicherung der Unabhängigkeit des mittelständischen Unternehmens.

Kunden, Markt und Produkte

Unter dem Thema „Kunden, Markt und Produkte“ finden wir die Stichworte:

- offene Partnerschaft mit dem Kunden
- Beitrag zum Erfolg des Kunden durch Kreativität und Innovationskraft
- Produkte als Maßstab für Qualität, Zuverlässigkeit und Wirtschaftlichkeit
- Problemlöser für den Kunden durch Spitzenprodukte und technologische Vorreiterrolle
- Stärke des Unternehmens (Beweglichkeit durch kurze Entscheidungswege, leistungsstarke Forschung/Entwicklung, intensive Kundenberatung, Qualitätsbewußtsein der Mitarbeiter)
- Verläßlichkeit, kundenbedürfnisorientiertes Handeln, fachkompetente Beratung
- Identifikation mit den Kundenproblemen, innovativ, aufgeschlossen gegenüber unkonventionellen Lösungen
- Kunden beraten „wie ein Freund“ auf der Basis von Verläßlichkeit, Kompetenz, unbürokratischem Handeln, Verantwortungsbewußtsein

In den meisten Unternehmensleitlinien ist der Primat des Kunden bzw. des Marktes erkannt. Teilweise werden die sich daraus ergebenden Schlußfolgerungen zumindest für die menschliche Leistung gezogen. Die Notwendigkeit prozeßorientierter Neugestaltung der Organisation wird wenig gesehen.

Lieferanten

Die Beziehungen zu Lieferanten werden – wie die eigenen Beziehungen zum Kunden – mit den Eigenschaften offen, fair und ehrlich charakterisiert. Man betont die vertrauensvolle partnerschaftliche Zusammenarbeit – oft in Form gemeinsamer Entwicklungen. Mit Sicherheit müssen viele Unternehmen ihre Einstellung zu den Lieferanten überprüfen. Die Tendenzen zur Reduzierung der Fertigungstiefe und Verlagerung von Unternehmensfunktionen auf Partner erfordern neues Denken und Entwicklung neuer Formen der Zusammenarbeit.

Kapitaleigner

Bezüglich der Kapitaleigner sind die Aussagen teilweise abhängig von der Rechtsform des Unternehmens. Während bei Familien- und generell mittelständischen Unternehmen die Unabhängigkeit im Vordergrund steht, gelten ganz allgemein für die Unternehmen Postulate wie: Sicherung des Fortbestands des Unternehmens, Substanzerhaltung und -mehrung, Ausweitung oder Erhaltung der Bedeutung des Unternehmens, Erringung oder Verteidigung der Marktführerschaft (national, international) sowie die Erzielung eines „angemessenen“ Gewinns als Äquivalent für die Zurverfügungstellung des Kapitals.

Umwelt

In Unternehmensleitlinien der letzten Jahre gewinnen Aussagen zur Umwelt an Bedeutung. Man betont, daß Ökonomie und Ökologie keine unüberbrückbaren Gegensätze sind, weist auf den hohen Standard der im Unternehmen eingesetzten Umwelttechnologie hin und betont, daß man bemüht sei, umweltverträgliche Produkte herzustellen und (je nach Metier) auf dem Gebiet der Umwelttechnik Problemlösungen anbiete. Auch der Hinweis ist zu finden, daß man den Nachfahren eine möglichst intakte Umwelt übergeben will.

Staat, Gesellschaft, Öffentlichkeit

Die Ausführungen zu Staat, Gesellschaft und Öffentlichkeit sind vielschichtig:

- Bekenntnis zum freiheitlichen demokratischen Rechtsstaat, zum Privateigentum, zur sozialen Marktwirtschaft, zur Freiheit der Entfaltung und zum Wettbewerb als Maßstab für die Leistung des Unternehmens und des Mitarbeiters
- Absage an die Bürokratie und Gesetzesflut
- Das Unternehmen ist Teil der Gesellschaft
- Erwirtschaftung von Steuern und Abgaben
- Besondere Verpflichtung als größter/bedeutender Arbeitgeber einer Region
- Förderung der privaten Vermögensbildung und Altersvorsorge (Unternehmen der Finanzdienstleistungsbranche)

Mitarbeiter

Zum Thema „Mitarbeiter" finden wir ein breites Spektrum an Aussagen. Wie bereits erwähnt, werden in diesem Zusammenhang die Führungskonzepte vorgestellt. In Einzelfällen werden zusätzlich Aussagen bezüglich der Führungskräfte gemacht. Generell finden wir folgende Stichworte:

- Wirtschaftliche Sicherung der Mitarbeiter und Rentner sowie ihrer Familien
- Sicherung der Arbeitsplätze, Beschäftigungssicherheit
- Leistungsgerechte Bezahlung und gute Sozialleistungen Berücksichtigung der Interessenlage der Mitarbeiter
- Schaffung von Entfaltungs- und Entwicklungsmöglichkeiten für die Mitarbeiter
- Vertrauensvolle Zusammenarbeit
- Achtung des Menschen
- Mitarbeiter am Erfolg teilhaben lassen
- Keine Einengung durch Routine und Vorschriften
- Anpassung der Unternehmensstruktur an den Menschen
- Bejahung von Konflikten
- Hinweise auf die im Unternehmen praktizierten Führungsprinzipien (kooperative, partnerschaftliche Führung) und Erwähnung einzelner Führungstechniken bzw. -elemente (Kommunikation, Führen mit Zielen, Anerkennung, Delegation, innovative Grundhaltung, Führungsstruktur und Information)

Einführung von Unternehmensleitlinien

Bei der Einführung von Unternehmensleitlinien sollte beachtet werden:

- Durch eine frühzeitige Einbeziehung der Mitarbeiter in die Erarbeitung der Unternehmensleitlinien kann die Identifikation mit den Inhalten eher erreicht werden als durch eine diskussionslose Verabschiedung von Richtlinien.
- Vielen Unternehmensleitungen ist nicht klar, daß die Gedanken einen zeitaufwendigen Gär- und Reifeprozeß durchlaufen müssen, bis im Verhalten deutliche Änderungen sichtbar werden.
- Unternehmensleitlinien müssen Visionen und Perspektiven enthalten, allerdings darf sich die Vision nicht als Fata Morgana erweisen.

- Ein gewisser Realitätsbezug muß ebenso gegeben sein wie die Möglichkeit der Mitarbeiter, die Gedanken nachvollziehen zu können.
- Zum Realitätsbezug muß die Glaubwürdigkeit treten, damit Unternehmensleitlinien nicht Papier bleiben, sondern mit Leben erfüllt werden.
- Gegen die gerade festgeschriebenen Prinzipien darf nicht bereits bei der Verabschiedung der Leitlinien verstoßen werden:

  Wenn sich eine Unternehmensleitung zu einer vorausschauenden Unternehmens- und Personalpolitik bekennt und die Existenzsicherung der Mitarbeiter als Maxime hat, ist dies sicherlich nicht mit verantwortungsloser Aufblähung des Verwaltungsapparates und anschließenden Korrekturen in Form von Massenentlassungen zu vereinbaren.

- Verhaltensweisen müssen sich entsprechen:

  Es ist als schizophren zu bezeichnen, wenn der Vorstand eines Unternehmens sich nach außen als Kunstmäzen, kulturbeflissen und sozial engagiert betätigt, im Innenverhältnis jedoch die primitivsten Regeln der Zusammenarbeit mißachtet.

- Zu der Vorbildwirkung des Vorgesetzten muß ein ständiges zielgerichtetes Wirken treten, das letztendlich auch beinhaltet, Verstößen gegen die Unternehmensleitlinien genauso konsequent entgegenzutreten, wie dies bei Verstößen gegen fachliche Richtlinien praktiziert wird.
- Einerseits können die in den Unternehmensleitlinien festgelegten Prinzipien nicht ständig diskutiert und in Frage gestellt werden, andererseits dürfen Unternehmensleitlinien bei klarer Erkenntnis notwendiger grundsätzlicher Änderungen einem Beharrungsvermögen nicht Vorschub leisten.
- Im Rahmen der Umsetzung des Projektes „Aktivierung der Mitarbeiterpotentiale“ sind Unternehmensleitlinien ein erster Schritt. In ihnen werden die zentralen Prinzipien verankert, die auf dem Weg zum Ziel die notwendige Orientierung geben.

II. Maßnahmenkatalog, Umsetzung und Steuerung des Veränderungsprozesses

Maßnahmenkatalog

Zu den Unternehmensleitlinien tritt ein Bündel „weicher" Maßnahmen, die direkt Verhaltensänderungen zum Ziel haben, und „harter" Maßnahmen organisatorischer und personalwirtschaftlicher Art:

Maßnahmen

- Unternehmensleitlinien
- Unternehmensziele
- Zielvereinbarungen und Zielabgleich
- Führungsgrundsätze
- Leistungsbeurteilung
- Fördermaßnahmen
- Organigramme
- Funktionendiagramme
- Stellenbeschreibungen/Anforderungsprofile
- Personalplanung
- Personalentwicklung
- Systematische Personalbeschaffung/Einarbeitung
- Personalinformation
- Zeitmodelle
- Entgeltsysteme
- Betriebliches Verbesserungsvorschlagswesen

Werkzeuge zur Umsetzung

- Basis-Training Führung
- Projektbezogene Follow-up-Trainings
- Workshops
- Projektgruppenarbeit

Abbildung 92: Maßnahmen und Werkzeuge zur Umsetzung

Umsetzung ist situationsabhängig

Die Reihenfolge der zu ergreifenden Maßnahmen hängt von der konkreten betrieblichen Situation ab. Teilweise sind – vor allem auf dem organisatorischen und personalwirtschaftlichen Sektor – Grundlagen vorhanden, die lediglich zu überprüfen, zu aktualisieren und neu auszurichten sind. Außerdem entscheidet die Verfügbarkeit und Auslastung von Leistungsträgern und Spezialisten, wie schnell das Gesamtprojekt realisiert werden kann. So können einzelne Projekte zumindest in der Entwicklungsphase parallel laufen. Wichtig ist, daß die Maßnahmen durch Training begleitet werden und sie dadurch eine breite Akzeptanz erhalten. Es ist sinnvoll, in jedem Fall das Basistraining auf dem Führungssektor an den Anfang zu stellen und mit der Erarbeitung von Unternehmensleitlinien und -zielen zu beginnen. Daran anschließen könnte sich die Einführung des jährlichen Mitarbeitergesprächs, bestehend aus Zielvereinbarung und Zielabgleich, Leistungsbeurteilung sowie Fördermaßnahmen. Parallel dazu werden einzelne Projektgruppen auf den Gebieten Organisation und Personalwirtschaft tätig.

Unternehmen als Organismus

Jedes Unternehmen ist ein Organismus, der nur so lange lebt wie er auf seine Umwelt reagiert. Ein Unternehmen ist durchaus mit einem Lebewesen vergleichbar. Um zu existieren, muß ein Unternehmen nicht nur reagieren, sondern als intelligentes Gebilde vorausschauend agieren. So führen immer mehr und umfassendere Aktionen und Reaktionen zu Veränderungen von einem alten zu einem neuen stabilen und ausgewogenen Zustand. Wichtig ist, den Prozeß der Veränderung und Neuorientierung so zu steuern, daß mit geringstem Aufwand ein größtmöglicher Erfolg erreicht wird. Dazu ist es notwendig, die einzelnen Phasen bei Veränderungsprozessen (siehe Abbildung 93) kennenzulernen.

Phasen und Reaktionen im Veränderungsprozeß

Neuer Zustand

Phasen	**Reaktionen**
Initiative Erste Erfolgserlebnisse führen zur weiteren Anwendung ► Akzeptanz und Motivation	Aus *Überzeugung*: andere mitreißen, besonderer Einsatz *Souveränität* / über der Sache stehen *Routine* entwickelt sich
Identifikation Positive Einstellung erzeugen; Mitarbeiter zum „Probieren" bewegen	*positives Ergebnis* ► weitermachen negatives Ergebnis ► Ablehnung, Widerstand *Anwendung* *Probieren*
Integration Einbindung in den Prozeß Herausstellen der Vorteile für den einzelnen	*Diskutieren*, Konflikte offen austragen *Fragen, Nachdenken* aufgrund detaillierter Informationen *Neugier* Kampf Flucht
Information über Sinn und Zweck der Projekte	offizielle Gesamtinformation informelle Informationen/Gerüchte führen zu: Befürchtungen, Verwirrung, Orientierungslosigkeit

Alter Zustand

Abbildung 93: Phasen und Reaktionen im Veränderungsprozeß

Informationsphase

Über Sinn und Zweck des Gesamtprojektes sollten die Mitarbeiter rechtzeitig informiert werden. Rechtzeitig heißt, wenn die Unternehmensleitung konkrete Vorstellungen über das Projekt hat. Immer wieder erleben wir in der Praxis, daß durch Indiskretionen oder unbedachte Äußerungen Teilinformationen gegeben werden, die zu Gerüchten und Fehlinterpretationen führen. Die Folgen sind – je nach Einschätzung der Situation – Gleichgültigkeit (das Thema berührt mich nicht), Widerstand (ich befürchte negative Auswirkungen, kann wohl nichts ändern), Konflikt (ich bin nicht einverstanden, versuche aber die Dinge zu beeinflussen) oder positive Einstellung (ich verspreche mir von der Neuerung etwas). Rechtzeitige, umfassende, verständliche Information verhindert Gleichgültigkeit und negative Einstellungen weitgehend. Vor allem der wenig greifbare Widerstand kann verhindert oder konkret gefaßt als Konflikt behandelt und ausgeräumt werden. Durch sorgfältige Information wird eine positive Einstellung bzw. Zuwendung erreicht. Realistische Darstellung reduziert übergroße Erwartungshaltung und beugt damit späterer Enttäuschung vor.

Integrationsphase

Die nächste Phase bezeichnen wir als Integrationsphase. Sie besteht darin, daß die Mitarbeiter soweit wie möglich in den Veränderungsprozeß einbezogen werden. Ausgangspunkt ist die menschliche Neugier, über die das Interesse geweckt werden kann. Der Mitarbeiter ist vor allem neugierig, wie sich die Neuerung auf ihn auswirkt. Indem der Vorgesetzte darstellt, welche Vorteile der Mitarbeiter zu erwarten hat und wie gegebenenfalls Nachteile minimiert werden können, geht er auf die Interessenlage des Mitarbeiters ein. Kommunikation heißt: Diskussion mit dem Mitarbeiter, ihn zu Fragen zu ermuntern, ihn zum Nachdenken anzuregen und Konflikte zu lösen.

Identifikationsphase

In der Identifikationsphase soll sich der Mitarbeiter dem Prozeß positiv zuwenden. Auch eine gewisse Zurückhaltung und Skepsis kann zum Positiven gewendet werden, wenn man den Mitarbeiter dazu bewegt, das Neue auszuprobieren. Erste positive Ergebnisse führen dazu, daß der Mitarbeiter mit hoher Wahrscheinlichkeit den neuen Weg weiter beschreitet.

Initiativphase

Der letzte Schritt ist die Phase der Initiative. Die Erfolgserlebnisse bewirken Akzeptanz und Motivation. Die unterschwelligen Ängste, allein zu sein, die neuen oder veränderten Aufgaben nicht bewältigen zu können, verschwinden allmählich. Routine entwickelt sich, die Arbeit geht „leicht von der Hand", man steht souverän über der Sache. Nun erst ist der Punkt erreicht, daß man von den Mitarbeitern einen besonderen Einsatz und eine positive Ausstrahlung – andere aus Überzeugung mitreißen – erwarten kann.

Pannen beim Veränderungsprozeß

Beim Steuern von Veränderungsprozessen erleben wir in der Praxis häufig „Pannen", die den Erfolg des Projektes gefährden: So werden die Auswirkungen des Projektes unterschätzt, Probleme und Interessen der Mitarbeiter nicht gesehen und mangels Sensibilität Widerstände nicht erkannt. Man verstößt gegen Normen und Werte, trägt Entwicklungsprozessen des Menschen nicht Rechnung, versteht zu wenig von Motivation und bindet die Mitarbeiter weder beim Denken noch Handeln ein. Auch werden die Mitarbeiter nicht systematisch durch Training/Weiterbildung auf die neue Rolle oder neue Aufgaben vorbereitet.

Ratschläge zur Steuerung

Führungskräfte sollten sich – vor allem bei Veränderungsprozessen – von ihrem Schreibtisch lösen, die Mitarbeiter informieren und mit ihnen diskutieren, Mißverständnisse vor Ort ausräumen und die Mitarbeiter in den Prozeß einbinden. Hierzu gehört weiterhin, den Mitarbeitern zur Seite zu stehen, Ansprechpartner zu sein und ihnen Hilfe und Unterstützung anzubieten. Wichtig sind die positiven Signale wie Orientierung geben, ermuntern, bestärken, bestätigen, loben, Person und Leistung respektieren und partnerschaftlich sein.

III. Einstellung und Verhaltensweisen im Veränderungsprozeß

Signalwirkung der Unternehmensleitung

Verhaltensänderungen in einem derartig umfassenden Projekt müssen am Kopf und im Kopf beginnen. Einstellung und Verhalten der Unternehmensleitung haben im Positiven wie im Negativen die größte Ausstrahlung und Auswirkung. Mitarbeiter orientieren sich nach ihrer Führungsspitze, die mehr auf dem Prüfstand steht als es ihr vielfach bewußt ist. Diese Tatsache gilt es zu nutzen. Die Unternehmensleitung muß Vorbild sein. Mitarbeiter merken sehr schnell, ob die Unternehmensleitung halbherzig eine Sache vertritt. Wie oft erleben wir in der Praxis, daß neue Projekte angegangen werden, weil es im Trend liegt oder chic und PR-trächtig ist. Als besonders interessant werden solche Konzepte angesehen, die aus dem Ausland kommen bzw. zumindest einen ausländischen Namen tragen.

Hartnäckigkeit statt Strohfeuer

Viel wichtiger ist, daß man das, was man tut, auch richtig tut. Wie oft erweist sich die ursprüngliche Begeisterung für ein Konzept als Strohfeuer, das sehr schnell erlischt. Viele projektverantwortliche Mitarbeiter klagen, daß sie mit zunehmender Dauer der meist mittelfristigen Projekte immer weniger Unterstützung erfahren. Der Unternehmensleitung kann man nur raten, weniger Projekte gleichzeitig anzugehen und ein Großprojekt wie die „Offensive zur verstärkten Nutzung der Mitarbeiterpotentiale" zeitlich so zu gestalten, daß die Beteiligten nicht arbeitsmäßig und mental überfordert, aber auch nicht so unterfordert werden, daß als Folge ihr Interesse erlahmt.

Konzept ist Chefsache

Ausgehend von einem positiven Menschenbild, das auf der Achtung von Mensch und Leistung basiert, muß die Unternehmensleitung das Konzept, von dessen Notwendigkeit und Nutzen sie überzeugt sein muß, glaubwürdig gegenüber den Mitarbeitern vertreten. Ihre Aufgabe ist es, geradezu besessen auf Dauer Impulse zu geben und die Mitarbeiter zu begeistern.

Aber auch konsequentes Handeln ist erforderlich. Mitarbeiter, die nicht überzeugt werden können und versteckt oder offen gegen das Projekt opponieren, müssen so behandelt werden, wie dies bei Mißachtung fachlicher Anweisungen oder Richtlinien der Fall ist. Es ist sinnvoll, die Gesamtleitung des Projektes einem Mitglied der Unternehmensleitung zuzuordnen, das die Macht und den Einfluß hat, über Ressortgrenzen hinweg Hindernisse sachlicher und personeller Art auszuräumen. Die Umsetzung des Konzepts ist Chefsache.

Führungskräften muß bewußt sein, daß sich ihre Aufgabenstellung in Zukunft ändert. Ressort- und Kästchendenken, Hierarchieorientierung und reine Fachorientierung müssen prozeß- und teamorientiertem Denken weichen. Die Führungskraft als Coach wird ihre Teammitglieder entwickeln und sie innerhalb des Teams zur Entfaltung bringen. Bei der Umsetzung des Konzepts kommt auf die Führungskräfte eine bedeutende Rolle zu. Sie managen den Änderungsprozeß, räumen Widerstände aus und lösen Konflikte. Wie Trainer von Sportteams machen sie ihre Teams „heiß" auf den Erfolg. Dieses Bild verträgt sich nicht mit Vorgesetzten, die im Ressortdenken verhaftet sind und Schwierigkeiten haben, global zu denken und zu handeln. Die Umsetzung des Konzepts ist nicht Angelegenheit des Personalwesens oder einzelner Projektverantwortlicher, sondern primär der Führungskräfte, die vom Personalwesen und anderen Spezialisten mit „harten" und „weichen" Maßnahmen unterstützt werden. Führungskräfte müssen darauf bedacht sein, daß typische Konfliktfelder in der Hierarchie – aufgrund von Informationsdefiziten zwischen Unternehmensleitung und mittlerem Management sowie zwischen der untersten Führungsebene und der Basis – durch verbesserte Kommunikation beseitigt werden.

Personalwesen gibt Impulse

Das Personalwesen sollte durch die Entwicklung und das Handling von Systemen sowie Nutzung der Einwirkungsmöglichkeiten auf Vorgesetzte und Mitarbeiter dem Projekt ständige Impulse geben. Das setzt jedoch voraus, daß Personalleiter und Referenten die notwendige Qualifikation besitzen, die höher sein muß, als dies eventuell bisher zur – teils lediglich ansatzweisen – Wahrnehmung der „klassischen" personalwirtschaftlichen Funktionen erforderlich war. Neben der Beherrschung des personalwirtschaftlichen Instrumentariums muß das Personalwesen verstärkt serviceorientiert handeln, das heißt wirksame Hilfestellung und Unterstützung geben.

Dorniger Weg zum Erfolg

Wie wir gesehen haben, umfaßt die Mobilisierung der Mitarbeiterpotentiale ein Bündel von Maßnahmen, die sorgfältig aufeinander abgestimmt sein müssen. Die organisatorischen und personalwirtschaftlichen Maßnahmen sollen ein Mindestmaß an Ordnung sicherstellen, dürfen jedoch keineswegs die Entfaltung der Mitarbeiter beeinträchtigen. Versuchen wir, die Dinge einfach, direkt und unkompliziert anzugehen. Neuorientierung des Denkens und Änderung des Verhaltens sind langwierige Prozesse. Es gibt nur den dornigen Weg des ständigen Bemühens, der Vorbildwirkung, des Vermittelns von Begeisterung, des Aufzeigens und Sich-Freuens über Erfolge. So werden sich die Verhaltensweisen möglichst vieler in immer mehr Situationen in die gewünschte Richtung bewegen und letztendlich wesentlich zum Erfolg des Unternehmens in der Zukunft beitragen.

D. Register

U

V

W

Z

Weitere Titel aus der Reihe Management Praxis:

Kommunikation: sich besser verständigen – sich besser verstehen

Mitarbeitergespräche, Kundenberatungen, Konferenzen, Informationsaustausch am Telefon oder per Brief – in jeder Situation im privaten wie im beruflichen Alltag sprechen die Menschen miteinander, hören zu, schweigen beredt oder zeigen durch ihre Körpersprache an, was sie denken oder was sie fühlen. Kommunikation ist daher die Schlüsselqualifikation – nicht nur für Führungskräfte.
Gutes Kommunikationsverhalten kann man lernen. Die Autoren dieses Buchs wollen jedoch keine Techniken antrainieren, sondern dazu anregen, das eigene Kommunikationsverhalten sensibel und kritisch zu reflektieren und – auf dem Hintergrund von Informationen und Übungen – gegebenenfalls zu verändern.
Ziel des praxisbezogenen Buchs ist es, stimmiger, partnerschaftlicher und konfliktfreier mit Mitarbeitern, Kollegen und Vorgesetzten umzugehen.
ISBN 3-12-888801-9
68 DM (Stand Oktober 1994; Preis freibleibend)

Persönlichkeitsprofile: beobachten – einschätzen – verändern

Persönlichkeit – nur wenige Begriffe in der Umgangssprache lassen sich so schwer fassen und sorgen so häufig für Verwirrung. „Erkenne dich selbst" stand in der Antike über dem Portal des Apollotempels zu Delphi. Das Buch gibt nicht nur Führungskräften Hilfestellung, sich selbst und andere besser kennenzulernen und einzuschätzen, um die gewonnenen Erkenntnisse und Einsichten im Berufsalltag umsetzen zu können. Die Autoren verfolgen einen sehr praxisbezogenen Ansatz und gehen mit vielen Informationen, Übungen und Anregungen zur Selbstreflexion folgenden Fragen nach: Welche Persönlichkeitsmodelle gibt es, wie verwendet man sie? Wie entstehen Selbst- und Fremdbilder, welche Funktionen haben sie, wie verfestigen, wie verändern sie sich? Welche Faktoren bestimmen unser Selbstwertgefühl, wie entstehen Selbstwertprobleme, und welche Schwierigkeiten ergeben sich zum Beispiel dadurch für die Zusammenarbeit im Unternehmen? Was bedeuten Vorurteile für den Umgang mit Vorgesetzten, Mitarbeitern und Kollegen?
ISBN 3-12-888802-7
68 DM (Stand Oktober 1994; Preis freibleibend)

Vor Gruppen be-stehen

Wer je mit Gruppen gearbeitet hat – sei es als Trainerin oder Trainer im Bereich der Aus- und Fortbildung oder als Führungskraft, die Gespräche führen, Vorträge halten oder präsentieren muß –, weiß, daß es nicht damit getan ist, sachkompetent vor eine Gruppe zu treten. Neben dem Fachwissen ist das richtige didaktisch-methodische Handwerkszeug von grundlegender Bedeutung: Wie kann ich meine Ziele konkret beschreiben und überprüfen? Wie nehmen Menschen Informationen auf und verarbeiten sie? Welche Methoden und Medien sind für das Gespräch oder die Präsentation sinnvoll und hilfreich? Auch die Art der Kommunikation, der gekonnte Umgang mit Konflikten, die Motivation der Gruppe und das richtige Einschätzen von Persönlichkeitsmerkmalen spielen eine wichtige Rolle für die erfolgreiche Arbeit mit Gruppen.
Hier setzt das Buch an und will Basisinformationen vermitteln. Aber: Auch erfahrene Trainerinnen und Trainer erhalten mit diesem Buch die Möglichkeit, ihre Kenntnisse aufzufrischen und neue Aspekte für ihre tägliche Arbeit zu entdecken.
ISBN 3-12-888803-5
68 DM (Stand Oktober 1994; Preis freibleibend)